Claudi Esteva Fabregat

ESTADO, ETNICIDAD Y BICULTURALISMO

Ediciones Península

A los hombres y a las culturas que luchan por su identidad en la dignidad dentro del derecho a la diversidad y a la diferencia.

Cubierta de Loni Geest y Tone Hoverstad.

Primera edición: junio de 1984.
© Claudi Esteva Fabregat, 1982.
Derechos exclusivos de esta edición (incluido el diseño de la cubierta): Edicions 62 s|a., Provença 278, Barcelona-8.

Impreso en Nova-Gràfik, Recaredo 4, Barcelona-5.
Depósito Legal: B.23.814-1984.
ISBN: 84-297-2140-1.

Introducción

Los capítulos que figuran en este libro corresponden a artículos que hemos publicado en revistas nacionales y extranjeras y que por su especializada difusión intraprofesional no están al alcance de algunos lectores también interesados en estos temas.

Estos capítulos forman parte de un contexto común en el seno de la antropología cultural ya que poseen como categorías principales los conceptos de cultura y de etnia. El primero, es el resultado de los estudios etnológicos y de su principal campo teórico, el de la antropología cultural; el segundo, representa la concreción de la cultura en el espacio y en el tiempo por medio de su empleo, tradición y transmisión específica por parte de una comunidad humana territorialmente localizada. El modelo etnográfico o etnografía de una población asume ambos conceptos: el de cultura y el de etnia, ya que, precisamente, porque mientras el primer concepto: la cultura, describe los comportamientos específicos de una comunidad humana en el espacio y en el tiempo; el segundo, la etnia, define su identidad en la consciencia histórica de sus miembros; esto es, establece el carácter único de la población que hace consciente su personalidad cultural por medio de su adscripción a un modo de ser, o sea, a un *ethos* y al *eidos* que lo hace posible. Obviamente, cultura y etnia son las categorías con mayor relieve de la Etnología y, como consecuencia, de la misma Lingüística en la medida en que se ocupa del lenguaje hablado de una determinada comunidad étnica.

La Etnografía no tendría, pues, sentido si no se hubiera constituido en torno a las categorías mencionadas de cultura y de etnia, esta última entendida como una comunidad cultural localizada y consciente de su identidad mediante la consciencia de su singularidad y, por lo tanto, de su diferenciación como forma de cultura respecto de otra u otras comunidades.

Desde esta perspectiva, el concepto de etnia no se presenta sólo como una necesaria consciencia de identidad por parte de los miembros de una determinada tradición y como un modo de ser específico de su comportamiento en términos de relaciones sociales de la organización de éstas y de los productos institucionales y materiales resultantes de los mismos; es también una categoría antropológica que, al formularse, obliga a reconocerle un contenido, en este caso, el reconocimiento que le corresponde como forma de vida propia, es decir, de una cultura. Por esta causa, cuando nos ocupamos de la etnicidad nos referimos también a la consciencia de una forma de identidad.

Estos conceptos, cultura y etnia, se corresponden, pues, con ideas de identidad y de contenidos o comportamientos singulares de dicha identidad cuando se comparan con los que efectúan individuos de otras comunidades, es decir, individuos cultural y lingüísticamente diferentes. Difieren, por ejemplo, del concepto de estructura en el sentido de que mientras ésta refiere a la posición que ocupan unos individuos o elementos de una organización social respecto de otros a través del contexto de sus relaciones sociales, el concepto de etnia tiene otro sentido en la medida en que se limita a ser la expresión consciente de una identidad personal y global en tanto es común a los miembros de una cultura y de un *ethos* que, por ser específico, se revela, asimismo, diferente al que exhiben individuos de otras sociedades, e incluso de una misma sociedad cuando ésta tiene un carácter poliétnico.

En este sentido, mientras el concepto de estructura permite la heterogeneidad, como en el caso, por ejemplo, de las sociedades urbanoindustriales, el concepto de etnia es equivalente a homogeneidad cultural, a existencia cultural específica y a consciencia de identidad diferenciada.

En el contexto de los trabajos que presentamos, se hace evidente que los conceptos de cultura y de etnia son históricamente parte de una consciencia de identidad y de una doble definición: la que resulta del modo como uno define su propio yo cultural ante otros, y la que resulta del modo como éstos le definen a uno. Ambas definiciones son parte del contexto de la identidad. En cada país donde existen diferencias étnicas, cada grupo étnico suele designarse a sí mismo con alguna denominación. En España, por ejemplo, se inscriben específicamente como etnias, vascos, catalanes, castellanos, andaluces, gallegos, asturianos, murcianos, valencianos, canarios, y otros; y asimismo, cada uno de ellos resulta ser identificable por su comportamiento y su *ethos* y, especialmente, por las diferencias lingüísticas que exhibe, incluso fonéticamente manifestadas en el curso de la utilización de un mismo idioma, por ejemplo, el castellano. En este sentido, es característico en España identificar las cualidades étnicas mediante el modo específico de pronunciar el castellano por los individuos pertenecientes a las diferentes comunidades étnicas mencionadas. Y es, asimismo, común atribuirles un *ethos* o modo de ser particular dentro del contexto de estereotipos formulados con la idea de distinguirlos psicológicamente. Esto suele hacerse con independencia de la clase social a que pertenecen los individuos, ya que en este punto cada etnia constituye su propia estructura de clase, mientras que, al mismo tiempo, ésta tiende a cruzar las líneas propiamente étnicas.

Por otra parte, no hay duda de que el concepto de etnia y las categorías culturales que acompañan a esta identidad de las personas y de los grupos humanos, se amplía comúnmente al empleo de otros conceptos cuando la referida identidad adquiere un sentido político, como es el caso del concepto de nación empleado como una categoría política de la identidad étnica. Así, la idea de nación equivale, evolutivamente, al paso de la identidad étnica como población de cultura homogénea sin más, localizada, a la situación de identidad de un grupo en el que sentirse nacional es sentirse, además de étnico, miembro de una definición política global que asume, asimismo, el principio histórico de la realización de una organización institucional inicialmente constituida por la idea de la autoadministración política desde la previa etnicidad. En tal caso, el concepto de nación trasciende políticamente al de etnia, aunque ambas pueden constituir formas culturales homogéneas en términos del conjunto de su *ethos* específico.

Sin embargo, el concepto de nación trasciende fundamentalmente al de etnia porque implica la noción de una razón política de la identidad cultural; esto es, aparece como el desarrollo de una voluntad de autocontrol político del propio desarrollo de la identidad de una población culturalmente homogénea por su misma singularidad histórica autorreconocida. Desde luego, en este punto parece obvio que la noción nacional tiene que ver con tamaños demográficos comparativamente suficientes en lo que atañe a su capacidad de actuar como poder sobre sí mismos, y refiere a una capacidad estructural consistente en poseer instituciones políticas que, por lo menos, rebasan el concepto de comunicad local clánica y que, por lo tanto, se hayan desarrollado en la forma de reunirlas dentro de una identidad política común basada en la consciencia de que su singularidad cultural es también la expresión de un *ethos* común, y de una voluntad de considerarse políticamente únicas con independencia del carácter de su organización institucional, y aun cuando no hayan alcanzado la formalización jurídica de un Estado.

Conforme el desarrollo de gradientes históricos supone diferentes perspectivas, y conforme éstas progresan desde la condición de una primera consciencia cultural, de identidad étnica; y en cuanto por transformación de su consciencia política pasan a constituirse en una posterior identidad nacional, finalmente, aunque no siempre, concluyen en una formación política institucional de poder efectivo designada con el nombre de Estado. Como consecuencia de ello, nuestro trabajo se interesa también por situar el complejo fenómeno histórico cultural del Estado a partir del contexto inicial de la etnicidad, pues en realidad es este contexto, en su transformación política, el que provoca las diferentes situaciones dentro de las cuales puede encontrarse colocada una comunidad étnica.

Históricamente, pues, la etnicidad es más antigua que la nacionalidad, y ésta lo es más que el Estado, y mientras éste difícilmente puede surgir como una identidad étnica única, pues en el curso de la historia ha resultado de la reunión, más o menos pactada o impuesta, según los casos, de naciones, e incluso de los límites impuestos al desarrollo político de éstas para conducir su propio destino, no obstante, mientras muchas naciones han desaparecido por falta de una fuerza demográfica competitiva y de capacidad política para resistir el empuje de otras, la identidad étnica ha permanecido siempre como el estado de larvación necesario para constituirse con el tiempo en punto de partida para la recuperación de su voluntad nacional. Sin la etnicidad no sería posible la idea de nación, y sin ésta la construcción del Estado carecería de ideas de fuerza para edificarse. Los gradientes de esta construcción histórica del Estado son, pues, equivalentes a identidades y a capacidades, primero demográficas y luego políticas, aparte de las tecnológicas y económicas, que asumen el carácter de entidades culturales previas sin las cuales cada una de ellas estaría vacía de sentido o de *ethos* con el que identificarse y fundarse en su ambición de poder.

De hecho, si los conceptos de etnia y de etnicidad refieren a estados de consciencia personal de la identidad individual desde la solidaridad de una comunidad en contraste con el de otras, los conceptos de nación, nacionalidad y Estado refieren, básicamente, al desarrollo político de una estructura social transformada en la dirección de conducir el *ethos* cultural a la posición de una consciencia política de la siempre necesaria primera identidad étnica en cuanto condición para determinar otro hecho, el de la nación que, en este caso, se da a partir del desarrollo político previo del etnicismo. Sin una voluntad política, sin una ambición de situar la propia etnicidad dentro del contexto de una competición de poder con otra u otras, apenas existirían condiciones para el progreso de la consciencia de nación, y sin la pasión de sus miembros para encumbrar ésta a una posición de poder, apenas se producirían procesos de nacionalismo. Sin estos aspectos fundamentales, el Estado puede parecer una mera función estructural sin consciencia real de nacionalidad.

En principio, sin la existencia del proceso de transformación de esta primera consciencia étnica en consciencia nacional, y sin la existencia de una estructura demográfica suficiente para confrontarse competitivamente con otras en la idea de la voluntad política de poder dominante, el de una configuración estatal, el Estado representa una simple manifestación de transición institucional de carácter regresivo en beneficio de otras voluntades nacionales emergentes.

Estas cuestiones tienen, pues, que ver con la antropología cultural en la medida en que son la forma de manifestar cómo los componente étnicos de la cultura se desarrollan en la dirección de procesos políticos, hasta convertirse en funciones dinámicas de la identidad cultural. En esta medida, la etnicidad se trasciende históricamente a sí misma tanto interior como exteriormente. La cultura se contempla como un sistema de acción, y la etnicidad es entendida como la condición de su expansión. Como consecuencia, la cultura se transforma en la expresión de la capacidad específica del *ethos* de una comunidad étnica en términos tanto sociales como políticos.

Algunos de los planteamientos que se describen en este libro están destinados a considerar las funciones de estos conceptos en situaciones y contextos, a la vez, de carácter general y específico, con lo cual resulta que las confrontaciones sociales competitivas que siguen al desarrollo de la dialéctica étnica y de las culturas, oponiéndose tanto como influyéndose entre sí, aparecen situadas en la misma dinámica de las sociedades en sus diferentes estructuras uniétnicas y poliétnicas, uniculturales y pluriculturales, receptivas y refractarias, clasistas y preclasistas, todo ello constituyendo procesos de la cultura y de los seres humanos que la viven dentro de las di-

9

ferentes condiciones que suponen las variables adaptativas, ecológicas y ambientales que rigen el desenvolvimiento multilineal de nuestra especie en el curso de su distribución en el espacio y en el tiempo y, sobre todo, a partir de este gran combate competitivo, intraespecífico, que distingue, en gran medida, a nuestra especie de las demás.

En cierto modo, los diferentes capítulos de este libro aspiran a indicar el carácter dinámico, y a la vez complejo, que aparece detrás de las configuraciones etnoculturales como posibilidades históricas relativas. Los etnólogos y, por extensión, los antropólogos culturales, tienden a explicar las profundas y específicas variedades de nuestra historia, precisamente como especie dentro de los contextos primarios de la etnia y de su relativa capacidad cultural para trascender, primero, sobre los condicionamientos de su espacio y, luego, sobre los condicionamientos ejercidos por la competición inevitable con que la historia demuestra ser el *ethos* común de la especie humana.

CLAUDIO ESTEVA FABREGAT
Marzo de 1984

I. Etnia, etnicidad y relaciones interétnicas *

Como ha señalado Leroi-Gourhan (1964, vol. I, p. 221), en los últimos 40.000 años el hecho más importante de la evolución humana consiste en haber pasado ésta del nivel de especie zoológica al nivel de especie étnica. Esto es, y en nuestras palabras, en lugar de ser el hombre hacedor y manipulador de una sola cultura, única o universal, se ha convertido en un ser social culturalmente diferenciado a través de sus adaptaciones en el espacio y en el tiempo.

En términos de su evolución biológica y cultural, la evolución ha pasado de ser un proceso unilineal primario o común a todas las sociedades humanas, a un proceso multilineal o de adaptaciones diversificadas. Estas adaptaciones unilineales primarias se darían en el contexto de las culturas paleolíticas iniciales, pero sucesivamente, y a medida que los hombres se propagaban y adaptaban a espacios diferentes, las culturas resultaban diferentes hasta convertirse en causas de procesos también diferenciados o de evolución sincrónicamente multilineal.

Hoy podemos observar diferencias muy grandes entre poblaciones que viven en los trópicos comparadas con las que viven en latitudes frías o en latitudes templadas. Asimismo, registramos diferencias entre las que viven situadas en regiones de altitud y otras que viven en zonas bajas o costeras. Y así, anotamos diferencias importantes entre los grados de evolución cultural conseguidos por unos grupos en comparación con otros. Si comparamos los grupos de nuestra especie denominados primitivos porque viven ocupados en la reco-

* Este trabajo tiene como propósito mostrar la importancia del fenómeno étnico en el contexto de la antropología cultural y en la dinámica de las relaciones sociales entre culturas. Muchos problemas aquí expuestos y su análisis en función de datos empíricos verificados son aquí argumentos para una teoría más comprehensiva de la etnicidad y de su heurística. Desde luego, entonces, muchas definiciones tienen un carácter indicativo. En una obra posterior, y en función de un marco empírico más complejo, la bibliografía también será más amplia. Aquí nos hemos limitado a citar autores que estudian aspectos específicos de nuestro planteamiento.

lección, la caza y la pesca, con aquellos otros que han desarrollado la energía nuclear y que viven en urbes y centros industriales, nos parecen evidentes las grandes diferencias que separan a unos de otros, pero al mismo tiempo resulta obvio que son muchas y variadas las adaptaciones realizadas por el hombre en el espacio y en el tiempo.

El hecho supremo de esta situación es que el hombre como especie se ha diversificado en forma de culturas que contribuyen, también diversamente, a la evolución general de la especie. Como corolario de esta contribución, ciertos grupos de la especie humana afirman su supremacía temporal sobre otros, y como en una carrera de obstáculos, ciertos grupos salvan mejor que otros sus dificultades y se colocan como líderes o comunidades avanzadas de la humanidad en lo que es una pugna permanente, intraespecífica, por la dirección consciente del conjunto de la especie. Esta especie la constituyen, por lo tanto, culturas o formas de vida que se reconocen étnicamente por medio de la consciencia individual y de grupo y que contribuyen con sus invenciones y estímulos culturales a la organización del medio humano y a la evolución de los ambientes y del hombre mismo.

No cabe duda, entonces, de que el estudio de estas diferencias, así como el de las adaptaciones específicas que representan los espacios humanizados, ha ocupado a los antropólogos desde siempre. Y es también cierto que dichos estudios se han orientado a definir el papel de la cultura en esta evolución general, por una parte, y en su manifestación peculiar como identidad social, por otra.

A lo largo de estos procesos históricos de la humanidad se advierte un carácter profundamente selectivo en los mismos, ya que en su curso y desarrollo se han originado etnicidades y cambios en la vida de éstas. Ésta suele ser una historia asimismo violenta, pues mientras se habrán producido sincretismos derivados de los intercambios sociales y culturales, y mientras éstos han acelerado el crecimiento y complejidad generales de la cultura, sin embargo, en muchos casos son procesos que incluyen la supresión de unas etnias por otras, mientras que en otros casos ha supuesto la imposición de una etnia sobre otra, aunque a la larga hayan originado profundos mestizajes biológicos y culturales.

El conjunto de la evolución humana es, así, equivalente a un proceso de aparición y desaparición de etnias que, mientras juegan el papel de renovadoras de las condiciones de la vida social de la cultura, por otra imponen a la naturaleza un control selectivo sobre sus recursos. El curso de la historia de nuestra especie es equivalente a una lucha permanente por el dominio sobre la naturaleza, pero es también una expresión de luchas intraespecíficas que tienen como función, no siempre consciente, el logro de estados de seguridad constantemente insatisfechos. Las etnias son las unidades de población que protagonizan esta dinámica de la historia humana general en su evolución unilineal, y son, asimismo, en sus triunfos o en sus fracasos, ejemplos de variabilidad intraespecífica por medio de los cuales explicamos la vicisitudes de cada historia particular o variabilidad. Sin el conocimiento de esta historia nos faltaría información para explicar el proceso adaptativo seguido por los hombres en el espacio y en el tiempo, y si la evolución humana es un fenómeno de la vida natural, es también un fenómeno particular de esta vida en sus adaptaciones específicas vistas como respuestas a los retos constantes del mismo ambiente vivido por el hombre.

Si atendemos al *status* relativo de las situaciones históricas de cada etnia en el contexto de sus relaciones con otras, es evidente que nos encontramos puestos en el estudio de los avatares que forman parte del mismo proceso de diferenciación y evolución de las culturas. Pero asimismo, también estaremos observando procesos de absorción, de rechazo, de aculturación y de mestizaje; en suma, procesos que acaban siendo conflictivos porque representan modos de selección social, tanto como respuestas del hombre a sus necesidades orgánicas o de supervivencia. En gran manera, las transformaciones culturales que siguen al encuentro entre culturas van precedidas de procesos selectivos en cuanto suponen una experiencia de cambios, pero al mismo tiempo suponen el desarrollo de procesos conflictivos si atendemos al hecho de que cada cultura es una razón intrínseca de la lucha por los recursos del espacio.

En un anuncio histórico del problema de las relaciones interétnicas podemos decir que, en cada caso, y aparte de los diferentes resultados que hayan seguido a los intercambios sociales entre culturas, sus procesos adquieren un carácter conflictivo por lo menos en tanto que actúan como interferencia, pues la misma selección o sustitución de elementos culturales y los cursos que éstos siguen en su integración y sincretismo en el marco de las estructuras sociales, implican un estado de conflicto en las actuaciones interpersonales. Implican la confrontación interétnica, por lo menos en el plano de aquella clase de experiencia que obliga al individuo a producir nuevas adquisiciones de realidad y reajustes del ego ante las nuevas condiciones en que se presenta dicha realidad como cultura para ser adquirida por el individuo.

Abundan los casos en que, asimismo, este individuo asume la etnicidad como parte de su consciencia social y cultural en una fase resistente, tanto cuando vive pacíficamente con personas y grupos de otras etnias como cuando advierte una amenaza de disociación de su personalidad en su relación social con otras etnias. Si en el primer caso la dificultad proviene de la diferencia cultural y de la misma extrañeza ante el modo de vivir ajeno, en el segundo se experimenta como una interferencia que actúa sobre el modo de vida propio o habitual. Como tal, la interferencia equivale a una relación conflictiva entre sistemas de personalidad, porque implica, además, una manera de considerarse amenazado el sistema de seguridad del yo en términos de su identidad o conciencia cultural de la realidad.

Es este supuesto de la confrontación selectiva de las etnicidades en el proceso social de la cultura lo que confiere a la etnicidad un papel que es, a la vez, conflictivo y creador. Es una clase de proceso de carácter dramático porque siempre pone a unos hombres al servicio de otros y siempre, por añadidura, implica que el dinamismo de nuestra especie lo es respecto de las demás que forman la historia cultural, y respecto de sí misma en un estado permanente de selección natural de la cultura por medio de intercambios que son, simultáneamente, tanto intraespecíficos como interespecíficos.

Esta evolución de la cultura humana sirve para demostrarnos que la etnicidad es un hecho identificatorio en la historia de nuestra especie e indica que en el seno de ésta la sustitución de unas etnias por otras viene a ser una ley de su historia natural, una ley que es asimismo cultural, porque mientras la sustitución o dominación de una etnia por otra supone la pérdida física o la pérdida de identidad, según los casos, esta pérdida se compensa, sin embargo, por el desarrollo simultáneo de mejores técnicas productivas que, a su vez, permiten el aumento demográfico de la especie y una ampliación de sus capacidades mentales inherentes al mismo intercambio social.

En definitiva, un primer enfoque del problema permite

darnos cuenta de que las luchas intraespecíficas o entre etnicidades constituyen parte de la historia natural de la cultura y representan una proyección del modo en que nuestra especie asume su propia dinámica de desarrollo entre las demás especies. El que esta lucha intraespecífica suponga la eliminación de unos grupos por otros, es parte del proceso objetivo que podemos determinar en el conjunto de lo que es nuestra evolución como humanidad. Las etnias son, en este proceso, las unidades colectivas a las que se refiere el historiador cultural o etnohistoriador cuando al contemplar el papel del hombre sobre el medio, contempla también el papel de la etnicidad en los intercambios y sincretismos o mestizajes de crecimiento y ampliación de estructuras adaptativas. En esta dinámica de actuación sobre el medio se convierten en selectores de su propia especie. La lucha interétnica es, así, un episodio permanente y antiguo de la humanidad. Al agruparse los hombres en unidades de cultura diferenciadas que disputan a otros el espacio o el dominio de éste, quedan también definidos como unidades políticas. Cuanto más dinámicamente éstas actúan sobre el medio, mayor es la probabilidad de que provoquen el conflicto interétnico. Éste sería un resultado de la misma dinamicidad de esta actuación expansiva sobre el medio. El estudio de estas relaciones y de su organización cultural es, por lo tanto, un objeto propio de la antropología cultural.

A medida también que las relaciones culturales entre los grupos diferentes de nuestra especie se han evidenciado como altamente dinámicas y como factores selectivos, la etnicidad se ha convertido en estudio antropológico. Por esta razón, muchos análisis de la antropología cultural son, en ambos casos, análisis de relaciones sociales entre culturas diferentes. En tal caso, se ha puesto énfasis no sólo en el estudio de la difusión de las culturas, sino también en el protagonismo de sus agentes, los hombres y grupos humanos que comunican la información y que atraen innovaciones y que, por ello, transforman los ambientes y sus sociedades. Se asume, por lo tanto, que estos hombres tienen consciencia social. Esto es, se asocian y agrupan tanto como realizan procesos adaptativos en el espacio, hasta adquirir con el tiempo un sentido de identidad étnica. Esta identidad se asume, asimismo, como parte de la estructura de personalidad. Un denominador común hace, entonces, solidarios a los individuos que viven una misma cultura: el de la consciencia de que son diferentes y de que constituyen una particularidad histórica de nuestra especie.

El reconocimiento de diferencias culturales entre grupos humanos es, pues, muy antiguo. Y como es obvio, puede atribuirse, básicamente, a la adaptación espacio-tiempo especializada y al mismo proceso de individuación que resulta del hecho de ser discontinua la experiencia generacional de la vida. Esta discontinuidad interviene en el sentido de producir una consciencia diferencial de la existencia y se reconoce en los hombres a partir de cualidades y de señales que contribuyen a su identidad social.

De este modo, si reconocemos como un hecho generalizable o propio de las evoluciones especializadas de los grupos de nuestra especie su diferente adaptación en el espacio y en el tiempo, y si por lo tanto hacemos hincapié en fenómenos de variabilidad cultural, y si además esta variabilidad cultural la extendemos al reconocimiento de variabilidades somáticas secundarias, como son las raciales y sus caracteres distintivos, entonces el tema de la etnicidad se presenta como una cualidad de los seres humanos en su constitución adaptativa y en su manifestación como sociedades organizadas. Conforme a eso, la cuestión étnica reaparece constantemente como problema antropológico cada vez que los hombres acuden a reconocerse en su identidad cultural y cada vez, por lo tanto, que desarrollan una consciencia histórica de su ser. Cuando llegan estas ocasiones, los grupos humanos resaltan su particularidad y la hacen relevante en el contacto con otras identidades históricas. Ésta es una actitud clasificatoria o selectiva propia de todo organismo vivo en su relación con el medio.

Tanto en las sociedades primitivas como en las modernas, la etnicidad es equivalente a un método social de diferenciación que hace particulares a los miembros de un grupo respecto de los de otro. Acudir a esta diferenciación es igual a un intento de simplificar la distinción, puesto que al usar una diferencia recurriendo a una identidad étnica, el interlocutor se ahorra el esfuerzo de enumerar o describir las diferencias que le separan de otras personas. Cuando en determinadas situaciones interpersonales, uno dice sin más, «Soy Fulano de tal», lo que hace es demostrar una clase de identidad en la que el nombre ya es explícito por sí mismo de ciertos contenidos, como cuando uno lo identifica con un inglés o con un italiano, o como cuando lo refiere a la pertenencia a un linaje. En cada caso, la sobriedad de la presentación no excluye un mensaje más amplio, como es el de que por este medio el interlocutor puede constituir una imagen cultural y social más explícita que la misma parquedad de la locución. En el caso étnico, la situación es semejante, ya que la identificación de la etnicidad va también adscrita a un mensaje por medio del cual uno percibe una diferencia social y en ciertos casos cultural, diferencia que, a veces, puede incluso denotar una particularidad racial.

Según lo anterior, el sentimiento de etnicidad es consiguiente a la misma diferenciación cultural de los hombres considerados en términos de una identidad diferente. Incluso en los casos en que dos personas de un mismo origen cultural han quedado separadas de una experiencia social común, y por lo mismo cada una de ellas se ha integrado en comunidades diferentes, no sólo serán reconocidas con el tiempo como individualmente diferentes, sino que asimismo lo serán en términos de su identidad étnica. En Iberoamérica abundan los casos en que los censos oficiales clasifican como de raza diferente a individuos que siendo hermanos viven en comunidades culturales distintas. Este caso ha sido ilustrado para Otavalo, Ecuador (cf. Esteva, 1964, p. 294) donde dos hermanos fueron clasificados, respectivamente, como indio y mestizo en consideración a que la forma de vestir del primero era indígena y urbana la del segundo. Lo cierto es que una adaptación ambiental diferenciada produce actitudes y comportamientos diferentes, pero también identificaciones de etnicidad equivalente a una diferenciación individual.

Los marcos sociales y ecológicos en que se efectúan los procesos de etnificación son variados: van desde el reconocimiento de una estructura cultural uniétnica, como en el caso de las poblaciones primitivas, hasta el reconocimiento de una estructura cultural poliétnica, como es característico en las sociedades urbanas. Si por su organización y cualidades de autosuficiencia social, las primeras son uniétnicas, es evidente que sus relaciones interétnicas hay que buscarlas en el contexto de las salidas y encuentros de sus miembros con individuos o con grupos étnicos de otras sociedades y culturas, esto es, individuos y grupos que no forman parte del mismo proceso ni de la misma estructura social. En cambio, las organizaciones poliétnicas integran en su estructura social diversas etnicidades, con lo cual cabe buscar su conflicto interétnico en el seno de ellas mismas, aunque el origen causal de su polietnismo haya que buscarlo fuera de las fronteras del grupo étnico anfitrión; o sea que debe justificarse en términos de un proceso histórico de expansión o de contracción, según los casos, pero siempre en relación con un rompimiento de una estructura inicialmente uniétnica.

El polietnismo de una sociedad es en todo caso la expresión de una estructura social que, por estar abierta, recibe individuos de otras poblaciones y tiende a reunirlos en su sede, y por reacción asociativa de éstos, así como por necesidades de integración del sistema de seguridad del ego, a proseguir el sentimiento de etnicidad cuando no la organización política de ésta. Los círculos y clubs étnicos constituidos por miembros de colonias extranjeras en el seno de sociedades nacionales diferentes son un ejemplo de continuidad del modo étnico de ser. A veces esta organización incluso persigue fines políticos y es respaldada por entidades oficiales del país de origen, con lo cual el *status* étnico es, además de una forma de reforzamiento de la identidad personal, un intento de protegerla contra la experiencia disociativa con que es amenazado el ego, pero asimismo es un modo consciente de prolongar la etnicidad a una expansión política de la misma.

En las sociedades urbanas modernas, la concurrencia social de varias etnicidades es, por lo tanto, una causa potencial de antagonismos étnicos, y aunque es notorio que las sociedades poliétnicas se enriquecen demográfica y culturalmente más que las uniétnicas en virtud de que siendo mayor su número de variables socio-culturales, desarrollan y estimulan más los intercambios inventivos y producen, asimismo, un medio social más estimulante para la creación de nuevos recursos. Sin embargo, sus procesos sociales son más conflictivos y tensionales. En ellas el ritmo de su estructura es más susceptible a la variedad de respuestas y en ellas el individuo está más expuesto que en las sociedades uniétnicas a sufrir el impacto de las contradicciones internas de sus grupos actuando como una dialéctica a la vez destructiva y creadora. En gran manera, si las sociedades uniétnicas son en su estructura social interna menos conflictivas, la celeridad de su desarrollo evolutivo es también más lento. En estas sociedades uniétnicas, el conflicto interétnico hay que buscarlo fuera de su propia estructura, puesto que, habitualmente, aquél se da como el resultado de un dialéctica entre bloques étnicos no mezclados en una misma organización social, como es el caso en las sociedades poliétnicas.

Mientras advertimos la aplicación de principios de etnicidad por cuyo medio los hombres suelen clasificarse como miembros de sociedades distintivas, y mientras estas clasificaciones atienden a proveer a los individuos de puntos de referencia con los que orientar su personalidad social, los antropólogos acuden al método etnográfico para describir este modo de ser cultural. El modelo etnográfico viene a ser una configuración o totalidad cultural observada personalmente por el antropólogo, y tiene como límites sociales una unidad étnica. En tanto cada unidad étnica es una particularidad cultural, los análisis del antropólogo tienden a ser, asimismo, explicaciones sobre los caracteres del sistema de comportamiento particular de un grupo étnico en el marco de su contexto social.

En este marco particular de análisis, la teoría antropológica del modelo etnográfico se funda en la comparación de sistemas culturales y sus resultados suelen referirse al sentido que tienen las diferencias culturales a partir de los principios de actuación asociada de los hombres respecto de los hombres y de éstos sobre su medio total de acción.

Como es patente, las unidades étnicas vienen a ser la expresión de formas de vivir que el antropólogo formula recurriendo a un modelo etnográfico. Y así, del mismo modo que el individuo se reconoce étnicamente diferente, el modelo etnográfico es un modo de representar la teoría interna de la diferencia cultural vista dentro del contexto de una teoría general.

Según este enfoque, el antropólogo explica las diferencias, tanto como las uniformidades, y asume la teoría adaptativa que las produce. Su explicación actúa considerando el papel del hombre sobre la cultura y el de ésta sobre aquél, y al mismo tiempo lo hace considerando las relaciones entre ambos en función de la creación de ambientes y de la reactuación constante de éste sobre aquéllos, el hombre y su cultura. Ésta es una clase de dialéctica en la que se asume la necesidad de un conocimiento dirigido a determinar los tipos de adaptaciones que son específicos de los grupos humanos. Sin embargo, y en una función propiamente dinámica o histórica de estas adaptaciones, el antropólogo pasa a interesarse también por el papel que tienen las relaciones entre grupos étnicos, precisamente porque ninguna cultura por sí misma es autosuficiente en su proceso de transformación evolutiva.

De esta manera, el modelo etnográfico tiende a descubrir en la unidad étnica el principio de la identidad social, y por medio de esta afirmación, descubre también que toda integración etnográfica es, asimismo, un modo de reconocer una etnicidad; en cierto modo es un reconocimiento de que ésta aparece vinculada con diferenciaciones de personalidad culturalmente establecidas.

Cuando el antropólogo asume como un *a priori* el principio de la distintividad de las distribuciones culturales y su actuación como unidades étnicas, con dicho reconocimiento asume también el *a priori* de que los miembros de una cultura constituyen una unidad étnica cuya consciencia de particularidad es, entre otras, condición para que puedan manifestar su etnicidad. La correlación entre modelo etnográfico y unidad étnica es así obvia, y como sea que el antropólogo la pone de manifiesto a partir de su relación personal con los miembros de una cultura, es precisamente este contacto el que define empíricamente la consciencia de una etnicidad en todos los hombres.

Dicha consciencia es una función social de la personalidad y se produce significando el papel de la unidad étnica a que uno pertenece, pero la oportunidad de manifestarla sólo se da en el contexto de aquella relación en la que el interlocutor es miembro de otra cultura, esto es, por contraste. Si el contexto etnográfico recoge una particularidad cultural como propia de una unidad étnica observada, la clasificación étnica es inherente a toda interacción social entre culturas.

Al ocuparse el antropólogo de presentar el comportamiento social de una unidad étnica, lo que hace es abstraer este comportamiento y convertirlo en un modelo etnográfico. Conforme a eso, si la unidad étnica es, por definición, un modo cultural de ser un grupo de personas, la etnicidad es una afirmación de personalidad reconocida a través de la consciencia individual relativa de interpretar este modo cultural. Buscar esta consciencia es propio del antropólogo y equivale a descubrir una concepción étnica de la cultura, esto es, supone tener la explicación nativa de la diferencia o del modo de ser nativo. Por parte del antropólogo, más que descubrir la diferencia en sí, de lo que se trata es de transcribirla en su versión interna, o sea, en tanto que válida como contexto particular y en su significación relativa dentro del marco de una teoría universal de la cultura. El que la unidad étnica constituya el límite social del modelo etnográfico implica, pues, reconocer que también los individuos que son objeto de la descripción etnográfica se consideran como unidad étnica a través de conceptos de afiliación social políticamente limitada.

La problemática a que nos referimos, en este caso, se funda en el estudio de las cuestiones derivadas de la circulación social de la etnicidad, o sea de la manifestación de esta consciencia por autodefinición individual y por reconocimiento social externo, pero también por implementación de los contenidos culturales de que se hace uso y que pueden expresarse por medio de un modelo etnográfico por parte del antropólogo, y por medio de un comportamiento cultural por parte del individuo observado en su acción. Para ello incidimos en el examen de dos niveles evolutivos de cultura: *a*) el propio de las llamadas sociedades primitivas o de estructura política sencilla y tecnológicamente limitadas por actividades de recolección, caza y pesca de subsistencia, uniculturales y uniétnicas, y *b*) el propio de las sociedades complejas o urbanas, pluriculturales y poliétnicas. En cada extremo los problemas de la etnicidad y la función social de los grupos étnicos, así como el papel histórico de las comunidades étnicas, aparecen como condiciones para poder entender las relaciones interétnicas que tienen lugar según la clase de estructura que poseen.

La unidad étnica de que se ocupa el antropólogo concierne a un tiempo, un espacio y una cultura. Así, la noción de unidad étnica es básicamente metodológica en tanto que implica el estudio de un grupo de población etnográficamente delimitado. De acuerdo con esta idea, la integración del análisis de la etnicidad se formaliza a partir de la unidad étnica y de los conceptos de *etnia* y de *comunidad étnica*. En nuestro examen, éstas son categorías que corresponden a la definición que hacemos de poblaciones con sistemas culturales propios o coherentes a efectos de una descripción etnográfica.

Steward (1951, p. 377) ha hecho patente que el método etnográfico sólo puede aplicarse en sociedades modernas cuando recurrimos al principio diferencial de la segmentación social, método según el cual ciertos grupos de la sociedad son culturalmente uniformes. Lo son, según este enfoque, porque forman una clase media, una minoría étnica o un estrato ocupacional. En este sentido, cada segmento representa un sistema de respuestas adaptativas o diferenciadas que son el resultado del efecto que ejercen las instituciones —económicas, políticas, raciales, religiosas o de otro tipo— correspondientes o especializadas de una cultura.

Al respecto, y como sea que los factores de diferenciación social segmentada tal como es postulada por Steward, no presentan un carácter universal, es necesario mostrar algunas salvedades estructurales e insistir al mismo tiempo en el hecho de que el método de estudiar segmentos limita las posibilidades de actuación del enfoque etnográfico en sociedades complejas. Conviene, pues, incidir sobre los siguientes extremos.

Reconocer que la segmentación social proporciona claves para clasificar culturalmente a las poblaciones urbanas, supone, obviamente, otra noción: la de que cada segmento es por sí mismo tanto una configuración cultural como un agrupamiento social. En las sociedades urbanas modernas esta configuración, a efectos etnográficos, es más ideal que real, y no ofrece ventajas prácticas más que en el caso de que cada segmento actúe como una unidad cultural exclusiva o separada de las demás en el proceso de la acción social. En la realidad, el modelo etnográfico aplicado a sociedades urbanas modernas, más que actuar por segmentos sociales debe actuar por el reconocimiento de instituciones comunes a todos los segmentos y establecer con ellas los principios y estructuras que las gobiernan y que las motivan. Esto es, debe ocuparse, por ejemplo, de describir el sistema productivo y en éste analizar el papel que desempeñan la tecnología y la organización social en el mismo, esto es, la distribución social de los individuos y sus grados relativos de realización personal en términos del sistema de rol-*status*.

Es evidente que aquí la etnicidad es equivalente al grado en que el sistema es común a los miembros de una etnia, a pesar de lo cual el sistema también puede ser común a todos los individuos que participan en el sistema productivo, con lo cual resulta que atribuir una identificación étnica al sistema en su misma funcionalidad es equivalente a eliminar de la realidad social a individuos que son representativos de pluralidades culturales diferenciadas en origen, esto es, son de otras etnias. Ciertamente, esto es posible hacerlo en un modelo etnográfico siempre que se reconozca el principio de la abstracción cultural frente a la realidad del proceso social.

Lo que hacemos es reconocer que si una etnia es consustancial a una configuración cultural susceptible de una descripción etnográfica, cuando en una sociedad urbano-industrial presentamos un sistema productivo con independencia del hecho de que lo sirven personas de diferente etnicidad, al hacerlo así nos limitamos a reconocer que es un sistema productivo integrado en una sociedad que designamos por medio de una denominación étnica. El hecho de que este sistema productivo no sea servido en su totalidad por miembros de la misma etnia no significa que este sistema no sea culturalmente representativo de una unidad étnica; significa más bien que el sistema cultural anfitrión está socialmente abierto a individuos de otras etnias.

Aquí, empero, lo importante no es el reconocimiento de que con la eliminación de unos individuos, por abstracción cultural de la realidad social, conseguimos producir un modelo etnográfico; más bien lo importante es aclarar que el concepto de segmentación como equivalente a unidad etnográfica o cultural es más un concepto social que un concepto cultural. Si esto es cierto, lo es también que los segmentos son partícipes de un mismo sistema legal o de una misma religión, o cultivan los mismos deportes, de manera que el descubrimiento de la etnicidad, en la medida en que se trata de sociedades poliétnicas, es una cuestión de señales distintivas, como pueden ser el lenguaje, el folklore, una consciencia política y hasta un modo de vestir, con lo cual eso más que presentar un segmento social, representa una configuración cultural, y en términos individuales constituye un ego o estructura de personalidad. Así, en Barcelona pueden ser miembros de su clase media individuos catalanes, vascos, aragoneses, castellanos, gallegos, andaluces, valencianos, extremeños, murcianos, asturianos y grupos extranjeros, a pesar de lo cual, y aun considerándose miembros de la misma clase social, cada uno de ellos se define, y es definido, por su consciencia, y hasta por un comportamiento que se considera propio de su etnicidad.

Para recurrir al principio de la segmentación social de la cultura es indispensable admitir que la sociedad está culturalmente diferenciada en segmentos que, asimismo, se corresponden con etnias diferenciadas. Estas características especializadas son muy difíciles de encontrar en las sociedades urbanas, porque generalmente se presentan como estructuras abiertas, a menos que exista una organización social estratificada de castas. Esto último se ha dado en países orientales (India, por ejemplo), pero no suele darse en las naciones occidentales contemporáneas, ya que en éstas la etnicidad es dinámicamente independiente de la segmentación social. En el caso, por añadidura, de las sociedades urbanas industrialmente desarrolladas, la inmigración masiva en ellas de poblaciones extranjeras o regionales de su misma nacionalidad supone, asimismo, la pertenencia a una misma clase social de individuos de diferentes nacionalidades y regiones, como es el caso en países como Suiza, Alemania, Bélgica, Francia y Holanda. Esto significa que si aplicáramos el principio del modelo etnográfico a segmentos, entraríamos en una descripción sumamente confusa de la forma cultural institucionalizada. La perspectiva que asumimos es otra, pues atiende a reconocer que la etnicidad es asunto a definir más que por el principio de la segmentación social, por el principio de la configuración cultural y de los fines implicados en el sistema de acción social.

Con el estudio de sociedades poliétnicas o que plantean relaciones interétnicas, el antropólogo pasa a ser un estudioso del conflicto social de las culturas y se aplica al análisis de teorías dinámicas en los modelos etnográficos. Por esto, si antes el concepto de cultura resumía las explicaciones antropológicas, en este momento la explicación y su teoría se amplían a la consideración de las relaciones interétnicas vistas como un nuevo o más amplio espectro de la concurrencia social de las culturas. Las cualidades del análisis varían en un aspecto principal: esto es, mientras siguen estando cualitativamente orientadas, añaden, empero, el estudio de los factores que intervienen en una relación social. Por lo tanto, trascienden sobre el planteamiento estricto tradicional que asumía el principio de «una sociedad, una cultura». Ahora, y en relación con sociedades poliétnicas, el estudio antropológico se entiende como una dimensión más compleja o equivalente a «una sociedad, varias etnias» y, por añadidura, diferentes culturas en su origen.

ÉNFASIS NUEVO SOBRE PROBLEMAS VIEJOS

La problemática interétnica es actualmente muy rica en ejemplos y en conocimiento sobre procesos específicos. En todas las naciones existen conflictos entre etnias con *status* políticos enfrentados. Algunas de éstas actúan en el papel de dominadoras y otras se limitan a resistir su situación de subordinadas, mientras, asimismo, algunas desafían abiertamente a la etnia que potenciada por un poder político enajena la capacidad de decisión política de otras.

Se registran en este sentido diferentes tipos de procesos conflictivos, ya que las relaciones interétnicas varían grandemente según se trate de relaciones entre grupos del mismo o de diferente nivel cultural, y según se trate de naciones jóvenes o recién salidas del colonialismo, o según constituyan un Estado de fuerte tradición nacional en cuya estructura figuran etnias irredentas y relativamente activas en su esfuerzo por lograr su independencia política. En este punto, la variabilidad casuística es muy grande y los antropólogos contemporáneos registran gran número de monografías en que el problema de la etnicidad y del conflicto interétnico adquiere especial significación y aparece como el supuesto de muchos estudios antropológicos.

En la actualidad, al ocuparse los antropólogos del estudio de poblaciones en proceso reciente de destribalización, han encaminado algunas de sus teorías de campo al estudio de la problemática inherente a la constitución de nuevos Estados, y con éstos han coincidido en estudiar fenómenos de desorganización política de las tribus en términos de la relación del individuo con sus clanes o con sus lealtades tradicionales a su unidad tribal. Esta problemática está siendo teorizada cada vez más en términos de un nuevo sector de intereses, el de la antropología política. En ésta, por añadidura, se revelan importantes los fenómenos de urbanización y de industrialización de ciertas zonas del llamado tercer mundo y, en virtud de tales desarrollos económicos, el estudio de las condiciones en que se efectúan los movimientos migratorios y los resultados de éstos en lo que se refiere a integración social y a estructura de personalidad de los individuos que, arrancados de sus orígenes tribales, se dirigen a las ciudades y en éstas adoptan nuevas formas de vida.

El hecho de que en África, por ejemplo, hayan penetrado nuevas ideologías y nuevas técnicas de organización social, así como sistemas de producción que han determinado respuestas políticas recogidas por el sindicalismo y los partidos políticos, ha determinado que mientras se mantiene la necesidad de estudiar la etnografía de estas poblaciones en su contexto ecológico original, al mismo tiempo se ha hecho necesario establecer los tipos de cambios y adaptaciones que los individuos antes tribales experimentan en sus nuevos medios sociales, en este caso, en las ciudades a donde se han dirigido muchos de ellos. Lo más importante a considerar es que, a partir del conocimiento de la etnografía de estas tribus, los antropólogos están en condiciones de determinar, por comparación de los modos de vida de origen tribal y en la ciudad, los cambios que experimentan los individuos que han modificado tanto la vida social de sus tribus como la vida individual de sus miembros en el contexto de las culturas urbanas.

En este contexto, ha resultado también evidente que el surgimiento de las nuevas naciones africanas, por ejemplo, ha supuesto grandes movimientos migratorios, y con éstos se han desarrollado, en mayor escala que antes, los enfrentamientos interétnicos.

Esta problemática de la antropología aparece, pues, relacionada con fenómenos de descolonización simultáneos con la creación de nuevas nacionalidades, basadas en fuertes organizaciones estatales como, por ejemplo, Indonesia e India, en Asia, y Zaire, Nigeria y demás países africanos independizados de potencias europeas como Gran Bretaña, Francia, Holanda y Portugal. En estas nuevas naciones, sumamente centralizadas por un aparato administrativo absorbente y por sistemas políticos autoritarios militarmente controlados, la etnicidad constituye un vasto mosaico de conflictos sociales, étnicos y raciales, a la vez que económicos y de clase, y a partir del momento en que las nuevas estructuras nacionales intentan imponer una sola identidad nacional y un solo proceso político, es cuando la consciencia étnica de las diferentes etnias que componen los nuevos Estados se convierten también en parte del problema nacional.

Aquí contemplamos una clase de proceso histórico que comienza en el momento en que aparece una concepción nacional independiente o políticamente descolonizada, integrada en una estructura política estatal que, para serlo, absorbe o trata de asimilar a etnias (generalmente, tribus) que se han limitado, en este caso, a jugar el papel pasivo de continuar sometidas a un poder político o militar superior, o que simplemente han sido incapaces de modificar las relaciones que les unían a un *status* de pueblo colonizado. En tal extremo, un hecho es grandemente significativo: desde el punto de vista de la etnicidad, dichas etnias son herencias recibidas por las etnias ahora políticamente dominantes convertidas, por sustitución de poder, en herederas de gran parte del sistema de control y de organización políticos de las potencias coloniales ocupantes.

En este sentido, el carácter de estas nuevas naciones independientes consiste en que una de sus etnias se ha convertido en consciencia de una nueva etnicidad, la que da nombre a la nación, mientras al mismo tiempo varias otras etnias asumen una participación política semejante a la de grupos sometidos o carentes de decisión sobre su destino político como entidades étnicas. En la medida en que esto es así, y con independencia de los argumentos —logro, por unificación en un solo Estado de todas las etnias del territorio, de mayor fuerza económica y política frente al imperialismo exterior— que se esgrimen para justificar la nueva organización política, la convergencia de diferentes etnias en un mismo proceso nacional supone el desarrollo de una consecuencia de las contradicciones introducidas por el mismo polietnismo.

Se hace patente, por lo tanto, que la confluencia de individuos étnicamente diferentes en el seno de una estructura política nacional, tiende a uniformar los procesos económicos y sociales, a pesar de lo cual la etnicidad se muestra como un factor conflictivo, ya que enfrenta a individuos que viven reunidos en una misma estructura social y forman parte de un proceso social único. Los individuos que forman parte de una misma estructura política estatal no se enfrentan entre sí por el hecho de identificarse como étnicamente diferentes. Se enfrentan, sobre todo, porque la etnicidad acumula fuertes cargas emocionales que se asocian a ideas de autonomía política frustrada, con antecedentes históricos diferenciados, con actitudes de discriminación racial o étnica y, ciertamente, con tensiones sociales derivadas de la identidad étnica.

Si los grupos étnicamente constituidos son un sujeto de la antropología cultural, la problemática del estudio de sus relaciones sociales concierne, a) a diferencias de niveles culturales entre grupos étnicos; b) a procesos de adaptación y hasta de rechazo mutuos; c) al grado de organización política conseguido por las etnias en contextos nacionales específicos actuando como grupos políticamente independientes y con territorio nacional propio, o al grado de organización específica logrado en el seno de un sistema nacional único o común, por ejemplo, el Estado, para varias etnias; d) a conflictos emanados de antagonismos interétnicos que adoptan, generalmente, un carácter político; e) a comportamientos tendentes a reafirmar el ego étnico, por una parte, y a suprimirlo represivamente, por otra; *f*) a readaptaciones culturales impuestas por la presión coactiva de una etnia sobre otras a través de sistemas legales, administrativos, educacionales, militares y de otro carácter; *g*) a superposiciones o estratificaciones étnicas referidas al poder político de una etnia sobre otras y al *status* discriminado que unas tienen en relación con otra dominante, y *h*) a desarrollos de identidad social en los que el concepto de etnicidad impone límites a las situaciones de *status* del individuo y hace que el ego adopte reacciones de personalidad acordes con el grado relativo en que es aceptada o reprimida su forma cultural de ser.

Ahora podemos, pues, reconocer que el interés por esta clase de cuestiones se acrecienta cuando pasamos del estudio de las sociedades primitivas al estudio de las sociedades complejas, pero especialmente cuando comprendemos que ambos tipos de sociedades se han convertido en una función de la teoría general de la cultura. Si en el pasado la antropología cultural se proyectó como un sistema intelectual especializado que tenía como medio de explicación y de constitución teórica el estudio comparado de las culturas primitivas y rurales, en el presente está cada vez más comprometida en el estudio de las sociedades nacionales y de sus grupos urbanos entendidos como una expectativa cultural diferenciada del resto de la humanidad evolutivamente retrasada.

El interés por las sociedades urbanas se ha incrementado como consecuencia de que empiezan a constituir el modelo a seguir por las primeras, por lo menos en las expectativas de sus miembros más identificados con los patrones de comportamiento exhibidos por individuos de las culturas más avanzadas o industriales. Ahora suele coincidir el estudio de *a*) los problemas de la aculturación y del cambio social en las comunidades primitivas, con el estudio de *b*) sus relaciones con grupos urbanos y con el estudio de *c*) las causas históricas y las adaptaciones específicas que configuran dinámicamente sus actuales orientaciones hacia el cambio.

IDENTIDAD ÉTNICA Y ETNICIDAD

Como se pone de manifiesto, partimos del reconocimiento de que existen diferentes variables a estudiar en el estudio de la etnicidad. Éstas consisten en dimensiones o niveles cuya estructura específica aparece constituida en forma de problemas cuyo carácter es primario o secundario según se comporte el proceso de la etnicidad y según hayan sido las condiciones históricas de que ha partido cada población en su desarrollo cultural e interétnico. Temáticamente, y por adición a los que hemos ya expuesto, pueden agruparse en términos de cuestiones referidas, *a*) al conflicto político; *b*) a la psicología étnica; *c*) a las relaciones interétnicas; *d*) a diferencias estrictamente culturales; *e*) a formas de estratificación social, o *f*) a cambios adaptativos realizados en el contexto de un sistema político autónomo o de un sistema político poliétnico. En cada caso, se trata de dimensiones que presentan un contexto poliétnico. En cada caso, se trata de dimensiones que presentan un contexto histórico y que se explican por el encuentro intercultural y por los intercambios sociales, y que en su manifestación sincrónica aparecen como relaciones entre individuos y entre grupos sociales cuyos resultados afectan a la identidad del ego y al destino político de las etnias.

Al considerar las fuerzas que mueven al individuo a desarrollar su etnicidad, hemos señalado que ésta se afirma en los principios de la diferenciación, principios que están en la fuente de toda estructura de personalidad. Asimismo, hemos indicado que tanto la diferenciación social como la diferenciación cultural se hallan organizadas según principios adaptativos en los que juega su papel más importante el desarrollo diferenciado de las culturas en el espacio y en el tiempo.

El que aquí pongamos de manifiesto el doble carácter espacio-cultura de la etnicidad en su origen, es una virtualidad que se considera dada en función del hecho de que la misma en su curso histórico se desarrolló a través del contacto y de la comparación socio-culturales. Por el contacto con grupos étnicos diferentes uno obtiene ideas sobre el ser de otras culturas, pero también sobre el ser de su propia cultura. No obstante, el carácter de estas relaciones vendrá condicionado por el grado en que un grupo siente necesidad de los recursos de otro y por el grado, por lo tanto, en que la satisfacción de esta necesidad sea facilitada o resistida por otro grupo.

En gran manera, la etnicidad es un modo de ser uno con una cultura al compararse con los de otra u otras culturas. Históricamente la etnicidad podríamos presentarla como un proceso continuo de referencias del yo cultural y del grupo étnico a otros yos culturales integrados en sociedades y formas étnicas también distintas. Empero, en su dinámica, esto es, en su historia, la etnicidad colectivamente asumida consistirá en un largo proceso de transformaciones culturales y de contactos sociales en los que, de algún modo, aparecerán disputando por el espacio y por sus recursos unos grupos frente a otros. Es notorio, pues, que las respuestas interétnicas pueden ser amistosas u hostiles según sean los tipos de alianza o de repulsión que se hayan manifestado en el curso de su historia. Conceptos tales como agresión, resistencia, dominación, subordinación, autonomía y dependencia, según hayan sido las consecuencias de la pugna por la defensa de los espacios, aparecerán más o menos conscientemente informados en las afirmaciones de etnicidad de los individuos al compararse con otros.

La idea de pertenecer a un grupo social culturalmente único no es en sí misma suficiente para que aparezca como relevante en términos de identidad personal. Esto último se da, especialmente, cuando los protagonistas de una acción social tratan con individuos de otra o de otras culturas y cuando como consecuencia de esto advierten que su forma de ser y de comportarse son distintas de las de otros en el curso de una apreciación de la misma realidad. Estas diferencias provocan el desarrollo de actitudes de extrañeza o se expresan en actitudes y en sentimientos que hacen uso de categorías separadoras, como son el «nosotros» y el «ellos». Estas diferencias toman como definiciones aquellas que reconocen otros grupos y el grupo propio al compararse entre sí. Forman parte, asimismo, de tópicos que aluden a cómo son unos grupos étnicos, a su forma de ser y al carácter social que los distingue.

La problemática de la identidad étnica y de la etnicidad presenta, de modo simultáneo o alterno, una interpretación política a la vez que emocional. En las naciones con etnias que luchan por su independencia política, la etnicidad acelera el dramatismo de las adaptaciones sociales, sobre todo cuando la identidad étnica se presenta como un instrumento de afirmación de una consciencia de grupo cultural opuesta a otra. Si los efectos primarios que resultan de la actuación social de la etnicidad consisten en reforzar el sistema de identidad del individuo, en los casos en que dicha etnicidad es resistida de modo equivalente por otra igualmente étnica, entonces la acción social abre energías profundas organizadas en torno de ideas históricas sobre la propia identidad cultural.

Ésta es una forma de historicismo o explicación constante del presente por el pasado, y a él se recurre para establecer una justificación suficiente para esta identidad étnica. De lo que se trata con el historicismo usado como alimento de la etnicidad, es de legitimar ésta proveyendo al ego de recursos para su dialéctica o maniobra dentro del sistema social. Esto permite al ego mantenerse identificado con una mística históricamente trascendente que, al mismo tiempo que agranda el valor de su identidad, le permite reforzar la confianza en sus medios de acción.

Es obvio que los recursos que acumula el individuo al conseguir una consciencia histórica de su etnicidad son usados tanto para afirmarse ante sí y frente a otros individuos como para regular y canalizar su energía social en la dirección de una solidaridad con su grupo cultural. Éste es un modo de confirmarse como ego organizado e integrado en un sistema de seguridad que mientras tiende a identificarse con una historia étnica, también tiende a confirmar la continuidad de esta historia en la etnicidad presente. Esta confirmación de etnicidad viene a ser para el individuo un símbolo de su personalidad, proporcionando de esta manera forma y significado a su realización social.

Como ha señalado Spicer (1971, p. 796), la dimensión histórica es parte de todo sistema cultural, y mientras hace posible que el individuo disponga de un legado integrador para su acción social, supone para él la oportunidad de continuarlo y evolucionarlo. Sin este legado, el individuo carecería de medios de experiencia cultural y, como es obvio, tendría que iniciar la historia cultural por sí mismo y sin antecedentes.

Lo que sí resulta cierto en este proceso de la identidad étnica es que la imagen que uno tiene del pasado viene a ser fuente directa de sus motivaciones en el presente, con lo cual se hace significativo que con la etnicidad el individuo tiende a repetir un destino histórico. Este contexto de significación, básico para la continuidad de una identidad étnica, se presenta al individuo bajo la forma de una idea histórica no necesariamente objetiva, sino como parte de una creencia en la historia propia vista como una legitimidad del grupo étnico y construida para un fin histórico que se justifica con independencia de la supervivencia de los demás grupos étnicos.

En tal caso, la identidad étnica a que me refiero no es necesariamente equivalente a una idea de nación en el sentido de un grupo de población constituido en Estado o con aspiraciones de organizarlo; más bien me refiero a un grupo con un sistema cultural propio que actúa como consciencia suficiente para establecer una identificación de etnicidad por parte de él mismo y de los individuos pertenecientes a otra identidad étnica. Por ello, la fuerza componente de la etnicidad se asegura por medio de una clase de consciencia que hace posible darle continuidad a través de la diferencia cultural, tanto como por medio de la oposición a perderla. En gran manera, esta continuidad se da en el papel de integración de etnias sometidas al poder de otra que ejerce la función de dominadora, como también se da en el papel de las que se resisten a ser asimiladas durante el proceso de absorción política y cultural desarrollado por la etnia expansionista.

Se trata, en este caso, de una demostración de capacidad de sobrevivir étnicamente que, como apunta Spicer (*ibid.*, p. 797), supone capacidad de resistir políticas de asimilación étnica en ambientes culturales diferentes y hasta contrastantes con el propio. El esfuerzo para el mantenimiento de esta continuidad y la resistencia demostrada por el grupo étnico en el sentido de evitar su pérdida de consciencia étnica se traduce en forma de un conflicto interétnico y de una oposición mutua entre las etnias implicadas. De esta manera, resulta lógico inducir que una identidad étnica puede existir sin nación y sin Estado, pero para su continuidad requiere de formas y de significados culturales que actúen como símbolos de justificación de la etnicidad presente en función de la existencia de una etnicidad en el pasado. Aunque, por añadidura, puede constituirse una etnicidad sin depender de una etnicidad semejante a la que se establece, y aunque también una etnicidad puede llegar a desaparecer bajo el peso de una acción histórica definitiva, sin embargo, la etnicidad que toma por modelo un antecedente de existencia histórica propia y que, asimismo, cuenta con la fuerza demográfica suficiente para reproducirse en números capaces de mantener su continuidad, es la que tiene más probabilidad de permanencia.

La representación de un esfuerzo de continuidad tiene, pues, una base histórica, ya que se afirma constantemente en la comunicación de una identidad étnica por medio de la socialización cultural de la etnicidad. Esto es, cada generación recibe de sus antecesoras, y también de las contemporáneas de la cultura de identificación, primero, los modelos o patrones culturales que constituyen su tradición cultural, y segundo, las técnicas y los símbolos por medio de los cuales el individuo actuará sobre su realidad. En la medida en que una gran parte de esta realidad es cultural y se reproduce por la acción a la vez de las generaciones antecedentes y descendentes, en esta medida se asegura una identificación social o tendencia a agruparse con individuos de la misma cultura, y por lo mismo se afirma una consciencia de identidad étnica. Esta conciencia es la que impulsa los sentimientos de etnicidad presentes en las relaciones sociales entre individuos de diferentes etnias.

Dichos sentimientos se presentan como tendencias, actitudes y reacciones del individuo ante personas de otra significación étnica, lo cual implica que el grado en que un individuo expondrá abiertamente su identidad étnica es una función dependiente del grado en que ésta sea requerida por sus condicionamientos y necesidades de *status*, o simplemente estará condicionada por sus necesidades de valoración de la realidad cultural de otras personas, o en otros casos dependerá de cuál sea su orientación específica de comportamiento en contextos interétnicos.

La noción de identidad étnica reconoce, por lo tanto, una clase de diferenciación social por cuyo medio el individuo asume la identificación con símbolos que son específicos de su cultura, y éstos van implícitos en los reconocimientos que hacen de uno otros individuos, mientras sugiere que algunas de las respuestas y expectativas que el individuo obtendrá de otros y se propondrá a sí mismo en el curso de su actuación social, son formas simultáneamente latentes y abiertas de expresar la etnicidad. En tal extremo, la identidad étnica es usada como un símbolo clasificatorio de *status* y abarca tanto al individuo como al grupo étnico a que se pertenece.

Para el individuo esta identidad implica constituirse dentro de dos niveles de relación: 1) de orientación a) hacia sí mismo y b) hacia otros, y 2) de situación con otros. Asimismo, implica dos niveles de valoración: 1) el de las cualidades (inteligencia, carácter, educación, comportamiento y consciencia de la propia cultura en función de su comparación con los símbolos de otros individuos y grupos) de uno mismo a partir de los reconocimientos de otros y de las normas culturales que rigen el yo social del individuo y por cuyo medio éste es considerado, en gran manera, emocionalmente, y 2) el de los atributos (*status*, prestigio, riqueza, rol social) por cuyo medio el individuo es considerado, en gran manera, formalmente.

Ambos grupos de niveles tienen para el «ellos» o el «otros» un carácter heurístico, pues permiten orientar el modo de la relación y, asimismo, permiten orientar la clasificación social. Para el «yo» y el «nosotros», dichos niveles se entienden como contenidos necesarios de la identidad étnica, lo cual significa que tanto la orientación como la valoración se configuran como instrumentos de las metas de finalidad, y en tanto que éstas «son el componente básico de personalidad que comparten los individuos de un mismo grupo tradicional» (Esteva, 1978, pp. 146 y ss.), esta identidad étnica actúa también como un sistema cultural, o sea, es un sistema de símbolos generales de aceptación colectiva que el individuo usa en el sentido postulado por Spicer (*ibid.*, pp. 795 y ss.): como un sistema cultural para la afiliación social de la personalidad.

Lo destacable en esta identidad étnica es que tiene un valor de integración colectiva de la personalidad precisamente porque siendo cultural en sus contenidos, es susceptible de una abstracción que tiene como núcleo de caracterización una cultura común y una misma consciencia histórica de la realidad interétnica. De este modo, aquí destacamos que en la orientación personal, aunque se refiere a una relación con individuos, y por lo tanto es social, su constitución integradora es básicamente cultural, mientras que su capacidad clasificatoria se apoya en el marco dado por los límites de su posibilidad relativa social o de *status*, además de las valoraciones que gobiernan su relación con individuos de otros grupos étnicos.

No hay modo de separar los conceptos de orientación y de situación cuando nos aplicamos al entendimiento de la dinámica de la identidad étnica, puesto que las valoraciones se hacen a partir de los contenidos culturales que constituyen la personalidad étnica. No hay, por lo mismo, otra forma de entender la problemática de la etnicidad más que refiriéndola al contexto de las alternativas que hemos proclamado. Los equilibrios relativos del yo étnico que son propios de la orientación dada por cada cultura al comportamiento social de sus miembros, representan modos de *ethos* social, político e histórico de la cultura considerada en sus relaciones étnicas.

Así, y dependiendo de las vicisitudes de cada grupo cultural, en cuanto a la realización relativa de su etnicidad, el equilibrio del yo étnico será más o menos estable. Si la cultura propia de una etnia se desenvuelve, por ejemplo, sin interferencias políticas de otra etnia en su autonomía de decisión, entonces el yo individual reflejará este proceso de autonomía bajo la forma de un desarrollo culturalmente homogéneo del yo social. En cambio, si la cultura realiza la experiencia de una interposición étnica, con su correspondiente interferencia cultural, entonces dicha interferencia se reflejará en forma de un yo culturalmente heterogéneo, de manera que su equilibrio será una función relativa del grado de integración que tengan dos o más culturas en la formación de su estructura de personalidad.

En todo caso, vale decir que la identidad étnica no supone necesariamente equilibrio en el ego cultural, pues lo que realmente implica es un modo de clasificarse y de ser clasificado el individuo. Es un modo de poder ser diagnosticado por otros individuos actuando en función étnica. Sin embargo, si la valoración étnica es un dato cultural, es evidente que un conocimiento de los símbolos de una cultura representa una condición para valorar relativamente el grado de adecuación entre la identidad étnica expresada y la forma o sistema cultural a que remiten dichos símbolos.

En este caso, es evidente que la identidad étnica sólo sirve para colocar al individuo en una connotación étnica inicial, a pesar de lo cual la valoración de esta identidad será una función del grado en que la misma se adapte a los símbolos que se le asignan. Por ejemplo, el que un individuo se designe o sea designado como étnicamente catalán es un aspecto de su identidad personal, entre individuos que lo juzgan como tal en un determinado contexto social porque, o bien saben que lo es por su idioma o por sus cualidades, o bien saben que lo es porque así se ha autoidentificado. No obstante, puede ocurrir que sea identificado como tal por sus propios compañeros de identidad, a pesar de lo cual, y a tenor de comportamientos que pueden ser lingüísticos —fonéticos, sobre todo— o referidos a costumbres, dichos compañeros de etnicidad puede que maticen esta identidad étnica en un sentido más relativo que individuos pertenecientes a otra identidad, de manera que, en tal caso, lo que se advierte en la identidad es un principio de clasificación social que tiene por fin valorar cualidades y atributos, así como orientar las actitudes a mantener en una situación social determinada.

De este modo, aunque toda identidad étnica remite a una cultura, por sí misma la identidad no define necesariamente a la cultura implicada, ya que ésta puede ser parte de la acción de una sociedad culturalmente diversificada que, por lo mismo, distribuye los contenidos culturales a los individuos en función de su *status* social, verbigracia, campesino, funcionario, obrero industrial, empresario, científico, sacerdote, intelectual o de otro carácter, o puede estar incompletamente integrada en el individuo que expresa la identidad al ser éste una persona socializada en dos culturas, pongamos, la de uno de sus padres, nativo, y la del otro, inmigrado; o puede tratarse de un individuo consciente o inconscientemente influido por otra cultura. En dichos casos, la identidad étnica no es necesariamente un supuesto de comportamiento uniforme y acorde con una homogeneidad cultural.

La identidad étnica puede corresponder, por lo tanto, a una culturalidad homogénea. No obstante, lo cierto es que las sociedades poliétnicas se distinguen por el hecho de que en ellas la homogeneidad cultural no es un requisito de la identidad étnica, como tampoco lo es la continuidad de antepasados étnicamente homogéneos que puedan figurar con la misma identidad en el *status* étnico del individuo. En materia de identidad étnica, lo importante es la definición que uno recibe y la que se da a sí mismo. Ambas deben coincidir, pues una discrepancia en una de ellas supone contradicción con la realidad.

De este modo, cuando hablamos del equilibrio del yo étnico, lo que hacemos patente es que éste no tiene que ver con la identidad étnica en sí, sino que más bien remitimos a la composición y origen de los elementos culturales y a su integración relativa en términos de las metas que son específicas a la orientación del sistema cultural en la estructura de personalidad del sujeto a que se refiere la etnicidad. Remitimos, por lo tanto, más que a un contenido específico de la cultura, a un modo simbólico de identificarse el individuo como miembro de esta cultura. El que éste se identifique con una identidad étnica no supone, por lo tanto, que domine todos los aspectos del sistema cultural de dicha etnia.

Lo importante del comportamiento étnico es que remite a una relación social cuya expectativa principal está constituida por una afirmación de etnicidad en relación con otra. Se trata, por lo tanto, de una expectativa de personalidad cuyo primer dato formal puede ser más la declaración de la identidad que la manifestación o demostración cultural de dicha identidad. La aceptación social posterior de dicha etnicidad depende de la amplitud relativa del sistema cultural y de la estructura social de la etnia que la acoge, en el sentido de depender de un tipo de comportamiento en el que más que ser juzgado en función de como uno se declara, lo va a ser en función de como se comporta. Por ejemplo, si uno se declara catalán, es indudable que lo será, esencialmente, por ciertas cualidades y símbolos demostrados, entre otros, pero el más importante, por el idioma en su forma de expresarse. El grado en que éste sea controlado, especialmente dentro de sus variantes fonéticas locales reconocidas, constituirá un elemento decisivo del diagnóstico. Sin embargo, quien se declare individualmente catalán al principio, sólo hace hincapié en una clasificación social que, en este caso, supone una identidad étnica.

En sociedades poliétnicas la prueba del contenido cultural de esta etnicidad es menos exigente que en las sociedades uniétnicas, precisamente porque en estas últimas la adaptación social está fundada, sobre todo, en la homogeneidad del sistema cultural o, por lo menos, en la solidaridad comunitaria de todos los miembros del grupo. Si esta solidaridad implica un modo de vida común, es también obvio que implica una misma estructura cultural para todos. Las sociedades poliétnicas son, en cambio, sistemas complejos de cultura en los que la presencia de elementos culturales variados o de fuentes contemporáneas de diverso origen constituye un determinante tanto de heterogeneidad social como de heterogeneidad étnica. Ya en ellas, y en virtud de un deseo frecuente de arraigarse en su futuro social, muchos inmigrados tienden a identificarse con sus modos de vivir y con sus símbolos de identidad, y por medio de la nacionalidad o de la etnificación se consideran étnicamente miembros de dicha sociedad sin que a esta definición corresponda una integración profunda de su yo en el ego cultural de la etnicidad elegida.

La etnicidad se presenta, a menudo, como un aspecto de la agresividad individual y de los grupos humanos, y supone el desarrollo de actitudes interétnicas emocionalmente orientadas. La guerra, la violencia organizada de unos grupos étnicos contra otros, los estereotipos y tópicos tendentes a ridiculizar o a disminuir los valores históricos y morales de una etnicidad, la idea de someter o subordinar los intereses de una etnia en beneficio de los de otra, la desconfianza y la insolidaridad hacia determinados grupos étnicos, como en el caso de los gitanos en España, constituyen formas de orientarse la etnicidad en los conflictos.

En las sociedades modernas, la movilidad migratoria, y con

ésta la irrupción de individuos étnicamente diferenciados, atraídos por un mercado de trabajo más diversificado y culturalmente más rico, ha incrementado la dinámica del conflicto interétnico, pues no sólo ha hecho notorios los contrastes culturales entre individuos y entre grupos con historias diferentes, sino que también ha interrumpido en muchos casos las ideas de seguridad y de estabilidad tradicionales de los grupos nativos. En otros casos, el contraste cultural lleva a comparaciones y a juicios de superioridad social y, con ésta, a prácticas discriminatorias que se manifiestan en forma de inhibiciones interétnicas.

Esta discriminación puede adoptar la forma de un extrañamiento social, y con éste unos individuos pueden sentirse aislados de otros más que por diferencias de *status* económico u ocupacional, por diferencias de etnicidad. Conforme a eso, la movilidad migratoria, representando una fuerza social dinámica que abre la puerta al contacto entre culturas y entre sociedades, es también una fuente de conflicto porque supone la disputa del *status* social, y con éste desenvuelve la idea del privilegio de unos y del apartamiento de otros en el contexto de la lucha por los recursos de un espacio.

En las sociedades poliétnicas esta agresividad es más pronunciada en los grupos que mantienen ideas de nacionalidad frustrada o que, dentro de unas líneas de realización nacional con o sin Estado, se oponen a otros, en este caso convertidos en medios y poder determinante de esta frustración. En las sociedades uniétnicas dicha agresividad tiene otro carácter, pues alude a los enfrentamientos que fronteras afuera oponen a unos grupos contra otros. A pesar de ello, el grado de oposición étnica en su aspecto de frustración nacional es mucho menor en la medida en que el grupo que actúa como agente de la misma no forma parte del proceso político y social interno del grupo étnico considerado. En tales casos, la agresividad tiene un fondo político porque su fuente de sustentación está en las ideas del grupo más que en las ideas del individuo, y sugiere una clase de oposición interétnica en la que los recursos del espacio son disputados por una etnia que inicialmente no los poseía a otra que, por ocupación e identidad primeras, se considera agredida en el uso de este derecho de opción.

En la resolución primera de esta lucha interétnica siempre existe un principio de estratificación que, políticamente fundado en los derechos de fuerza implícitos en toda dominación, tiende a manifestarse en forma de una superioridad de *status*. Donde esto ocurre, y mientras exista la etnia dominada, siempre están latentes las motivaciones y los potenciales agresivos del enfrentamiento interétnico. La derivación de las formas de agresividad presentes en la etnicidad muestra cómo operan los sistemas de dependencia y de dominación, así como el *status* relativo de cada etnia en el contexto del sistema social.

ETNICIDAD Y RELACIONES INTERÉTNICAS

Hemos resaltado que si la etnicidad es causa de afirmación social de los individuos, es asimismo causa de conflictos. La forma que adopten dichos conflictos dependerá de las condiciones en que se produzcan las relaciones interétnicas. O sea, éstas pueden manifestarse: *a*) entre individuos aislados ingresados en un medio extranjero que, viviendo en un mismo país o sociedad, asumen el papel de protagonistas de un enfrentamiento latente o real basado en sentimientos de hostilidad étnicamente constituidos (por ejemplo, griegos *versus* turcos o judíos *versus* árabes en Nueva York; *b*) entre individuos aislados dentro de un medio nacional común, como es el caso en la mayoría de los países europeos cuando se violentan las relaciones entre personas de etnias diferentes enfrentadas por oposiciones de irredentismo nacionalista; *c*) entre individuos aislados pertenecientes a grupos étnicos diferentes, uno nacional y otro extranjero, como sucede con frecuencia entre nativos e inmigrados en países europeos y de otras partes, y *d*) entre individuos aislados de etnias diferentes cuyos encuentros ocasionales fuera de sus contextos territoriales pueden proyectarse en forma de agresiones o simplemente en forma de hostilidades verbales.

Cada una de estas variables es susceptible de ampliarse en forma de grupos étnicos colectivamente organizados y dirigidos unos contra otros de un modo militante. Se trata de disputas políticas alimentadas por el resentimiento mutuo y por la ideología historicista y cuya suspicacia étnica resulta activada por tendencias competitivas dentro del proceso social común. Esta competitividad se manifiesta en forma de *status*, como pueden ser las posiciones de superioridad/inferioridad económica de un grupo étnico en relación con otro, o pueden manifestarse en el terreno del mismo poder político y militar cuando una etnia asume la difusión y preponderancia de su cultura y restringe, o prohíbe, y hasta suprime, las posibilidades de desarrollo de la otra.

Estas situaciones afectan a la valoración del ego cultural, y en la medida en que éste adquiere conciencia de su situación alienada, crece en susceptibilidad ante los actos de la otra etnicidad, con lo cual acumula fuertes cargas emocionales. El conflicto interétnico se origina, por lo tanto, en una doble combinación de factores: 1) en la diferencia cultural, y 2) en la interferencia social o pragmática de una cultura en el proceso histórico de la otra. La diferencia cultural por sí no es causa necesaria de conflicto, pero es una condición para que se definan sus elementos. En cambio, la interferencia sí es causa dinámica porque ocasiona una respuesta afirmativa de la consciencia cultural, y al poner en actitud defensiva o agresiva, según los casos, a los protagonistas de la rivalidad, desencadena un conflicto interétnico.

Una vez dada una causa primera de enfrentamiento, la problemática de las relaciones interétnicas supone un estadio del conflicto intercultural, pues cada individuo o cada grupo enfrentados por hostilidades de etnicidad es portador de una justificación histórica, de un rol formalmente reconocido por el otro como opuesto a sus fines. Éstos vienen a estar constituidos por estereotipos relativos a como son los otros. En tal caso, los otros son presentados ante el yo como enemigos de una realización histórica de la personalidad.

En este marco la etnicidad propia se ve obligada a actuar intencionalmente frente a la otra exhibiendo símbolos étnicos reconocidos, como pueden serlo el lenguaje, una costumbre folklórica que diferencie de manera ostensible al ego respecto de su interlocutor étnico, o cualquier expresión políticamente militante. Como sea que el grado de reacción emocional que puede darse por parte de los antagonistas dependerá de la cantidad de información que se posea del ser cultural del otro en comparación con el propio, entonces dicha información debe ser básicamente histórico-cultural para que en su misma tradición se contenga la continuidad social de la oposición.

El historicismo producirá una imagen del yo propio en términos de una etnovisión que supone, por inferencias, determinadas reacciones en el otro. De esta manera, la imagen que cada grupo étnico tiene del otro es una clase de información que sirve para orientar la relación entre ambos. En las relaciones interétnicas conflictivas, la historicidad de la etnovisión se presenta como un argumento necesario para la hostilidad. Esta etnovisión tiende a reforzar los estereotipos existentes acerca de una etnia y tiende, asimismo, a destacar diferencias de personalidad capaces de movilizar la emocionalidad o capacidad conflictiva de los protagonistas étnicos.

En el curso objetivo de una larga convivencia en un mismo sistema social, es obvio que disminuirán sus diferencias culturales originales, y en tal caso la heurística de la hostilidad tendrá su soporte en el historicismo de las partes y en la relevancia de las diferencias en el caso de que los grupos étnicos no recurran a la organización política. Al mismo tiempo, mientras se mantengan las bases del historicismo pragmático o idealista, según los casos, en este caso la información sobre causas de oposición interétnica, se mantendrán latentes las diferencias conflictivas.

Para nosotros es obvio que este historicismo tiene un alto grado de continuidad en las sociedades literatas, en tanto que basan su interpretación del pasado como causa de su actual presente en la información escrita. En tal sentido, mientras pueden disminuir las diferencias culturales entre grupos étnicos que prolongan largamente su vida común en un mismo sistema social y político, sin embargo, pueden aumentar sus diferencias políticas mediante los aportes que haga una ideología historicista y mediante la idea política de que una etnia o un Estado están ilegítimamente constituidos sobre otra y estorban o frustran a ésta en su derecho a decidir sobre su propio destino y proceso históricos.

Según eso, las relaciones interétnicas como conflicto siempre pueden reaparecer bajo la forma de una reactualización conflictiva de la primera causa histórica y de sus derivados o consecuencias políticas. Si la causa histórica aparece en los protagonistas del conflicto como parte de una conciencia explicativa del problema interétnico, entonces las relaciones interétnicas coligan en su manifestación una base cultural de carácter diferencial con formas de acción política. En los Estados poliétnicos la expresión organizada de lo político aparece fuertemente reprimida en su continuidad por otra etnia, la dominante interpretada por el poder institucionalizado.

En este sentido, el conflicto interétnico se convierte en una expresión del conflicto cultural, pero es también una expresión de dominación política, la cual asume el carácter de un colonialismo interior. En las sociedades uniétnicas, la consciencia cultural no se considera directamente agredida, aunque el conflicto interétnico supone de algún modo expectativas de dominación social de una cultura por otra por medio de actos políticamente establecidos. Sin este factor político la diferenciación cultural carece de chispa para su actividad conflictiva. En tales términos, es indudable que no presentan conflicto las etnias que se mantienen geográficamente alejadas unas de otras y que, asimismo, no desarrollan una política imperialista o absorbente más allá de sus medios de expansión. Éste es el caso de las etnias de cultura primitiva, y en este sentido podemos reconocer, por ejemplo, que mientras los esquimales no tienen conflicto interétnico con los malasios, en cambio sí lo tienen los de cultura europea con ambos.

Por añadidura, cada etnia (en función de su proximidad geográfica con otras y de su fuerza política relativa) sí es probable que en el curso de su historia tenga ocasiones de conflicto con sus vecinas, incluida la tendencia a absorberlas en la medida de su capacidad cultural y demográfica específicas.

El conflicto interétnico remite, pues, a una dimensión inicialmente política, o es parte de la dimensión que toma estado en la consciencia de contradicción entre individuos y entre grupos de diferentes culturas. Aunque no exista consciencia política en el conflicto interétnico cuando dos o más individuos étnicamente diferentes se enfrentan entre sí por motivos, por ejemplo, de lengua, como es frecuente en la susceptibilidad mutua que demuestran castellanos y catalanes en este sentido, con todo, la heurística más elemental presenta el caso como político porque detrás de dicha susceptibilidad se hallan tanto el historicismo de los implicados como consciencia —líderes e intelectuales—, como la misma diferencia cultural que convierte en rivales a dos o más individuos dentro de un mismo contexto social. Éstas son configuraciones de identidad en las que se revela que, además de un ego individual o socialmente diferenciado en términos del sistema ocupacional o de rol-*status*, existe un ego culturalmente diferenciado. En consecuencia, tendríamos un ego que es más individual en el contexto de su actuación entre miembros de su propia cultura que entre individuos que resultan ser miembros de otras culturas. Cuando ocurre esto último, el ego es más representativo de una comunidad de cultura que de su propio ser individual.

Si admitimos que la particularidad del ego es más individual que comunitaria cuando se articula con su propia sociedad étnica que cuando se articula con los de otra etnicidad, entonces resulta evidente que toda conducta étnicamente considerada sólo es contradictoria o da ocasión a ser conflictiva cuando confronta con otras etnicidades. El carácter de este conflicto puede variar, pues depende de la fuerza de manifestación de las variables reconocidas (culturales, políticas y de *status* o de situación) que puedan predominar en la relación interétnica. Sin embargo, los principios que regulan la significación relativa del conflicto están dados por la proyección contrastante del ego cultural en relación con la fuerza de resistencia o de agresión que pueda manifestar otro ego cultural.

Así formulado, éste es un proceso donde el conflicto social no aparece étnicamente constituido cuando todos los miembros de una sociedad son culturalmente uniformes y poseen, por lo tanto, la misma etnicidad. Cuando la organización social incluye sólo individuos de la misma etnicidad, los conflictos interétnicos desaparecen dentro del marco social propio, y de existir conflictividad interétnica ésta aparece proyectada hacia otro grupo políticamente integrado en otro marco territorial. Por el hecho de no recurrir el individuo a confrontaciones étnicas en el seno de su propia cultura y de su misma etnicidad, el desarrollo de esta clase de conflictos se da entre grupos étnicos políticamente independientes, o se da entre etnias dentro de los Estados poliétnicos con sus políticas de institucionalización de una sola cultura oficial o nacional. En tales estructuras políticas, la movilidad interna por migración de sus poblaciones étnicamente diferenciadas tiende a producir enfrentamientos entre etnicidades protegidas e institucionalizadas y etnicidades políticamente desorganizadas o sometidas.

Al hablar en los términos expuestos de diferenciaciones étnicas como causas de conflicto, entendemos que si la relación interétnica orienta y define gran parte de las relaciones interpersonales, entonces puede reconocerse que muchas valoraciones de *status* incluirán experiencias y situaciones de etnicidad. Como ya dijimos, estas situaciones incluyen las formas de *status*. Éstas pueden ofrecer ciertas peculiaridades según sea la heurística del problema. Por ejemplo, el *status* político superior o relativo a las posiciones de poder institucionalizadas y correspondientes a la administración pública, puede ser detentado por los miembros de la etnia dominante y por individuos de otras etnias personalmente identificados con estos intereses. En cambio, el *status* o las posiciones de poder adscritas al *status* económico pueden ser detentados por miembros de la etnia dominada.

Esto ocurre especialmente en aquellos sistemas políticos occidentales donde, mientras el proceso político ha quedado dominado por representantes de las etnias económicamente más débiles pero demográficamente más numerosas y políticamente más agresivas y autoritarias, en cambio, el progreso y el desarrollo económicos se han producido en las áreas ocupadas por las etnias políticamente más pasivas. En el contexto de las economías de algunos países de capitalismo liberal, este fenómeno ha significado la paradoja de un gran desarrollo económico por parte de los grupos étnicos frenados o frustrados en su identidad nacional, mientras se producía al mismo tiempo la colonización cultural y política interna de estas etnias, económicamente más desarrolladas, por los grupos dirigentes de las menos desarrolladas. En nuestro actual conocimiento, España e Italia son ejemplos que ilustran el carácter de esta clase de situación interétnica. Francia, en cambio, ilustraría un caso contrario o de dominación y frustración de ámbito más completo en sus etnias no francesas (bretones, catalanes, vascos, occitanos, alemanes), pues aparte de la dominación cultural y política, existiría también la frustración económica de estas etnias.

En todo caso, existe una cierta isomorfia en el problema de las relaciones interétnicas, pues resulta evidente que mientras varían las condiciones y contenidos de cada estructura histórica y cultural, las formas primeras o históricas y las consolidadas en su aspecto de poder contemporáneo, tienen en común una causa y un proceso conflictivo semejantes. Asimismo, los estímulos fundamentales de la hostilidad interétnica continúan siendo los mismos: se originan en las ansiedades constantes derivadas de la idea de que los recursos propios, en su identificación con el mismo ego, se han empobrecido o aparecen disminuidos en la consciencia objetiva que se tiene de la realidad por parte de los individuos de la etnia frustrada; mientras, en cambio, la otra parte, la que ejerce el control y dominio políticos sobre la etnicidad frustrada, integra otras ansiedades, como son las que resultan del temor a perder su poder; en este caso, temor a perder el dominio sobre una situación que, identificada políticamente, constituye la fuente de seguridad de su ego.

En consecuencia, la isomorfia está en el conflicto y en la forma emocional que adoptan las relaciones interétnicas en el contexto estricto de la hostilidad. Esta emocionalidad surge, pues, asociada con las ansiedades acumuladas en el transcurso de una percepción individual de una realidad que el individuo considera peligrosa para el mantenimiento de su identidad étnica que, en este caso, es tanto como significar su misma identidad o integridad personales.

* *

En las sociedades uniétnicas el conflicto interétnico y la identidad cultural de cada sujeto aparecen más definidos, pues en comparación, mientras en las sociedades poliétnicas es frecuente que gran parte de la cultura de realización de los individuos sea común, con independencia de su etnicidad, y mientras otra parte será exclusiva de cada etnia, en cambio, en las sociedades uniétnicas sólo hay una cultura básica a la que referir una identidad personal.

Es por otra parte cierto que mientras en las sociedades poliétnicas hay un gran número de individuos, sobre todo los más jóvenes e inmigrados, que experimentan procesos de transición hacia otra etnicidad a consecuencia de las presiones culturales que ejercen grupos de la cultura de prestigio o grupos de la cultura de adaptación social, en cambio, en las culturas uniétnicas esta clase de proceso no se da, con lo cual mientras puede haber aculturación debida a difusión o adquisición de nuevas técnicas de relación social, no se dan procesos que conduzcan al cambio de etnicidad, excepto en los casos de una dominación política establecida bajo el supuesto de grupos extranjeros que someten a los nativos y que aparte de su continuidad, suprimen físicamente a la población indígena hasta absorberla físicamente en su etnicidad, o por el contrario, hasta ser el grupo extranjero engullido por la superioridad demográfica de los nativos. Sólo en tales casos puede existir cambio de etnicidad o ambigüedad en la definición de la misma durante ciertos estadios del proceso de desarrollo individual o de la misma consciencia contemporánea de la etnicidad, si bien es también cierto que una estructura social basada en la ocupación violenta de un territorio por parte de un grupo étnico evolutivamente superior al nativo, supone el desenvolvimiento de una estratificación social marcada por el principio del *status* adscrito, esto es, implica que la etnia dominante se reproducirá a sí misma, con lo cual se convertirá en monopolizadora de los accesos al estrato social superior.

Históricamente, el proceso de conversión de estas sociedades en uniétnicas y basadas en una sola cultura es dinámicamente improbable porque, por lo general, el proceso social conduce a la formación de sociedades clasistas que muy lentamente abren la estructura del poder a individuos salidos de los estratos inferiores. Cuando esto último ocurre, la presión de las clases medias e inferiores coincide con la pérdida de vitalidad o de voluntad de poder por parte de los miembros del grupo dominante, o coincide con la incorporación de individuos situados en los estratos inferiores por atracción, pacto o alianza de éstos y aquéllos en un esfuerzo de los primeros por cubrir los huecos en su estructura demográfica deficitaria, o simplemente en un compromiso con los más relevantes y más ambiciosos individuos de los grupos inferiores destinado a aprovechar su energía en beneficio de la estabilidad del poder tradicional, mientras, asimismo, se evita la disolución de dicho poder. En todo caso, esta movilidad representa una selección social hacia los escalafones superiores sin que se haya modificado sustancialmente el sistema social. En su misma actuación, sin embargo, ésta es una clase de situación que obviamente anuncia cambios estructurales profundos, al mismo tiempo que abre procesos de movilidad social y procesos de diversidad cultural. En su culminación, dichos procesos, al comienzo típicamente coloniales, conducen a la formación de sociedades poliétnicas.

En cualquier caso, y con independencia de la resolución final del proceso, esta clase de heurística muestra que se habrá dado el conflicto inherente a la colisión de dos etnicidades y de dos culturas. De este modo, en su proceso el cambio de identidad implica una modificación cultural, y por lo menos supone comportamientos de personalidad basados en la interacción entre individuos de ego fuerte frente a individuos de ego débil. Por ello, implica procesos de sustitución de la consciencia cultural primaria o tradicional por otra de autoridad, fuerza o prestigio mayores, en cuyo caso el proceso de sustitución aparece como una dimensión conflictiva precisamente porque todo cambio de identificación aparece vinculado a alguna clase de disociación o de resistencia a perder el individuo las identificaciones vinculatorias ya constituidas, pues tales pérdidas se resienten comúnmente bajo la forma de neurosis de empobrecimiento/enriquecimiento o de seguridad/inseguridad que son respuestas de la personalidad a la experiencia de procesos alienatorios de la identidad.

El conflicto interétnico es inevitable, por lo menos a niveles de continuidad individual, porque en toda relación social las diferencias culturales tienden a experimentarse como estorbos para la integración y facilidad de comunicación de la persona, con lo cual siempre existen focos de ansiedad al intentar un grupo étnico modificar la estructura de la comunicación social mediante la aculturación del otro grupo.

Visto el problema a escala de una cultura mayoritaria y prestigiada, como es el caso de las sociedades industriales modernas que reciben poblaciones de origen rural o pertenecientes a niveles evolutivos inferiores, la resolución del conflicto de la aculturación no tiene dudas, pues aunque no se suprimen los conflictos interétnicos por lo menos en las primeras generaciones, sin embargo, los inmigrados acaban siendo absorbidos social y culturalmente por los grupos étnicos anfitriones, con excepción del caso en que existe discriminación racial y el color constituye un rasgo adscrito a la diferenciación y al aislamiento social. En todo caso, la circunstancia de ser culturalmente, y a veces racialmente, diferentes los individuos de las etnias que realizan la relación, desenvuelve un conflicto doble: de orientación y de *status*, por una parte, y de integración de personalidad, por otra. Las ansiedades surgen aquí constituidas más que por el sistema de dominación étnica, por sistemas de integración étnica.

Por eso, si es frecuente la ambigüedad en la definición de la etnicidad según el comportamiento personal del individuo, a veces realizando la misma actividad que otro de diferente etnicidad, en cambio, dicha ambigüedad es difícil que se manifieste en personas de cultura uniétnica, precisamente porque la mayor parte de su comportamiento, a falta de interferencias culturales, tenderá a facilitar el diagnóstico de su etnicidad. En términos de esta conclusión, la etnicidad como comportamiento conflictivo en el seno de sociedades uniétnicas es un factor de efectos sociales más débiles que en el caso de las poliétnicas. Lo es en el sentido de que el mismo aislamiento del grupo étnico permite fundar un proceso social culturalmente uniforme y asegura al individuo una integración de personalidad sin cruces o interferencias de etnicidad.

Para el individuo ésta es una fuente de integración en términos de su ego social mayor que en el caso de hallarse dicho ego cruzado o interferido culturalmente. En el caso de los individuos que viven en sociedades uniétnicas, lo que se advierte es un ego bien configurado, pues se ha construido dentro de un sistema cultural único. En tal caso, su estructura de personalidad no presenta las contradicciones, y hasta ambigüedades, que se dan en individuos que no son nativos del sistema cultural de las sociedades poliétnicas y que, sin embargo, viven en éstas.

El ego de las personas que viven en sociedades uniétnicas se presenta como una integración culturalmente especializada y bien definida porque asume que sus diferencias con otros miembros de su sociedad lo son por *status* adscrito a la edad y al sexo, y, en casos, a la ocupación. En cambio, a estas diferencias, en las sociedades poliétnicas hay que añadir las que resultan de la situación interétnica, además de las que puedan producirse en función de la complejidad estructural y del sistema de clases. Si las ansiedades que se dan en el individuo están en función del grado en que satisface sus impulsos y necesidades y dependen del modo en que aquéllos son bloqueados y éstas, reprimidas por el sistema o por individuos concretos de éste, entonces el problema de la etnicidad y de las relaciones interétnicas se convierte en un aspecto de las rivalidades sociales trasladadas al plano de la realización histórica de la cultura, y con ésta, de la realización cultural del individuo identificado por ella con una forma de historia.

En otro contexto, la mayor debilidad del ego en culturas uniétnicas es su falta de entrenamiento para asumir una relación interétnica en sociedades poliétnicas; todo lo contrario de los individuos que van de éstas a las primeras, pues mientras en estas últimas el ego constituye una experiencia cultural especializada o de escasa variedad socio-cultural, en las poliétnicas el ego étnico desarrolla cualidades de plasticidad en mayor grado, lo cual le permite afrontar la relación interétnica como parte de su entrenamiento social. De este modo, si el individuo emigra de un ambiente rural a otro urbano sin discontinuidad étnica, es evidente que su ego estará en mejores condiciones de integridad que si dicho desplazamiento lo hace implicando la expectativa de un cambio de integridad o un proceso de obstaculización constante a su sistema original de identidad, esto es, a su sistema de personalidad.

Según esto, el ego étnico del individuo que vive en sociedades uniétnicas suele ser menos conflictivo en materias interétnicas porque está falto de acicates que le procuren esta confrontación en el seno de su propia comunidad social. Conforme a eso, el énfasis o la fuerza relativos del ego étnico estarán dados en función de su capacidad relativa para asegurar su continuidad cultural dentro de un marco de contrastes étnicos. Por lo mismo, la etnicidad vista como un estado emocional de la personalidad es equivalente a un modo de ser cuya frecuencia es más probable que se presente en individuos acostumbrados a la relación interétnica que en los acostumbrados a vivir en comunidades étnicas uniformes y relativamente aisladas. La fuerza constante del sentimiento étnico tiene, así, una expresión más conflictiva en las sociedades poliétnicas, precisamente porque en éstas el rol de la etnicidad está en ejercicio más permanente que en las uniétnicas.

Las sociedades poliétnicas, aunque en ellas se imponga progresivamente la marca de la uniformidad cultural, siempre son sociedades constituyéndose de modo permanente, y así sus individuos tienden a oscilar de modo constante entre la frustración, la contradicción y la realización provisional, con lo cual la misma provisionalidad de la realización individual y la precariedad relativa de la estabilidad histórica de una cultura son causas de ansiedad, comúnmente inconsciente, que se traducen en un estado permanente de conflicto interétnico mientras la sociedad no obtiene la uniformidad cultural que lo suprime y que, por razones de seguridad, busca inconscientemente. Sin embargo, y paradójicamente, el destino de las sociedades que crecen, una vez dado el primer despegue y con éste los ideales y valores de la expansión, está más fundado en las contradicciones y los conflictos interétnicos que en los conflictos inherentes a la lucha de clases. Una vez dada la expansión, y una vez producida la polietnicidad del sistema social, el conflicto de clases es parte del conflicto interétnico precisamente porque toda polietnización de la sociedad supone la conversión de ésta en recipiente de bienes que atraen a todos aquellos individuos de etnias diversas que, solidarizados por su etnicidad, una vez puestos en el sistema poliétnico pueden luchar indistintamente tanto por su *status* económico y social como por su etnicidad, pueden luchar, asimismo, por el cambio revolucionario de la sociedad e interpretar este

4.

cambio desde la perspectiva cultural de su propia etnicidad, más que desde la perspectiva de una abstracción teórica cuya realidad estructural no dominan y que, por lo tanto, sólo pueden imaginar por medio de una consciencia de sustitución de autoridades. En los países coloniales esta sustitución tiene un carácter eminentemente étnico y la lucha de clases es una lucha contra el sistema de estratificación étnicamente constituido. En todo caso, el énfasis de esta orientación dependerá de los puntos en que estén radicadas las ansiedades y de los grados de historicismo que mantenga la ideología de la etnicidad y sus contradicciones interétnicas en el seno de la sociedad.

A MODO DE CONCLUSIÓN

Las sociedades poliétnicas deben, pues, considerarse como formaciones socio-culturales que tienen su fuente de sustentación en conflictos, primero externos, esto es, conflictos históricos de una etnia contra otra, cuyo resultado ha consistido en la unión de ambas en una misma identidad política formal o en un mismo proceso social. A pesar de su institucionalización como unidades políticas de proceso global para todas las etnias, este proceso no ha supuesto la pérdida por parte de éstas de su conciencia de identidad étnica.

Al margen de una causa histórica, una vez dada la estructura política poliétnica, muchas de las relaciones interétnicas tienen por lo menos el carácter de conflictividad que es propio de las ideas de afirmación de un yo cultural que para asegurar su identidad, necesita reforzar los sentimientos de identidad con su cultura. De esta manera, el hecho de que, por ejemplo, varias identidades étnicas tengan en común el uso de las mismas instituciones políticas y económicas y de que, por lo tanto, formen parte de un mismo proceso social, no significa que su participación dentro de un mismo contexto social suponga necesariamente una misma consciencia cultural, ya que ésta configura su identificación en el plano de una historia étnica diferente. Es en esta consciencia donde radica el núcleo del conflicto. Éste gravita, además, en torno de los mismos sistemas legales cuyo carácter político los convierte en coercitivos y, por ello, los hace indeseables para una parte étnica del sistema poliétnico.

II. Subcultura, clase cultural y clase social

Desde el punto de vista de su consideración como subcultura, una comunidad local suele ser más representativa que una clase social (*cf.* Linton, 1944, p. 314). Esto podemos verificarlo cuando pensamos en el hecho de que, como conjunto, una clase social es más un sistema de relaciones económicas y sociales que un sistema cultural. En este sentido, las relaciones económicas y sociales de los individuos de una clase, en relación con los de otra, no son por sí mismas definitorias del modo de vivir de cada clase. Esto último es una función de instituciones, de formas de organización y de símbolos adscritos al modo de ser histórico de una cultura. Por ejemplo, una clase social obrera tiene en las relaciones de producción su límite concreto de participación social en términos de propiedad y control de los recursos y de los medios sociales que haya desarrollado el sistema productivo. Pero al mismo tiempo que dicho control se mantiene diferenciado socialmente en términos de clase, los individuos de una y otra clase puede que sean semejantes en sus orientaciones de personalidad (logro de *status*, riqueza, satisfacciones de consumo, valores de propiedad, monogamia, religión y otros valores e instituciones) con mayor frecuencia que la que pueda darse entre personas de una misma clase social pero de diferentes países o naciones.

Las diferencias entre clase social y subcultura son conceptuales, pero también registran situaciones diferentes para cada concepto. El primero clasifica individualmente y agrupa socialmente a los individuos por sus funciones económicas en el contexto de la producción material de las sociedades sin definir necesariamente los contenidos de dichas funciones. El segundo clasifica los contenidos del comportamiento sin que asuma necesariamente la posición social de los individuos que desarrollan dicho comportamiento. En cada caso, se trata de abstracciones de la realidad empírica con el propósito de explicar ésta en sus proyecciones dinámicas sobre el hombre y sobre las sociedades en cuestión. Quizás el modelo etnográfico sea el modo más llano de definir esta abstracción de la realidad que es un comportamiento cultural (*cf.* Esteva, 1975, pp. 281 y ss.).

Para considerar los esquemas explicativos de una y otra realidad, esto es, de clase social y de subcultura, partimos de ciertas definiciones, que serían las siguientes: una clase social es un agrupamiento de individuos reunidos o clasificados como iguales por sus roles económicos en el sistema de producción y por su posición de *status* respecto de los individuos de otros grupos. Una subcultura es un modo de ser el comportamiento de un grupo de individuos localizados dentro de un sistema cultural común o compartido parcialmente por otros individuos de la misma sociedad.[1]

Una subcultura es una subdivisión dentro de un sistema cultural y en su expresión de comportamiento es específica de grupos de individuos integrados en una sociedad mayor. Desde el punto de vista del comportamiento, una subcultura equivale más a una subetnicidad [2] que a una clase social, aunque la identificación de esta última con una subcultura también puede darse cuando ambas, clase social y subcultura, corresponden a tradiciones de estratificación social y de comportamiento heredadas o transmitidas establemente. En la práctica una subcultura tiende a constituirse como una clase cultural cuando diverge históricamente de otra; esto es, remite a un sistema de comportamientos y de instituciones análogos representados por grupos de individuos que los desenvuelven establemente. Una clase cultural tiende a corresponderse, sobre todo, con un grupo étnico, mientras que una clase social tiende a corresponder, sobre todo, a un grupo económico.

En su realidad, una clase cultural resulta de la categorización del comportamiento histórico diferenciado que puede observarse en individuos y en grupos concretos de una sociedad o de sociedades comparadas. Una clase cultural es, así, un modo de vivir semejante al de una población sobre la cual el antropólogo ha realizado una reducción etnográfica; esto es, resulta equivalente a un modelo abstracto de la acción social observada en formas de comportamiento que son análogas porque pertenecen al mismo espacio y al mismo grupo cultural de realidad histórica.

1. Para una definición del concepto de sistema cultural, véase Esteva, 1976, vol. II, pp. 872-874.
2. Los conceptos de etnia y de subetnicidad se definen en el marco de este esquema conceptual.

En cierto modo, lo que aparece en esta diferenciación es la idea de que mientras una clase cultural remite a la posición histórica que ocupan los distintos conjuntos evolutivos de la cultura de una sociedad o compara a ésta con otras, una subcultura es un conjunto de modos de ser análogos de los individuos dentro de un espacio localizado representativo de una forma parcial de ser la cultura total. En el primer caso, una clase cultural puede ser vista como un sistema de estratificación cultural en el que los estratos más bajos corresponden a grupos evolutivamente menos desarrollados (por ejemplo, una comunidad arcaica aislada o una sociedad urbana comparada con una sociedad de campesinos). En el segundo, una subcultura puede ser vista como un sistema de distribución cultural especializada dentro del mismo nivel evolutivo general. En este caso, el grado de interdependencia histórica y social es funcionalmente menor entre clases culturales que entre subculturas.

Desde otra perspectiva, y considerado el problema a niveles puramente estructurales, la clase cultural en una sociedad viene a ser una dimensión que separa en estratos históricos los modos de ser de grupos de individuos de una misma estructura. En cambio, una subcultura es una dimensión que separa a un conjunto de individuos, de familias, de una misma estructura, más que por el modo de ser, por el modo de estar en la misma estructura. En cada caso, y en este ejemplo, clase cultural y subcultura se viven en un espacio y en un tiempo sincrónicos, con la diferencia de que la primera remite a un desarrollo evolutivo respecto de otra mientras que la segunda remite a un comportamiento diversificado o especializado de la misma cultura en su distribución ecológica y social.

A tenor de estas expectativas, una definición de subcultura se nos aparece como propia de un análisis horizontal (cf. Esteva, 1969, p. 14) más integrado en el espacio que en el tiempo. En cambio, una definición de clase cultural evoca inmediatamente en nosotros un análisis histórico o de evolución cultural comparada.

Toda clase cultural resulta del orden derivado de una evolución diferenciada de una sociedad. Es por lo tanto una estratificación cultural observable en grupos de individuos de una sociedad y se expresa por medio de la complejidad relativa conseguida por un grupo humano en términos de tecnología y de estructura social. En cuanto a comportamiento, una clase cultural remite a una configuración de atributos y de cualidades de carácter integradas en términos de una población cuyos miembros son entre sí análogos y homologables por el estrato cultural a que pertenecen.

Si en la sociedad moderna comparamos, por ejemplo, la forma de vida de una aldea aislada y arcaizante y la forma de vida de una ciudad cosmopolita, ambas representarán estratos evolutivos diferentes entre sí, de modo que la primera será más antigua que la segunda. Los miembros del primer estrato realizarán un modo de vivir homogéneo diferenciado respecto del de los urbanizados. Estas diferencias son la expresión de gradientes evolutivos alcanzados por las diversas poblaciones de una sociedad, por ejemplo, nacional en el contexto de la comparación de sus diferentes grupos localizados.

En todo caso, una clase cultural se da allí donde tiene existencia una cierta homogeneidad de comportamiento por parte de una población. Son muchas las sociedades contemporáneas que exhiben estratos de este carácter, y esto es singularmente notorio en países donde la modernidad máxima coexiste con el arcaísmo también máximo de sus comunidades más aisladas. Ejemplos de este tipo se dan en México o en Brasil, donde junto a metrópolis como México, Rio de Janeiro y São Paulo, encontramos estratos evolutivos inferiores, verbigracia, indios tribales recolectores, y estratos intermedios constituidos por grupos más avanzados que viven en comunidades comunicadas con centros urbanos o rurales y que, aun a pesar de esta comunicación mantienen una ideología *folk* tal como ha sido definida por Redfield (1944, pp. 403 y ss.) y que, en definitiva, y en la medida en que su existencia está comunicada con la existencia de sociedades urbanas, representa un orden decreciente de complejidad estructural o evolutiva respecto de éstas.

En su conjunto, cada uno de estos casos se presenta como definido por unas configuraciones culturales conectadas entre sí por una estructura política de soberanía. Así, una gran configuración dirigente estará representada por las ciudades en que reside el poder político e industrial nacional, y en función de éstas aparecerán relativamente vinculadas, pero en orden decreciente de complejidad y constituyendo variantes estratificadas, las demás configuraciones dependientes, en este caso las pequeñas ciudades, los centros rurales, las aldeas y comunidades *folk* o que mantienen un sistema tradicional de costumbres basadas en etapas evolutivas anteriores al industrialismo y al urbanismo.

Estas configuraciones evolutivas implican que la configuración más avanzada es también la más compleja en estructura y constituye, comparativamente, una clase cultural, de la misma manera que también lo son las demás en la medida en que la forma de vida de éstas es diferente. Por eso, entonces, toda clase cultural es un nivel evolutivo comparado y se presenta generalmente a partir de la existencia de fases históricas de cultura diferenciadas en una misma sociedad.

A este respecto, cada nivel o estrato evolutivo es equivalente a un modo de orientación análogo para todos sus miembros. Desde este concepto de analogía, una clase cultural representa una conducta estratificada relevante en grupos de individuos que se parecen por su modo de ser, por sus tradiciones o por su forma de vida. Modernismo *versus* arcaísmo podría configurarse como oposición referida a categorías evolutivas o de clases culturales, pero no ocurrirá así cuando nos refiramos a una clase social obrera o media comparada con otra clase superior. El hecho de que las tres estén constituidas dentro de una estructura urbano-industrial las constituye en partes integradas y dependientes dentro del mismo sistema y del mismo estrato evolutivo. Esto es, una no puede existir sin la otra. Su grado de correspondencia evolutiva sólo puede ser discutido, en este caso, cuando en el seno de la clase obrera, por ejemplo, existen grupos de individuos no socializados inicialmente en la cultura urbana, como ocurre cuando el peonaje utilizado en las empresas industriales es inmigrado y de extracción rural o procede de comunidades *folk* aisladas. Sin embargo, esta condición de origen sólo podemos detectarla a niveles individuales, ya que como conjunto las funciones económicas y sociales de la clase obrera son funciones del sistema industrial, y en tal extremo son funciones del estrato evolutivo cultural urbano-industrial.

El concepto de subcultura no supone el de estrato evolutivo, sino que representa el de una globalidad de comportamientos parcialmente análogos a los del resto de una cultura. Análogos en tanto que por formar parte de una misma estructura social, una subcultura es una función de la cultura total y no puede existir sin ésta. Incluso en los casos de sociedades socialmente estratificadas sobre bases rígidas, en las que el *status* adscrito impide la movilidad social de sus miembros, como en los sistemas de castas o entre nobles y plebeyos, incluso en tales casos el desarrollo o mantenimiento de una subcultura, por ejemplo, la de grupos étnicos o de clases sociales que repiten por generaciones un modo de vivir, en cuanto tal es una función de la cultura mayor de la que se nutre y depende para su existencia. El que, asimismo, en una determinada sociedad existan minorías étnicas, extranjeras o nativas, que reproducen sus costumbres de origen, tampoco significa que sean culturalmente autosuficientes, sobre todo si están articuladas económica, política y socialmente con un sistema mayor que actúa en el papel de anfitrión cultural.

Entendiéndolo así, el concepto de subcultura puede ser equivalente al de clase cultural cuando el grupo que la define es orgánicamente autosuficiente. Estos casos se dan en muchas comunidades indígenas americanas cuyos miembros actúan como grupos tributarios de los pertenecientes al sistema nacional de soberanía. En tales situaciones son subculturas en la medida en que sus miembros también actúan en la sociedad nacional mayor y reciben de ésta una cultura de acción cotidiana. El que como grupos estén localizados y el que posean tradiciones y costumbres distintivas diferentes a las de la sociedad mayor de las que son parte estructural, y que, asimismo, su forma de vida sea culturalmente dependiente de la que constituye la sociedad mayor, convierte a estos grupos en subculturas y a la vez en clases culturales. Es así porque simultáneamente con su identidad étnica o social separada, y simultáneamente con la transmisión de sus tradiciones culturales propias, su forma de vida se desenvuelve como una función de la cultura de la sociedad mayor. Por lo tanto, es una forma de vida que no se nutre de sí misma en su proceso de transformación y depende estructuralmente de un sistema que no es el propio de su comunidad de origen.

A partir de estas condiciones son subculturas porque dependen del proceso de otra mayor y constituyen alternativamente una clase cultural porque parte sustancial de sus tradiciones ha sido sustituida por las de otra cultura, mientras conservan al mismo tiempo las de su cultura anterior; además esta cultura, en su mantenimiento, corresponde a un nivel evolutivo inferior al de la que recibe en la actualidad de la estructura de soberanía política mayor. En cierto modo, la simultaneidad de una subcultura con una clase cultural es equivalente a la experiencia de un proceso de transición cuya expectativa reside en la desaparición paulatina, a mayor o menor plazo, de la clase cultural en pro de la subcultura.

Mientras tanto, la subcultura se perfila más definidamente como futuro que como actualidad. Conforme a ello, la acción vinculante de una estructura mayor tiende a destruir la existencia de un grupo como clase cultural y tiende a transformarla en una subcultura al absorberla. Por eso, el concepto de subcultura remite a una globalidad etnográficamente incompleta, ya que por nutrirse de la cultura total dependiente, es una especialización local del sistema cultural total: es un aspecto de la misma realidad estructural.

De este modo, subcultura y clase cultural son conceptos usualmente distintos porque mientras el primero representa una definición de modos culturales interpuestos en los que se mezclan una tradición propia o de origen con formas de cultura comunes para todos los grupos de una sociedad, con independencia de su grupo subcultural, el segundo remite a la posición histórica alcanzada por segmentos evolutivos de una sociedad. En su existencia, ambas, subcultura y clase cultural, son dimensiones sincrónicas pero corresponden a un proceso y resultado diferentes. La diferencia entre una y otra reside en el hecho de que cada una expresa un *status* etnográfico diferente en su grado de complejidad estructural. Esto es, la convergencia es parte de una sincronía histórica o está situada al mismo nivel evolutivo que otras de un mismo sistema cultural. En cambio, la clase cultural es parte de una sincronía ecológica total que, sin embargo, constituye una estratificación cultural desfasada respecto de las subculturas de un sistema nacional o de una comparación intercultural.

Una subcultura es, así, funcionalmente parte integrante de un mismo engranaje cultural. Una clase cultural es un gradiente histórico específico y puede, por lo mismo, tener existencia al margen del proceso de otra cultura. Esto es, en el caso de una comunidad aislada *folk*, puede constituir una cultura propia autosuficiente, y puede en tal extremo prescindir del proceso general de la sociedad de soberanía. Ésta es una probabilidad teórica que se confirma en las naciones modernas pero que en el proceso de afirmación y de control político de los centros de poder tiende a perder cohesión interna. Excepto en los casos en que dicho control no es alcanzado por deficiencias de la misma estructura de poder, las clases culturales son sistemas cuya existencia representa la expresión de procesos históricos diferentes y desfasados realizados por grupos localizados en el seno de un mismo Estado.

En tales procesos se reconocen diferentes grupos de evolución cultural y sobre esta base se distingue una subcultura de una clase cultural. Por lo demás, es evidente que en todos los Estados nacionales modernos existen ambas situaciones bajo la forma de grupos diferenciados en el seno de los Estados. Estas diferenciaciones se manifiestan entre grupos étnicos inmigrados que, al mismo tiempo que adquieren la cultura de la sociedad anfitriona, conservan gran parte de la suya de origen. Asimismo, se manifiesta en grupos étnicos nativos influidos a su vez por culturas de proceso histórico diferente. Por ejemplo, los catalanes en Francia y en España son una misma cultura diferentemente influida por uno y otro país en cada región geográfica de soberanía política, francesa y española. En unos casos los catalanes son subculturales respecto de lo francés y de lo español, pero al mismo tiempo los grupos étnicos no catalanes que se avecinan en Cataluña tienden a formar subculturas, esto es, se convierten en grupos de cultura distinta a la catalana pero sometidos al proceso de aculturación y de absorción de los grupos inmigrados en el proceso anfitrión.[3] Esta posición como subcultura se mantiene mientras se posee la propia identidad étnica y se repite con ésta la cultura de origen, pues en caso contrario es absorbida por la cultura anfitriona y en ésta sus miembros se distribuyen en subculturas o en clases culturales, según hayan realizado su integración en ámbitos rurales especializados o en ámbitos urbanos culturalmente segmentados.

En todos los sentidos, una subcultura se manifiesta como una combinación de elementos culturales de menor espectro estructural que el de la sociedad mayor. Una subcultura es, así, un sector cultural cuantitativamente más reducido que aquel del que recibe sus programas de acción. Comparada con una cultura total es más pobre que ésta. De modo que una clase social es etnográficamente más pobre que el conjunto de la experiencia de las clases sociales. E igualmente, una cultura urbana, con ser de por sí más creadora que una cultura rural, es más pobre que una cultura nacional. Por añadidura, una etnia inmigrada que pierda sus fuentes de sustentación de origen es más pobre que el total distribuido por el sistema de poder y de circulación social de la etnia anfitriona. Asimismo, si un individuo o un grupo de individuos

3. Gran parte de esta problemática de la aculturación y de la identidad étnica de los inmigrados no catalanes en Cataluña, la he planteado en trabajos referidos al contexto de sus relaciones con los catalanes. Véase Esteva, 1973, 1973a, 1974, 1974a y 1975b.

realiza su vida económica y social, por ejemplo, en un barrio, desarrollará en éste especializaciones locales que serán una función de la ciudad, del mismo modo que ésta lo es de una nación o de un Estado según los casos. Pero en cada caso su acción será culturalmente más limitada que la de la ciudad como un todo. Si es relativamente grande el número de individuos que realizan un proceso local, y si éste es recurrente en términos de generaciones, entonces lo más probable es que se produzcan condiciones para la existencia de una subcultura. Sin embargo, ésta siempre existirá como tal en función de otra mayor. La realidad de las subculturas es, así, una función de la realidad de las culturas totales o de soberanía. Éstas son, por ello, funciones de mayor comunicación estructural que las subculturas.

Por lo que hemos señalado, una subcultura tiende a ser equivalente a una etnografía incompleta porque localiza sólo partes sociales de una cultura mayor. Una clase cultural tiende a ser, en cambio, una etnografía completa porque reconoce una totalidad de proceso y de estructura, un sistema cultural localizado. Cuando las clases culturales se dan como diferentes a otras en un mismo Estado, entonces representan escalones o fases de culturas orgánicamente diversificadas en un mismo territorio de soberanía centrada capaz de alcanzar a varias clases culturales con independencia de su *status* evolutivo. En tales situaciones, una misma estructura de soberanía englobará subculturas y clases culturales. Éste es el caso de las sociedades pluriculturales y poliétnicas consideradas en sentido evolutivo. Las del continente americano son ejemplos de esta realidad, ya que en ellas las culturas indias son marginales al estadio evolutivo alcanzado por las sociedades nacionales en que se hallan ubicadas.

En efecto, vistas como clases culturales, las sociedades nacionales del continente americano son, respecto de sus sociedades indias, estratos evolutivos diferenciados. En cambio, respectivamente, sus sociedades rurales y urbanas son subculturas en la medida en que representan especializaciones o adaptaciones de una misma cultura total, de un mismo nivel evolutivo. Este mismo nivel incluye todo grupo étnico que forme parte del mismo contexto estructural rural o urbano, aunque en la realidad lo común es que los grupos étnicos diferenciados tiendan a encontrarse más en los sistemas urbanos que en los rurales. Y esto es así por cuanto la capacidad de asimilación y de circulación social de los individuos en función étnica dentro de una misma estructura social local es más fácil en los ambientes urbanos que en los ambientes rurales. Asimismo, por su mayor espectro de recursos sociales, los ambientes urbanos tienden a tolerar mejor que los ambientes rurales la existencia de grupos étnicos diferenciados.

Partiendo de este condicionamiento estructural, los sistema urbanos de cultura soportan las diferencias culturales mejor que los sistemas rurales, y en este sentido la aparición en los EE UU de etnias culturalmente diferenciadas en su origen (mexicanos, irlandeses, italianos, dominicanos, suecos, y otras, por ejemplo asiáticas) de las etnias urbanas anfitrionas, supone un tipo de proceso adaptativo interétnico en el que las funciones económicas vinculan y subrayan un marco de interdependencia más amplio que el de las comunidades rurales. Es así no sólo por ser la estructura social más compleja y abierta, sino también porque prodiga el anonimato de muchos comportamientos ajenos a los que desenvuelve el modo autóctono o anfitrión.

En tal sentido, las estructuras urbanas son subculturas respecto del todo nacional, pero la existencia en ellas, además, de grupos étnicos diferenciados, da origen también a la existencia de subculturas de formación étnica. Siendo así, el marco de las organizaciones urbanas incluye una red estructural doble, social y unitiva a través de las funciones económicas, y cultural y diferenciada a través de los agrupamientos étnicos y de los llamados *ghettos* raciales o de clase localizados. Que una raza o una clase social permanezcan ecológicamente localizadas en barrios o en comunidades cerradas es, en todo caso, causa para el desenvolvimiento y adscripción de una subcultura. Por lo demás, la capilaridad circulatoria de los agrupamientos urbanos tiende a producir intercambios interétnicos tanto como entre clases sociales diferentes, por lo menos en los ámbitos de la interdependencia económica funcional. En este extremo, sobre todos los grupos —sociales, étnicos o raciales— actúa el troquel de la cultura urbana desarrollada por la sociedad nacional en forma de especialización ecológica local.

Dada esta particularidad, cada etnia, cada clase y cada raza se engranan en el mismo proceso y en la misma estructura sociales y desarrollan aquellas subculturas que, en el caso étnico de los inmigrados, suelen ser una combinación de cultura de origen con cultura anfitriona. Esta última tiende a ser predominante no sólo en el espacio, sino también en las expectativas, a menos que los grupos étnicos inmigrados se renueven constantemente mediante la entrada de nuevos miembros de origen.

Con los grupos raciales ocurre algo semejante. O sea, el hecho de pertenecer a una raza discriminada supone no ascender de *status* y mantenerse localizado en una determinada zona urbana. Sin embargo, eso no supone necesariamente impedimento para vivir identificado con los patrones de cultura de la raza dominante, como ocurre en los EE UU y en otros lugares del mundo. Lo mismo es válido para las clases sociales, de manera que aun estando éstas impedidas de movilidad social, forman parte, con todo, de la cultura urbana o de la subcultura urbana en términos de especialización local dentro de una sociedad nacional. Por supuesto, consecuentemente, la falta de movilidad o la permanencia de un grupo étnico, la continuidad de una clase y la discriminación de una raza son factores que contribuyen a consolidar formas de vida que, por lo menos en partes de su existencia, son modelos subculturales, ya que son especializaciones propias o específicas al mismo tiempo que son distribuciones de la cultura urbana.

Desde luego, si nos afirmamos en la idea de que lo urbano y lo rural son subculturas estructuralmente diferenciadas de un mismo sistema cultural, también podemos significar que estas diferencias, en casos de estratificación social muy pronunciada (o sea en aquellos casos en que se constituyen como oposiciones dicotómicas, como fueron descritas por Tönnies [1947] y por Redfield [1960, vol. II, pp. 1-16] en sus respectivos planteamientos de lo comunitario y de lo *folk* o modo de vivir tradicional místico con el pasado y su continuidad), se asemejan a estructuras culturales no homologables desde el punto de vista de un mismo proceso; ni siquiera serían extensiones de una misma cultura. Empero, en la realidad y en la perspectiva de dichos autores, el concepto de comunidad es usado para designar la idea de grupos que viven una realidad solidaria en común, mientras que, al mismo tiempo, no ignoran que cada comunidad está interpuesta dentro de un conjunto de otras comunidades (Redfield, *ibid.*, vol. I, pp. 113 y ss.) y en la civilización o mundo mayor que las convierte en realidades culturales de proceso dependiente.

Lo que Redfield ha llamado (*ibid.*, vol. II, p. 41) la pequeña tradición sería equivalente al modo de ser de una comunidad, y en este caso la pequeña tradición vista como culturalmente arcaizante o rezagada respecto de la gran tradición (civilización), o sociedad urbano-industrial moderna, en el caso presente, vendría a constituir una clase cultural, tanto como una subcultura en la medida también en que su autonomía como proceso histórico es dependiente del proceso de la sociedad mayor y es, además, una función y un reflejo orgánico de la cultura total. Sin embargo, la cultura arcaizante, en las condiciones comunitarias que señalamos, es también una clase cultural si la comparamos evolutivamente con las otras existentes dentro de la misma estructura total.

Aunque subcultura y clase cultural se aglutinan en formas localizadas, en el espacio, no obstante, ambas tienen en común una estructura social integradora. Sólo a partir de los límites de esta última, subcultura y clase cultural son susceptibles de una integración localizada. En cualquier caso, los conceptos de subcultura y de clase cultural tienen un sentido diferente y deben ser considerados como alternativas a una comparación, respectivamente funcional y sincrónica de una cultura en términos de sus divisiones y especializaciones internas, o a una comparación histórica o evolutiva de una cultura confrontada con otra.

SUBCULTURA Y CLASE SOCIAL

Es muy probable que las diferentes clases sociales de una sociedad puedan representar modos localizados de forma de vida. Esto implica alguna clase de especialización en materia de cultura al compararse con la que se observa en otras clases sociales de la misma estructura social. Para que así ocurra será necesario que los miembros de una clase social permanezcan como tales dentro de ésta un tiempo generacional suficiente como para fundar en su comportamiento un modo de ser específico. Por ello, una subcultura de clase es un resultado de adaptaciones adscritas y de tradiciones y comportamientos consolidados en la consciencia y en la estructura social. Para que se produzca una subcultura de clase es indispensable nacer, vivir y morir en ella y reproducirse en generaciones homogéneas.

El marco de consolidación de una subcultura de clase está constituido por relaciones sociales entre familias de la misma clase, de manera que las relaciones con familias de otras clases tienden a ser muy raras en la medida en que están socialmente separadas tanto por sistemas de socialización diferenciados como por intereses y funciones distintos. Puede esperarse que una subcultura de clase se defina mejor por la observación de familias que por la observación de individuos. Y puede también esperarse que sean más fáciles las relaciones entre familias de una misma clase que de diferente clase, precisamente porque los comportamientos son más homogéneos y al no sentirse extraños son más fáciles para la comunicación social.

Estas diferencias están marcadas por separaciones de *status* y por los resultados de las adaptaciones diferenciadas de cada clase a su medio social; o sea, remite a las condiciones en que se relacionan con otras clases. Al adoptar una clase como conjunto una consciencia subcultural, adopta también con ésta una consciencia de tradición de clase, de modo que sin esta consciencia una clase social refleja también una inestable consciencia histórica de su clase. En cambio, si los miembros de una clase social representan modos de comportarse estables, y si estos modos son tradicionales y exclusivos de la clase, entonces también es lo más probable que como clase sus miembros se mantengan en su *status*, en un comportamiento homogéneo representativo del yo social de la clase. Si falta el recurso a esta consciencia, es que falta también la homogeneidad cultural relativa, esto es, no existe la subcultura definida. Estos requisitos suelen darse en períodos históricos estables, o sea, cuando la estratificación social y el *status* se transmiten de una generación a otra y no se alteran, por lo tanto, las condiciones o cualidades de la estructura.

La identificación de los individuos de las clases medias, e incluso de las inferiores, con los comportamientos y gustos de las clases superiores, es más frecuente en las sociedades donde encontramos institucionalizada la movilidad social y donde la educación universitaria es accesible a gran número de personas de aquellas clases, que en las sociedades donde dicho acceso es difícil. Si tenemos presente que la educación universitaria y tecnológica avanzada supone un cuadro de información intelectual de amplio espectro, entonces también es cierto que éste hace más flexible al individuo en materia de circulación social, más que en los casos en que carece de un modelo intelectual universitario. A base de esto último el individuo amplía su experiencia abstracta, pero también desarrolla su realización social y tiende con ésta a identificarse con los gustos, consumos y modos de ser de las clases superiores. Tiende a ingresar, incluso, en la subcultura que éstas hayan constituido, y para ello el sistema de alianzas matrimoniales y los círculos de amistades facilitan el acceso individual de una clase a otra.

Las diferencias culturales entre las clases sociales son menores cuanto mayor es la frecuencia de movilidad vertical dentro del sistema social. La movilidad supone permeabilidad cultural, intercambio y entendimiento mentales que incluyen la identificación del individuo con gustos y actitudes de las clases de prestigio. Esto ocurre inicialmente a nivel de individuos más que de familias. Pero no se trata de que las clases medias e inferiores vivan dentro del tono de las clases superiores. Simplemente se trata de que su acceso a los modelos de vida de las clases superiores es idealmente más fluido, o por lo menos se tiende a hacer más asequible la información.

En el contexto de una sociedad compleja, las probabilidades de circulación social y de estratificación de los individuos en formas de *status* diferenciadas son muy diversas, pero desde un punto de vista cultural la validez de la movilidad es individual y no remite a la clase como tal, ya que ésta existe por sí con la estructura y con independencia de sus individuos particulares. O lo que es mejor: no es la totalidad de una clase la que pasa a convertirse en otra clase; son individuos de la clase los que en realidad pasan a ser y a estar en otra.

La clase social es un resultado del sistema de estratificación derivado de las relaciones de producción y, con éstas, de la distribución del sistema de rol-*status*, en definitiva, de la división del trabajo. Por eso, entonces, el que ésta sea una realidad en todas las sociedades humanas supone especializaciones sociales y adaptaciones individuales que se traducen en modos de vivir diferenciados dentro de una misma sociedad. Cuando ésta posee una estructura sencilla, como es el caso de las sociedades primitivas, la formación de subculturas internas casi no debe considerarse porque sólo existe división del trabajo por sexos y pequeñas diferenciaciones sociales derivadas de la edad, la jefatura y el curanderismo, así como funciones ocasionales de dirección y liderazgo. Sin embargo, éstas son diferenciaciones individuales que tienden a disolverse y a cobrar homogeneidad cultural con la forma de vida total del grupo local cuando el individuo es observado como miembro de una unidad familiar. En este último caso, cada familia es, básicamente, semejante a las demás del sistema local.

La perspectiva que consideramos predominante en nuestro enfoque del problema de la subcultura de clase está referida, por lo tanto, más a grupos familiares que a individuos por separado. La cuestión es que los grupos familiares son para nosotros la unidad social en la que se puede constituir una subcultura, sobre todo cuando pensamos que su homogeneidad social puede traducirse como homogeneidad cultural. Así pues, se trata de una cuestión de estructura y de organización relativa del modo de vivir.

El hecho de que las sociedades industriales modernas desarrollen las estructuras de clase significa también que en ellas se desarrollan condiciones para la formación de cualidades culturales de clase, y aunque gran parte de los sistemas de información puedan ser comunes a todas las clases urbanas o industriales, sin embargo, cada una tiende a realizarse conforme a sus posibilidades de *status*. Estas diferencias de realización son válidas para la mayor parte de los miembros de cada clase, mientras que otra pequeña parte puede oscilar culturalmente en función de sus oportunidades relativas de ascenso o de fracaso sociales en el curso de la pugna por el *status*.

La inserción en una clase social implica, en todo caso, limitar la acción social del individuo hacia abajo y hacia arriba respecto de la suya propia, de manera que si su permanencia en el seno de la clase es prolongada, si es socializado en ella, existirán muchas probabilidades de que arraiguen en el individuo no sólo una consciencia de clase, sino también formas secundarias de cultura especializada. De todas maneras, esta especialización no se refiere sólo al rol ocupacional o a las relaciones de producción, sino que para ser propiamente un comportamiento subcultural debe manifestarse en forma de una comunidad de familias localmente residenciadas que viven un modo cultural diferenciado del de las demás clases dentro de la misma estructura social.

Para la descomposición en subculturas internas dentro de lo que hemos llamado una subcultura urbana se requiere que sus clases sociales se agrupen residencialmente, que sean, asimismo, homogéneas en cuanto a las condiciones de su modo de vivir, de manera que los intercambios entre familias de la misma clase social se produzcan a partir de una comprensión directa de las actitudes y modos de ser de las familías de la clase propia, a diferencia de los modos de ser habituales de las familias de las otras clases. Así, la construcción de una subcultura de clase supone, además de condiciones económicas y sociales homogéneas, relaciones interfamiliares también homogéneas en un medio residencial asimismo homogéneo en términos de intercambio y de índices de solidaridad social.

En la base de esta prefiguración existe siempre un sistema de socialización infantil y unas relaciones de solidaridad que, finalmente, terminan por llevar a la creación de una subcultura de clase. Esta subcultura de clase, en tanto que producto secundario de la estructura cultural urbano-industrial, es también un producto dependiente del sistema de división del trabajo y de la distribución ecológica de la población en función de la estratificación social resultante. En lo fundamental, no obstante, la viabilidad de una subcultura de clase está en la organización de una forma de vida realizada por familias que se compenetran por medio de un entendimiento mutuo de sus condiciones sociales y de una transmisión a su descendencia de las técnicas adaptativas que les hacen ser diferentes de las familias de otras clases sociales. Para que ocurra esto es indispensable que la estructura social tenga cierto grado de rigidez y de estabilidad funcional. Esto es: se impone que haya poca movilidad social y es necesario que los hijos hereden el *status* de clase de sus padres. Sólo así es probable que se constituya una subcultura de clase con su correspondiente *eidos*.

En la realidad, esta reproducción de las condiciones de clase puede significar que las familias de clase transmitan a su descendencia las normas y costumbres que son específicas de su modo de vivir, aun cuando, como es obvio, dichos modos de vivir son productos de una subcultura común, la urbana, de la cual participan productivamente como individuos, además de experimentar en ella sistemas de información común o de masas. Este sistema adquiere una dimensión común en la medida en que propicia la identidad personal dentro de la línea de consumos materiales y de gustos que abarcan a todas las clases. De esta manera, sólo una parte del comportamiento es exclusiva de la clase, mientras que otras partes son comunes a todas las clases.

El concepto de subcultura reside precisamente en que es un producto secundario, adaptativo, que se expresa tanto en términos del sistema cultural global como en términos de la división social del trabajo. No es, por lo tanto, una subcultura identificable a niveles individuales. En todo caso, lo es a partir de niveles de los grupos familiares, ya que éstos representan ser los grupos primarios de identificación básica de una subcultura. La clase en sí y su subcultura son, pues, organizaciones sociales a partir de las familias, y el modo especializado de vivir la cultura que éstas tienen es equivalente a una subcultura.

Por todo eso, un resultado probable es que en una estructura urbana compleja se den subculturas internas de clase y de etnia, particularmente en la medida en que cada uno de estos grupos viva en familias socialmente homogéneas y residenciadas homogéneamente.

Otros ejemplos pueden ser importantes en esta consideración de las clases como subculturas.

Cuando se introducen condiciones revolucionarias en la estructura social, como en el caso de sustituciones políticas en las que un poder colonial es reemplazado por otro nativo, o como cuando por medio de una revolución política profunda se modifica la ideología del grupo dirigente y con ella son expulsados los grupos de clase que detentaban la dirección de la sociedad, entonces se producen cambios sustanciales en la estructura tradicional. A partir de este hecho se inicia un proceso de disolución o descomposición de las ideologías tradicionales. Junto con un proceso de movilidad social, aparecen individuos que acceden al poder sostenidos por sus clientelas, lo cual significa que, en conjunto, éstos adquieren otras formas de vida. En África, por ejemplo, tienden a identificarse con los modos de cultura occidentales, en este caso con los modos de las clases coloniales a las que han reemplazado en el poder. La estabilización en dicho poder por parte de la nueva clase dirigente supondrá, asimismo, la formación de una subcultura de clase diferenciada de la que mantienen las demás clases.

Una mayor frecuencia de circulación social no significa necesariamente que el individuo, sobre todo cuando el cambio de *status* se efectúa dentro de la generación adulta, si pasa de una clase social a otra adquiera el modo de ser de los individuos de la nueva clase. En esta primera fase el individuo vive un comportamiento de transición, y de la misma manera que se aparta socialmente de su clase de origen, también es de algún modo rechazado por su nueva clase en la medida en que los miembros de ésta le consideran un advenedizo. El hecho de mantener intereses económicos o políticos coincidentes con los de otra clase no supone que el individuo se sienta cómodo en ésta, precisamente porque las familias respectivas no son culturalmente homologables en términos de una tradición de clase. Para sentirse cómodo en una nueva clase es indispensable haber tenido una socialización en una familia concreta de esta clase. La información de clase en abstracto no da el tono específico de la clase. Esto último se consigue viviendo como los miembros de una clase a partir de una socialización en ésta.

Es evidente, en este sentido, que la difusión del modo de vivir de una clase superior se propaga más a nivel de las formas o de los consumos materiales que de las formas espirituales y de los gustos y de la estética en particular. En la generalidad de los casos, estos últimos llegan bajo la forma de una información abstracta que dificulta el dominio de las situaciones concretas en las que estos modos de vivir se realizan. Si la creación de un modo subcultural es un proceso acumulativo, educado, su adquisición a partir de una socialización infantil en otra clase resulta ser imitación y se manifiesta discontinuamente en el modo de realizarlo el individuo en estado de transición cultural. En esta etapa de transición la adaptación adulta a otra subcultura tiene cierto carácter alienador. Esto se descubre en forma de fallos adaptativos tanto en la estética como en gustos y actitudes, y especialmente en la desenvoltura relativa con que el lenguaje de una clase es usado por los miembros de ésta. En realidad, la situación, aunque no el hecho cultural en sí, es semejante a la que se da en el inmigrado que pasa de un grupo cultural a otro, que, asimismo, experimenta un proceso adaptativo de transición a otra etnicidad. Por eso, un cambio de clase es equivalente a un cambio de experiencia cultural donde las dificultades adaptativas mayores están en función de la distancia cultural relativa que pueda existir comparativamente entre una clase y otra.

Por lo que vemos, una clase social está limitada en su acción por sí misma y por las demás. Representa un límite de adaptación cultural y de personalidad en términos de que el modo de vivir es homologable con una forma de ser. Así, cuando una persona es identificada como un nuevo rico dentro de un contexto social, la identificación remite a un modo de vivir que aparentemente no se ajusta a su modo de ser: esto es, los medios materiales que asume para vivir no se ajustan a la educación ni a la estética ni, en definitiva, al modo de ser de la nueva clase. Este fallo en el ajuste se aprecia especialmente en la personalidad del nuevo rico, sobre todo cuando se compara ésta con la de los individuos integrados por socialización familiar en dicha clase.

En realidad, el hecho de que las clases superiores se distingan de las demás por el hecho de aproximarse en sus consumos a los gastos máximos posibles dentro de una sociedad en términos de sus familias, mientras, en cambio, las clases inferiores tienden a consumir sólo una porción de dichos consumos y a considerar éstos, muchas veces, como propios de circunstancias extraordinarias, es indicativo de que los techos económicos son un punto de partida para los límites sociales de la acción, pero como subcultura ésta sólo se explica por la existencia de familias creadoras de una tradición cultural socializada. En ningún caso el techo económico es de por sí el índice de la subcultura, de la homogeneidad de comportamiento.

La noción de subcultura de clase es, por estas razones, una materia de contenidos de conducta que son objeto de una clase especializada en ellos, más por disciplina y refuerzo tradicionales que por imitación ocasional, con lo cual resulta obvio que la movilidad vertical en primera generación, o sea el cambio de clase en condiciones de adulto, no supone la realización personal plena de otra subcultura. Para que eso ocurra, es indispensable la experiencia de una familia y la socialización en ésta de un modo de ser o de personalidad.

III. Segmentación étnica, clase social, conciencia étnica y conciencia de clase

Antes nos hemos ocupado del concepto de etnia para indicar que con él disponemos de una categoría clasificatoria mediante la cual el etnólogo define aquellas poblaciones que representan una cierta identidad cultural.

Ahora es nuestro objeto presentar aquí un esbozo de cuestiones referidas al hecho de que mientras la etnicidad no supone necesariamente la idea de una sociedad étnicamente uniforme, por otra parte es también cierto que dadas unas estructuras económicas urbano-industriales expansivas en las sociedades modernas avanzadas, el problema de la etnicidad debe contemplarse en términos de cultura, pero también de estructura social. Según eso, si la identidad étnica se prefigura como una forma de afiliación de la personalidad y como un aspecto de la consciencia histórica del individuo, la segmentación orgánica de la estructura social, su estratificación resultante en niveles de clase introduce factores de identidad más complejos.

Éstos incluyen, en algunos casos, el factor racial, en tanto que la existencia de sociedades con valores racistas no sólo supone la existencia de actitudes discriminatorias, sino que también, con frecuencia, implica el desarrollo de las condiciones objetivas (estructurales) y subjetivas (de personalidad) en que una raza dominante crea los medios primarios o básicos de diferenciación que dan como resultado la fijación o *status* social adscrito según la raza y con éste desarrolla la degradación de una de ellas en beneficio de otra (*cf.* Esteva, 1975, pp. 113 y ss.). Aquí podemos decir que donde existe racismo las expectativas de poder y de movilidad estarán en favor de aquellos individuos que, aun siendo económicamente débiles, pertenecen al grupo racial dominante (*cf.* Hoetink, 1975, p. 13). Como resultado, los más favorecidos serán los menos degradados dentro de la estructura social desde la perspectiva no sólo del *status* personal, sino también de las oportunidades de supervivencia como individuos, como grupos raciales y étnicos y como clases sociales.

Conforme a esta primera perspectiva, en las sociedades

71

modernas puede darse una forma de segmentación social que suponga un principio estructural simultáneamente basado en normas, valores y actitudes que remiten a la vez a posiciones e ideas de raza, de etnia y de clase. Y sin que sea necesariamente dado el *status* en función de la posesión individual de estas cualidades; con todo, éstas pueden ser cualidades constituyentes de la estructura social de una sociedad por lo menos en su actividad subjetiva, esto es, en las funciones relativas al trato que reciben los miembros de una sociedad según sus grupos sociales de referencia, raciales, étnicos y de clase. En este sentido, la homogeneidad cultural de los grupos étnicos en sociedades complejas es una cuestión relativa más a su forma estructural que a su sistema cultural, en tanto que este último puede ser una configuración común. Las siguientes páginas representan un esbozo de este enfoque y un adelanto de otro estudio más extenso en preparación.

SEGMENTACIÓN SOCIAL Y ETNICIDAD

En determinadas sociedades, el *status* individual dentro de ellas resulta étnicamente segmentado. Es particularmente cierto que en otras esta segmentación se amplía a límites más rígidos, como el de raza, de modo que, en este caso, un grupo racial se sobrepone a los demás y ejerce un *status* de dominio sobre razas que aparecen en situación de inferioridad social y dominadas en relación con otra. Los casos de Sudáfrica y Rodesia constituyen tipos de sociedades en los que podemos observar cómo las diferencias raciales son causa de diferencias sociales. En este sentido, los blancos quedan situados en los niveles superiores de la sociedad, ejercen las funciones económicas de propiedad y de poder estratégicas y asumen, en las relaciones económicas de producción, el control y dominio de los recursos del territorio y de su proceso de transformación para el mercado. Así, cada conjunto racial es equivalente a una gran clase social, aunque cada grupo racial tiene, asimismo, su propio sistema interno de estratificación en clases.

Dentro de las sociedades básicamente unirraciales, como las europeas, la segmentación estructural no es una función del factor racial sino que es una función del mismo sistema de producción que separa a unos individuos de otros en forma de clases sociales. En éstas el factor racial como determinante de segmentación social es irrelevante. La división del trabajo, las relaciones sociales de producción y la forma en que el individuo es dotado por el sistema social para tomar decisiones sobre sí mismo y sobre otros, constituyen un marcador estructural que así como revela el *status* de cada individuo dentro de la organización social, revela también su situación de clase. Esta situación remite objetivamente a una relación de clase dada por el poder relativo de decisión que cada individuo y cada grupo de personas vinculadas por intereses económicos tienen, en función de las ocupaciones y roles derivados que desempeñan dentro del proceso productivo. El sistema de producción y su división social del trabajo son, pues, formas de representar el *status* del individuo y de los grupos sociales que en aquél intervienen.

Del mismo modo que el sistema de estratificación social se establece como un resultado de la división social del trabajo, y del mismo modo que la complejidad relativa de la tecnología y de la organización productiva son una condición para la complejidad relativa de la estructura social de las clases, asimismo, donde las sociedades están constituidas por diferentes etnias y donde los individuos de éstas forman parte del mismo proceso social y viven mezclados en la misma estructura, en ellas puede darse también una clase de estratificación que resulte de las diferencias de etnicidad. Éste puede ser el caso en aquellas sociedades cuyos procesos históricos se han desarrollado en función de alguna conquista militar y del dominio ejercido por un grupo étnico vencedor sobre los recursos de otro.

En el curso de este proceso, la organización social suele tener un marco de referencia cuando no racial, por lo menos étnico. En el caso de pueblos sometidos por una conquista militar y cuando los componentes del grupo vencedor se instalan como clase dominante, el sistema social convierte al grupo étnico derrotado en clase social subordinada o desposeída de poder de decisión sobre los recursos de su propio medio. Algunas de las invasiones triunfantes acaecidas en el curso de la historia europea mantuvieron este carácter hasta que se produjo la fusión total en un solo proceso y en una sola estructura social de vencedores y vencidos.

Es evidente, en otro sentido, que los miembros de algunas minorías étnicas pueden llegar a quedar privados de ocupar ciertas posiciones dependientes de decisiones políticas, pues el Estado intenta proteger su estructura de poder. Sin embargo, aun en las situaciones políticas de lucha interétnica o de oposición de una determinada etnia al sistema estatal, si el proceso económico mantiene un carácter liberal, la circulación étnica dentro del sistema puede ser relativamente igualitaria mientras lo sean las bases de su organización; esto es, mientras éstas no estén basadas en la etnicidad y sólo mantengan como exigencia la habilidad personal relativa para ocupar las posiciones sociales de *status*.

Es también cierto, por otra parte, que cuando el poder público determina o dispone la orientación relativa de las inversiones económicas, su acción puede condicionar el desarrollo relativo de unas etnias en detrimento de otras, y en tal extremo la etnicidad histórica y políticamente identificada con el Estado, al usar el arma de las inversiones como un medio de presión contra la etnicidad rebelde, lo que hace es desviar hacia lo económico el papel de la etnicidad. Éstos son casos extremos de lucha abierta en los que el Estado asume el papel dirigente en la inversión económica. Empero, incluso en tales casos y en sociedades modernas, ninguna etnia se revela económica y socialmente autosuficiente. Sólo cuando el desarrollo económico de un grupo étnico se convierte en una amenaza directa para el equilibrio del poder político, es cuando las funciones económicas pueden convertirse en filtros selectivos destinados a impedir el ascenso social de los miembros de una etnia en función del sistema económico.

Ocurre en algunos casos que la politización de la etnicidad alcanza a la distribución de empleos, como cuando existe susceptibilidad entre miembros de etnias enfrentadas, y en ese caso su reunión en un mismo ámbito productivo se transforma en una causa de conflicto. No obstante, ésta es una situación poco común en condiciones normales, o sea mientras el proceso productivo no se resiente de la polietnicidad de su estructura social.

Es entonces cierto que en las sociedades en que la concurrencia étnica cruza las líneas de clase y en que, por lo mismo, el sistema social no representa una organización basada en la institucionalización de la etnicidad, las diferentes etnias suelen quedar inmersas en el proceso social a partir del mismo proceso productivo. Este proceso no está prefigurado, sin embargo, como una organización étnicamente estratificada en la que cada individuo desempeña un rol económico según sea su etnia. Más bien ocurre que cada individuo realiza una función social de acuerdo con su habilidad técnica o profesional reconocida. En tal extremo, la estructura social de las sociedades complejas reconoce el principio de un tipo de movilidad basada en las cualificaciones de *status* del individuo según sus funciones económicas. En la medida en que éstas no están condicionadas por el origen étnico, en dicha medida la organización social y su estructura resultante no están formuladas en términos de etnicidad. Lo que más bien resulta del principio estructural es una estructura de clases.

Es así cuando pensamos en sociedades cuyas poblaciones son étnicamente estables por constituir una misma familia racial. En Europa, sumamente homogénea desde el punto de vista racial, la mayoría de las naciones son poliétnicas en el sentido de que son Estados constituidos por varios grupos étnicos. En este extremo, mientras la estructura histórico-cultural reconoce el polietnismo, su proceso productivo es único porque engloba en el mismo a individuos de diferente etnicidad, sin que al mismo tiempo las posiciones sociales dentro del sistema estén institucionalizadas conforme al principio de que deben ser ocupadas en función de que a cada individuo le corresponda ocupar una determinada posición según su origen étnico.

En las sociedades en que unas primeras separaciones raciales (por ejemplo, indios, negros y blancos en América) se ampliaron a otra clase de separaciones (tribales o étnicas entre indios; religiosas y étnicas entre blancos; raciales y culturales de los africanos respecto de los otros grupos), la estructura social se ha revelado desde entonces como una función de estas diferencias. A medida que estos procesos hubieron creado un sistema de antagonismos raciales, étnicos e ideológicos, y a medida también que cada poder o grupo de decisión se iba consolidando como un sistema de dominación sobre los recursos del espacio y sobre los hombres, en esta medida el proceso histórico constituyó sistemas de estratificación social a la vez raciales, étnicos y de clase.

Cuando dicho proceso histórico integró en un mismo sistema político y social a las diferentes razas, tribus y etnias, al mismo tiempo que el sistema económico liberal producía una sociedad estratificada en clases sociales, también creaba condiciones para que los grupos raciales y étnicos históricamente triunfantes se convirtieran en clases dominantes, racial y étnicamente exclusivistas. Esto es, la parte del proceso que supone el desarrollo de condiciones económicas y sociales dife-

75

renciadoras, supone asimismo el despegue de unos individuos respecto de otros y produce, además de un sistema de clases, un sistema también racial y étnicamente heterogéneo (blancos, indios y negros; y grupos étnicos europeos, asiáticos y hasta africanos, y diversas tribus indias que significaron el desarrollo de actitudes discriminatorias de clase, de raza y de etnia dentro de la estructura social).

Así, podían ser discriminados por los europeos, por su raza, los indios, los negros, los asiáticos y las mezclas de color resultantes. Pero en el seno de cada grupo racial se podían percibir discriminaciones étnicas (anglosajones *versus* latinos, judíos y europeo-orientales) al mismo tiempo que se desarrollaban intereses desiguales en función de las clases sociales. De este modo, las estructuras sociales resultantes de dichos ingredientes han podido mezclar, a la vez, sentimientos raciales, étnicos y de clase, de manera que, según el carácter específico de las situaciones, así ha sido la realización social de los individuos y de los grupos.

En realidad, cada uno de estos niveles se ha cruzado con el otro y se ha constituido en un carácter del proceso y del sistema sociales de estas sociedades. Con ello damos a entender que la estructura social ha puesto en circulación ideas y actitudes relativas a raza, etnia y clase que se han reflejado en las relaciones interpersonales, por una parte, pero también en la misma forma de la estructura social, de manera que según eso, en EE UU los blancos nórdicos han estado situados más arriba que los blancos meridionales, y simultáneamente los blancos han ocupado posiciones de *status* más elevados que los indios y que los negros y que sus mezclas, y de este modo el espectro social ha consistido en un complejo mosaico estructurado en razas, etnias y clases cruzándose o separándose en el proceso histórico de aquel país.

En Iberoamérica la ventaja histórica ha correspondido a españoles y portugueses y a sus descendientes o criollos, de manera que en cada uno de estos ejemplos se deduce que la estructura social ha representado un sistema de *status* basado en las diferencias raciales iniciales, en el desarrollo de la etnicidad a partir de los aportes sucesivos de otros diferentes grupos nacionales y en las clases sociales como consecuencia del desarrollo de desigualdades económicas y del control del proceso productivo.

De otro lado, en las sociedades industriales modernas, anfitrionas de grandes masas inmigradas étnicamente diferenciadas, como ocurre en los países del Occidente europeo, es también frecuente que los inmigrados desempeñen, a causa de su relativamente baja cualificación profesional, roles económicos inferiores al mismo tiempo que ocupan posiciones sociales de *status* inferiores a las que detentan los grupos étnicos nativos. Aunque dichas posiciones pueden tener un carácter eventual o transitorio y son una función del tiempo que se mantienen los inmigrados en una cualificación profesional baja, con todo, éstos y los nativos aparecen diferenciados en términos de la estructura social. El hecho de que los inmigrados tiendan a ocupar la base de la estructura y que los nativos tengan posiciones más elevadas incide para que dicha estructura sea, en muchos aspectos, una estructura étnicamente estratificada.

Podemos observar que las diferencias de etnicidad no son necesariamente causa de diferencias sociales, pero pueden producirlas cuando las diferencias culturales o raciales se hallan adscritas a la misma estructura social bajo la forma de dominaciones o de controles étnicos de poder político diferentes sobre los recursos de un territorio. En muchos casos las diferencias culturales de origen por parte de los protagonistas de un proceso social no sólo expresan diferencias de *ethos* o de personalidad, sino que reflejan además diferencias de consciencia histórica y política en términos de ventajas de poder para unos en detrimento de otros. A su vez, muchas de estas ventajas son resultado del *status* diferente que tienen en relación con el poder político, económico y social unos grupos étnicos en comparación con otros. Asimismo, y como ejemplo, en las sociedades nacionales modernas la noción de ciudadanía implica la posesión de ventajas de *status* para los miembros del sistema nacional anfitrión, a diferencia de los extranjeros. Estas ventajas incluyen el que una etnia esté socialmente mejor colocada que otra en el sistema local.

Según la clase de función económica desempeñada por dichos extranjeros, así será su posición en la estructura de clases. En este caso, las sociedades del tercer mundo, aunque políticamente libres, suelen tener grupos de extranjeros, generalmente europeos, que en la estructura social ocupan posiciones más bien superiores a las de los nativos; como consecuencia, en la estructura aparecen socialmente diferenciados los individuos por su raza y por su clase, pero dentro de cada una de estas categorías, también por su etnicidad. Por extensión, y a tenor de este planteamiento, los inmigrados originarios de países meridionales como Italia, España, Portugal, Grecia, Yugoslavia o Turquía que trabajan, por ejemplo, en Alemania, Suiza y Holanda, aparecen como conglomerados socialmente mezclados en el proceso productivo pero diferenciados étnicamente entre sí y formando una clase social baja respecto de los nacionales de estos países. Mientras no son asimilados por los grupos étnicos anfitriones, su grado de movilidad es inferior al de los nativos, y como resultado aparecen ocupando las posiciones sociales más bajas dentro de la estructura social. Esta asimilación coincide, pues, con un proceso de aculturación, pero también con un cambio de posición dentro de la estructura social.

En este sentido, es indudable que el carácter estratificado de las sociedades industriales modernas, receptoras de contingentes migratorios extranjeros, supone tanto una segmentación de *status* basada en la clase social como una segmentación basada en la etnicidad. Para el caso, los grados relativos de movilidad vertical por parte de nativos e inmigrados se constituyen como una función de los sistemas de producción existentes y de su división del trabajo, pero también son un efecto de la clase de *status* étnico que condiciona las actitudes de los empleadores, de manera que tendrán más oportunidades de movilidad vertical los que son miembros del grupo étnico nativo que los pertenecientes a etnicidades inmigradas. En este ejemplo, las ventajas étnicas para la movilidad se extienden a los individuos que ocupan los puestos vacíos dejados por los nativos. En tales casos, la movilidad de los inmigrados es más un defecto de los recursos demográficos puestos por el grupo étnico anfitrión que una virtud competitiva intrínseca de los inmigrados.

Partiendo de situaciones económicas formalmente abiertas y del reconocimiento de cierta movilidad social, horizontal y vertical, y de una movilidad geográfica o que supone los movimientos migratorios de poblaciones étnicamente diferenciadas respecto de los nativos de las sociedades anfitrionas, es evidente que si son diferentes las habilidades productivas de los inmigrados respecto de los nativos, estas diferencias se manifestarán también en forma de diferente acceso a las ocupaciones, y por lo tanto en gran manera este diferente acceso producirá una imagen estratificada en la que la diferenciación técnica de origen de unas etnias respecto de otras se reflejará en forma de un graderío diferenciado en el que unas etnias estarán mejor colocadas que otras en el sistema de estratificación social.

Así, en las sociedades avanzadas y en expansión económica que reciban grandes contingentes de fuerza de trabajo forastera y étnicamente diferenciada, los nativos tienden a ocupar posiciones de *status* superiores a los inmigrados en función de que éstos suelen constituir una fuerza de trabajo menos cualificada que la nativa. El resultado de esta situación es que la estructura social muestra predominio de unas poblaciones étnicas sobre otras y, asimismo, muestra que unos grupos étnicos tienen más ventajas sociales que otros en el disfrute de las posiciones de *status* o de prestigio, y mantienen en tal sentido más poder económico.

Desde esta perspectiva, los inmigrados tienden a ocupar las posiciones de base de una estructura piramidal en la que destaca el hecho de que cuanto más elevado es el estrato, mayor es la frecuencia de nativos, de manera que la etnia anfitriona aparece más numerosamente representada en los planos superiores de la pirámide que las etnias forasteras. Esta situación se refiere, obviamente, a sociedades avanzadas que reciben mano de obra de sociedades económicamente menos desarrolladas.

Tales condiciones se reproducen también en el seno de aquellos Estados que poseen regiones étnicamente diferenciadas y, al mismo tiempo, económicamente diferentes desde el punto de vista de su desarrollo económico. En tales casos, el sistema de clases tiende a darnos la impresión de un sistema en el que los miembros de una etnia, la de la región económicamente más desarrollada, ocupan mejores posiciones de *status* que los de las otras.

La observación de estos casos nos lleva a considerar que la estructura social puede estar grandemente etnificada en sus diferentes segmentos y estratos, por lo menos en la primera y segunda generaciones de los inmigrados; esto es, durante el proceso de asimilación cultural y étnica a los modos de ser del grupo étnico anfitrión. Empero, hay que hacer la excepción de que en el caso de estas situaciones de polietnismo interno, en Estados modernos coincidentes con desarrollos económicos diferenciados entre los grupos étnicos que forman parte del mismo Estado, la estratificación social por grupos étnicos nunca es lo suficientemente completa como para impedir que en cada estrato haya una representación de cada etnia. Por ejemplo, al considerar las proporciones de individuos empleados en empresas privadas y públicas en Barcelona, las mismas ponen de relieve que los catalanes son superiores en número en los escalones superiores o dirigentes de la vida económica y que, a medida que se pasa de las clases medias a las bajas, su número decrece en proporción al de los inmigrados, hasta el extremo de que éstos son mayoría en las llamadas clases bajas. Según esto, las relaciones numéricas serían las siguientes: [1]

Grupo social	Catalanes	Inmigrados
Dirigentes	7 %	1,5 %
Técnicos	12 %	2,7 %
Clases medias	33 %	13,6 %
Clases bajas	48 %	72,2 %

Si tenemos en cuenta que un gran porcentaje de los individuos incluidos en el capítulo de catalanes son hijos de padres inmigrados, y si en tal caso su promoción social no ha sido muy notable comparada con el *status* de las generaciones típicamente catalanas, el porcentaje de nativos en los estratos superiores aumenta de forma significativa, hasta el extremo de que el modo estadístico de los catalanes se sitúa en el nivel de las clases medias y superiores, mientras que el modo estadístico de los inmigrados permanece en el de las clases bajas.

Se hace así relevante que etnias económicamente más avanzadas y que asumen el papel de anfitrionas, cualquiera que sea su papel político en la sociedad global, tienden a ocupar los niveles superiores de la estructura y, por lo mismo, ésta tiende a manifestar una tendencia a la segmentación étnica. Esta segmentación no tiene, sin embargo, un carácter rígido mientras permanece abierta la estructura del mercado de trabajo y mientras parte de los puestos dirigentes de la misma están, a su vez, abiertos a la participación de individuos de etnicidad diferentes a la nativa, sobre todo en los casos en que ésta carece de suficientes recursos humanos para ocuparlos, o como en otros casos en que una determinada decisión política promueve para dichas funciones a individuos de las etnias forasteras, como es frecuente en el caso de las empresas multinacionales o de empresas nacionales contro-

1. *Cf.* Esteva, 1973a, p. 110.

ladas por el Estado, con intereses y programas productivos y de organización no coincidentes con los intereses demostrados por miembros de las etnias nativas. Este hecho se da, por ejemplo, en Cataluña, donde las empresas del Estado, al instalarse en dicha región traen consigo sus equipos humanos desde Madrid o de otros lugares constituidos en matriz de estos negocios. En tal circunstancia, la inversión y los cuadros dirigentes tendrán su origen en regiones diferentes. Así ocurre con grandes almacenes, bancos y empresas del Estado.

Lo que aparece de modo relevante es que el *status* económico de los individuos que viven en sociedades complejas o avanzadas no es una función primaria de su etnicidad específica, sino de su capacidad relativa para dominar el proceso social de la producción. Sin embargo, en una primera experiencia de dicho proceso los nativos de dichas sociedades tienden a ser, estadísticamente, un grupo social predominante en el seno de la estructura social. En contrapartida, en las sociedades donde la demanda de dirigentes económicos y de cuadros técnicos es superior a la oferta interna o indígena, es, en cambio, muy probable que las proporciones de extranjeros en sus capas superiores sea muy elevada, a diferencia de los nativos, hasta el extremo de que es difícil encontrar fuerza de trabajo extranjera situada en los gradientes inferiores del *status*.

Este último es todavía el caso en México, donde generalmente los obreros y las clases medias son nativas, mientras que los europeos y la mayor parte de sus descendientes ocupan las posiciones de *status* comparativamente más elevadas que los nativos. Es evidente, por añadidura, que estas relaciones se están modificando como consecuencia de la expansión continua del sistema económico nacional y del mismo sistema educacional que proporciona cuadros técnicos a la industria y a los diferentes sectores económicos. Y es también evidente que la aparición de una clase política económicamente dotada por el uso continuo del poder y de sus resortes de dominación en las estrategias económicas, ha significado la aparición de nuevos grupos capitalistas que, junto con los extranjeros, detentan el poder económico en una especie de sistema de alianza con los cuadros dirigentes de la burguesía nacional, en este caso sirviendo de intermediaria entre los intereses nacionales y los extranjeros.

Por ello, entonces, si las etnias extranjeras que trabajan en los países europeos económicamente más avanzados ocupan en éstos posiciones de *status* muy bajas, en aquellos otros países, de los que México es un ejemplo, los extranjeros tienen una posición de *status* elevada que incluye, habitualmente, una capacidad de reproducción social dentro de la misma clase, proporcionalmente superior a la de los mismos mexicanos de origen.

Esta situación se repite en todos los países de raíz colonial basados en diferencias raciales de origen, como Iberoamérica, Norteamérica, Sudáfrica, Oceanía y países asiáticos donde los europeos crearon una rígida estratificación a partir de la conquista de estos territorios y de la dominación social, económica y política sobre sus nativos. Esta dominación se manifestó a partir de diferencias de *status* racial, de manera que en el transcurso del tiempo la imagen de las diferencias raciales fue también una marca distintiva para ser o no miembro de una clase social. Ser indio, negro o asiático era estar estigmatizado, y por lo mismo que significaba formar parte de un *status* de subordinación social, significaba también estar racialmente diferenciado dentro de la estructura social global.

Con el tiempo, el mestizaje y los procesos políticos revolucionarios han modificado el contexto estructural: han aparecido las situaciones étnicas, pues en base a la misma independencia política, los grupos raciales nativos y los mismos mestizos han emergido como clases políticas dirigentes (*cf.* Esteva, 1961, pp. 51 y ss.), y en tales contextos han sustituido muchas veces la terminología racial anterior por otra propiamente étnica o cultural. Y así, por ejemplo, en vez de llamarse indios, criollos o mestizos, se llaman peruanos, mexicanos o paraguayos. En ciertos casos la terminología racial continúa usándose como parte de una consciencia sedimentada, pero crece la tendencia a otorgar el predominio a la etnicidad sobre la racialidad.

La estructura social en tales casos aparece proporcionalmente dominada por los grupos étnicos y raciales que ejercían el poder político y económico en el pasado colonial. Sin embargo, a partir del ascenso político de los nativos, muchos de éstos ocupan también un estrato social superior. En este sentido se producen dos sistemas paralelos de *status* racial y étnico: el de los antiguos grupos coloniales y sus descendientes y el de las nuevas clases nativas, al mismo tiempo que el sistema global tiende a unificarse en un mismo proceso, el nacional, y establece condiciones de mayor dinamicidad para el mestizaje y la igualación racial.

En todo caso, lo cierto es que cuando un pasado colonial se ha fundado en la existencia de diferencias raciales, éstas han sido una fuente de diferencias de clase. En cambio, cuando dicho pasado colonial se ha manifestado entre grupos de la misma estirpe racial, entonces el sistema ha mantenido una fuerte tendencia a etnificarse. Tanto en uno como en otro casos, las diferencias raciales y étnicas han sido también diferencias culturales y cada grupo ha mantenido su identidad no sólo por medio de la diferenciación social, sino también por el diferente estilo de su forma de vida y de su conciencia de ésta en términos de personalidad.

Por el contrario, en las sociedades europeas la movilidad social tiende a destruir toda estratificación social basada en la etnicidad, a pesar de lo cual ésta no queda borrada de la estructura social precisamente por el hecho de la existencia de diferencias económicas entre los diversos grupos étnicos dentro del mismo proceso social. Mientras éstas existen, la segmentación social presenta visos de segmentación etnificada. Es una clase de estratificación en que los conflictos de clase también pueden ser a veces conflictos interétnicos, especialmente cuando los miembros de cada grupo étnico mantienen su identidad y cuando, además, se resisten a ser absorbidos étnicamente por otro. Ésta es una causa potencial de enfrentamiento interétnico y se convierte en una fuente de tensiones interpersonales. En este sentido, que la estructura productiva esté abierta y que el mercado de trabajo no imponga condiciones de pertenencia a determinada etnicidad para desempeñar funciones económicas, no significa, con todo, que no se manifiesten situaciones en que la etnicidad sea, a la vez, causa y efecto de diferencias sociales.

Es evidente, en estos ejemplos, que la segmentación social de la etnicidad corresponde a una situación más dinámica y cambiable que aquella otra en que una situación de igualdad de clase entre diferentes etnias dentro de una misma sociedad deja de constituir un incentivo para cambiar de etnicidad (*cf.* Van den Berghe, 1975, p. 78) precisamente porque no se advierten por parte del individuo ventajas de *status* en el caso de pasar de una etnicidad a otra. En cambio, y como señala este autor *(ibid.)*, estas ventajas se aprecian cuando el individuo observa que un paso de su etnicidad de origen a otra puede implicar mejor *status* que el suyo anterior, especialmente cuando tiene consciencia de que un cambio de esta naturaleza le permitirá identificarse o aproximarse al *status* del grupo dominante o de prestigio. Este hecho puede darse en casos en que la diferencia étnica no se presenta como una barrera social en sí, sino como una categoría de identidad que al manifestarse puede tanto describir la clase social como ignorarla. La definición de clase tendrá que ver con la etnia cuando la estratificación social se mantenga establecida en función de la etnicidad.

La segmentación étnica puede estar, pues, institucionalizada como producto de una actitud que se contempla dentro de expectativas propiamente discriminatorias, lo cual es un indicio de dominación social basada en antecedentes de conquista colonial. La estratificación social en función de categorías raciales puede extenderse, por lo tanto, al *status* étnico, y así los sistemas sociales de clase tienden a tener un carácter histórico especial cuya dialéctica es, en su curso histórico, tanto expresión de lucha por los recursos de un territorio, como expresión de una lucha que, una vez entablada, se convierte en una lucha étnica y de clases. La simultaneidad de esta dialéctica supone que mientras la fusión étnica hace desaparecer, en correspondencia, el conflicto interétnico, la lucha de clases puede ser también una lucha interétnica precisamente cuando los recursos de un territorio están dominados por una clase que, además, está étnicamente diferenciada de las demás.

A este problema y en relación con Iberoamérica me he referido en otro lugar (*cf.* Esteva, 1964 y 1965) al destacar que al estabilizarse el dominio español sobre los indígenas americanos quedaron sedimentadas las estructuras sociales de tal manera que, mientras los blancos, europeos y criollos formaban un grupo de *status* superior al de los mestizos, negros, indios y mulatos, al mismo tiempo en el interior de cada uno de estos grupos raciales se reproducía con el tiempo un sistema de clases paralelo al existente en el sistema maestro o español. La única diferencia es que entre los blancos se daba una aristocracia de sangre (a veces, muy pocas, entroncada con linajes reales indígenas), mientras que en los demás grupos raciales esta condición desaparecía o no existían condiciones para que se constituyera.

Se trata de un desarrollo histórico que se manifiesta relacionado con el colonialismo entre razas diferentes. Entre razas iguales adquiere otra significación, pues en tal caso el factor étnico toma el lugar del factor racial, de manera que la segmentación étnica puede ser equivalente a una segmentación social. Si el grupo étnico sometido adopta la etnicidad del grupo étnico dominante, entonces la segmentación étnica desaparece y se refuerza, en cambio, la segmentación social o de clase derivada de las relaciones de producción diferenciadas. Empero, es también cierto que nunca es total la adopción de otra etnicidad, pues siempre existen grupos de la etnicidad dominada que reaparecen o que resisten las tendencias asimiladoras del vencedor, sobre todo en el caso de las etnias que tenían una cultura evolutivamente semejante a la de sus dominadores políticos en el momento de ser conquistadas por éstos.

En tales circunstancias la etnia sometida sigue en muchos aspectos el proceso cultural de la etnia o del poder dominantes conservando al mismo tiempo otras peculiaridades: idioma y costumbres. En tal extremo, la diferenciación social de *status* es étnica o económica, según sea el contexto descriptivo a que hayamos acudido. Étnica en el caso de que comparemos identidades y adscripciones culturales específicas; de clase en el caso de que nos refiramos al *status* que resulta de las relaciones de producción entre individuos con independencia de su etnicidad.

En esta perspectiva los contrastes mayores se dan en sociedades de rango cultural muy diferenciado, como cuando hablamos de grupos primitivos que viven en sociedades organizadas y controladas por potencias occidentales o industriales. En estos ejemplos la segmentación es tanto racial como de clase y hasta en ciertos casos, mientras el grupo o grupos primitivos mantienen su estructura socio-cultural, el sistema de segmentación es básicamente un sistema de diferenciación en que mientras el grupo racial dominante tiene su propio sistema interno de clases, el grupo primitivo, al poseer una estructura tribal, apenas lo ha desarrollado. Así, la relación de éste con el grupo dominante le convierte en grupo social que respecto del grupo dominante es, a la vez, una clase productora subordinada y una raza también sometida. Es un aspecto del proceso histórico que sigue al dominio de un poder colonial sobre una población primitiva.

Cuando dicho poder se rompe y es sustituido por el poder de los grupos raciales antes dominados, ocurre a menudo que la segmentación racial como sistema de diferenciación social entra en crisis, pues aparecen entonces tendencias en el sentido de que los dirigentes del grupo racial antes sometido tienden a trastocar el sistema colonial convirtiéndolo en un sistema donde alternan la clase social, la etnia y la raza. Esto es, si los poderes coloniales se han establecido sobre conjuntos tribales diversos, al obtenerse la independencia del territorio y al no haber desaparecido las diferentes etnicidades nativas, éstas reaparecen en la escena del nuevo Estado y, como en África, unos grupos étnicos asumen la dirección sobre otros al reivindicar derechos y méritos en función de su mayor contribución a dicha independencia.

En tal extremo, el nuevo sistema puede estar étnicamente segmentado al mismo tiempo que asume un proceso económico de diferenciación en clases sociales. Algunos de los miembros del antiguo poder colonial pueden reaparecer ahora más como élite que como poder político, como poder económico, y en tal caso tienden a establecer alianzas con las nuevas élites o el nuevo poder nativos. Así, la segmentación étnica introducida por éstas tiende a eliminar la segmentación racial anterior, pero en el nuevo proceso histórico esta segmentación es paralela con otra de clase, precisamente porque el proceso, con la creación política de un Estado, tiende a ser semejante al de los Estados poliétnicos conocidos.

Mientras tanto, existen consciencias tribales, étnicas, cuyo desarrollo y afirmación —por separado de las que emergen con el nuevo Estado— están en función de hasta qué punto este Estado favorece o estorba el etnicismo de las etnias que mantienen su identidad al margen de la etnicidad nacional que asume el Estado. Si reconocemos en este último una fuerza poderosa de promoción del nacionalismo, es también evidente que de él saldrán las acciones tendentes a impulsar la existencia de una nueva consciencia nacional, la del mismo Estado. Esto es: el nuevo Estado tiende a producir una consciencia nacional y procura destruir o debilitar, según si el marco político es democrático o autoritario, las consciencias étnicas en el seno de su propio grupo racial antes unido contra el grupo racial dominante, precisamente porque el mantenimiento de dichas consciencias supone una manifestación de unidad precaria del Estado.

ETNICIDAD Y CLASE SOCIAL

En las sociedades complejas, estratificadas en clases sociales, la etnia no es necesariamente equivalente a una organización social, como tampoco lo es una clase social. La organización social de una clase no es la clase en sí, sino el sindicato. Por añadidura, organización social puede serlo la familia o la empresa, y mientras en la primera se socializa al individuo y se forma la etnicidad, en la segunda se constituye la clase social. Así, una clase social sólo constituye una organización social cuando sus integrantes, por el hecho primario de sus relaciones de producción, están asociados en organizaciones sindicales por ramas de actividad productiva donde la defensa de sus intereses como grupo permanece homogéneamente reunida y reproducida.

Etnia y clase social no son de por sí conceptos descriptivos de contenidos culturales; en realidad, son categorías clasificatorias que remiten, una a la identidad histórica y otra a la identidad económica. Si bien no se excluyen una a la otra y a pesar de ser componentes de toda sociedad avanzada, etnia y clase son elementos de identificación que pertenecen a planos diferentes de la identidad individual.

En cada caso específico la identidad étnica es un elemento de filiación social y de identidad personal históricamente más antiguo que el de clase, ya que éste aparece relacionado con la aparición de sociedades en las que las relaciones de producción se han articulado a partir de la formación política del Estado o de diferencias sociales basadas en la apropiación desigual de los recursos de subsistencia por parte de unos individuos respecto de otros y en la diferenciación social del trabajo con independencia de los factores de la edad y del sexo.

De este modo, si la categoría de etnicidad como consciencia es históricamente anterior a la de clase, y si el hombre se ha definido antes por su grupo étnico que por su grupo de clase, y si es evidente que ambas son categorías de filiación por medio de las cuales el hombre sigue identificándose, también es cierto que mientras en el caso de la etnia se engloba un concepto de sistema cultural total, en el caso de la clase como grupo los miembros de ésta se engloban en el concepto de una cultura parcial, esto es, de una cultura que se comunica para su integración dinámica con las demás partes de que se compone.

En realidad, pues, al prefigurar a la etnia como conjunto social que en unos casos (sociedades primitivas) es culturalmente uniforme y en otros (sociedades complejas) es culturalmente heterogéneo, lo que hacemos es representar un tipo de realidad histórica que el individuo usa indistintamente y con independencia de su clase social. El uso y consciencia de cada identidad, la étnica y la de clase, es una cuestión de contexto social; esto es, el empleo de una o de otra constituye un acto de afirmación o de identidad del ego y es parte de la receptividad relativa del individuo en función de su modo de ser y de su modo de estar en el mundo.

La distinción entre etnia y clase social es, así, una distinción por medio de la cual se clasifican entidades diferentes de la realidad social y de las relaciones sociales.

En estos términos, las sociedades complejas reúnen en una misma identidad étnica a diferentes clases sociales, mientras que una misma clase social reúne a diferentes identidades étnicas. El fenómeno de la etnicidad es, así, independiente del fenómeno de la clase social. Ninguno de éstos requiere del otro, pero en una sociedad compleja ambos son aspectos de una misma realidad total. Mientras el primero se constituye a partir de diferencias histórico-culturales basadas en la filiación, el segundo se constituye a partir de diferencias económicas basadas en la desigualdad social de los recursos empleados por unos individuos respecto de otros.

El *status* étnico representa, pues, una categoría cultural dependiente de la identidad y de la relación social de dicha identidad considerada en términos de relaciones de producción y de disposición relativa de los recursos. A partir de ello se desarrollan situaciones sociales de *status* en las que unas personas obtienen sobre otras ventajas sociales que incluyen autoridad, dominación, superioridad, prestigio y poder, tanto como comportamientos desiguales en materia de etiqueta, consumos y gustos, por lo menos en términos más cuantitativos que cualitativos.

El hecho de que las diferencias conceptuales entre etnia y clase supongan, asimismo, situaciones históricas también diferentes de cada una de estas categorías en el contexto de los procesos sociales de una sociedad, no significa, con todo, que cada categoría no esté dinámicamente relacionada con la otra en el curso del proceso o actividad del sistema social. O sea, si consideramos que en el seno de una determinada clase social puede prevalecer cierto grupo étnico sobre otro, o si consideramos la existencia de sociedades estratificadas en las que cada clase social representa estar formada por individuos exclusivos de grupos étnicos, también podemos admitir correspondencias entre etnia y clase en determinadas condiciones de estructura histórica de una sociedad. En cierto modo, la India puede estar en esta situación; una situación en la que una casta tiene el carácter de una etnia al mismo tiempo que asume un *status* de clase.

Si resulta evidente, por otra parte, que la etnicidad es un supuesto de la filiación personal, no lo es menos que puede incluir actitudes de distanciación social respecto de individuos incluso de la misma clase. Esto ocurre cuando dos individuos son de diferente cultura y les resulta difícil comunicarse o se sienten incómodos estando juntos. Esto es lo que da a entender Kluckhohn (1949, p. 180) cuando dice que dos personas del mismo oficio pero de culturas diferentes pueden entender lo que hacen, a pesar de lo cual no pueden comunicarse. En tal sentido, si cada clase social posee su propia jerga y si cada cultura tiene su propio lenguaje, las reacciones y comportamientos de los individuos en función de la identidad étnica son del tipo que se experimenta entre personas de la misma identidad étnica en un país extranjero cuando exclaman en el curso de un encuentro: «¡Mira, es de los nuestros! ¿No observas cómo se comporta y cómo habla?»

El reflejo de esta clase de situaciones se da en la consciencia de cada persona bajo la forma, pues, de una identidad en la que ser de la misma etnia no supone necesariamente recibir solidaridad cuando el contexto de los intereses productivos adquiere primacía y coloca a dos individuos en diferentes clases sociales; pero lo mismo es cierto en el caso de ser una persona de la misma clase social que otra: en este sentido, serlo no significa necesariamente recibir solidaridad cuando el contexto de la relación remite a comunicaciones y a intercambios sociales referidos a una compenetración interpersonal que vendrá dada por una misma socialización básica, esto es, por un patrón de cultura común. De no ser esto así, la solidaridad no se dará con la facilidad con que emana de una personalidad o *ethos* semejantes. Desde esta perspectiva, el lenguaje puede ser un marcador de diferencias que al ir más allá de las relaciones de producción implica también cuál será la capacidad específica de un individuo para sentirse igual a otro dentro de una misma clase social. En tal sentido, si un individuo puede sentirse incómodo ante otros por el hecho de su diferente clase social, también puede ocurrirle igual por el hecho de manifestarse entre ellos una etnicidad diferente.

Asimismo, la exhibición de estas diferencias puede suponer militancias políticas distintas que incluyen hasta el enfrentamiento. En tal extremo, la militancia específica supondrá una consciencia étnica diferenciada. Y puede, además, ser común la realidad de cierto carácter, esto es, mantenerse constituido por una consciencia étnica y por una consciencia de clase, en cuyo caso el uso de ambas remite a situaciones cuya expresión corresponde a los niveles de la comparación entre individuos por los contenidos culturales de su personalidad, en el caso étnico, y por el *status* derivado de las relaciones de producción, en el caso de la clase.

Por ello, no es necesariamente intercambiable la forma de vida de una etnia con la forma de vida de una clase. Así, la existencia de segmentaciones sociales basadas en las relaciones de producción y en el poder relativo de disposición social sobre los recursos no supone la necesariedad de una segmentación étnica ni tampoco la niega. Esto último es una cuestión del proceso histórico en el sentido de hasta qué punto éste ha determinado o no relativamente una estratificación social basada simultáneamente en la pertenencia a una etnia y, por ende, en la creación o mantenimiento de una clase en función de la existencia de una etnia superiormente colocada en el contexto relativo del sistema de *status*.

Desde luego, en las sociedades modernas existen constantes cruces o interferencias entre etnias y clases, y en cada caso estas interferencias corresponden a formas de ser culturales que proporcionan al individuo pautas de comportamiento que difieren de las que se dan dentro del sistema de roles estrictamente referidos a la producción económica. De esta manera, si en una fábrica dos o más obreros son étnicamente diferentes, están al mismo tiempo organizados sindicalmente y defienden intereses semejantes frente al empresario, a pesar de ello parte de su comportamiento puede ser también diferente, como lo serán sus respectivas identidades históricas.

Así pues, la actuación social de los individuos según su etnicidad puede ser distinta según los referentes de su estructura de personalidad, particularmente en los contextos del *ethos*, del lenguaje y de su semántica y del folklore como manifestaciones de su modo ser y como expresión de una específica identidad étnica.

Las consideraciones hechas sobre la simetría relativa del proceso social de una comunidad humana moderna en términos de etnias y clases sociales han puesto en evidencia otro hecho importante: que la existencia de cada una de estas categorías en el seno de una sociedad es distinta y a la vez complementaria, según los casos, mientras que en ciertos contextos coinciden en ser alternativas de identidad que acompañan a la misma persona.

Cualquiera que sea la perspectiva que adoptemos, la etnicidad de cada individuo y la clase social a que pueda pertenecer son asuntos, respectivamente, de identidad y de estructura social; y mientras en el primer caso el individuo es identificado por su comportamiento global o de *ethos*, en el segundo lo es por el estrato social que ocupa dentro de la estratificación simbólica representada por su actividad económica. Empero, en cada caso se trata de formas de realidad social que el individuo traduce en formas de consciencia referidas a su identidad. Se entiende, por eso, que así como existe una realidad de cultura o modo de ser del grupo propio identificable por el individuo, existe también una realidad de producción que dentro de una misma sociedad separa a unos individuos de otros en función de los intereses, bienes y capacidad de poder diferentes derivados de la actividad económica. Son formas de consciencia que pueden designarse como consciencia étnica y consciencia de clase, términos que trataremos de describir en las siguientes páginas.

CONSCIENCIA ÉTNICA

La consciencia étnica está dada por una primera identificación de identidad, que es cultural. Esto es, en España puede representarse por la identidad de ser, por ejemplo, andaluz, catalán o vasco. Esta identidad, al ser manifestada por el propio individuo, es una declaración de etnicidad y al mismo tiempo refleja una consciencia étnica. Como tal, esta consciencia étnica supone conocimiento sobre la realidad de un modo de vivir que, en la idea personal de cada individuo considerado étnicamente, suele expresarse mediante afirmaciones que pueden comenzar con un «Nosotros los andaluces», o «Yo soy castellano», cuyos contextos aluden a un modo de ser colectivo y a una identificación personal con el mismo. Toda consciencia étnica supone, pues, una cultura de apoyo y se expresa habitualmente, además de por la identificación con un grupo cultural, por el lenguaje, en cuyo caso éste es una particularidad de la percepción y organización de la realidad de la consciencia.

En cada contexto social la consciencia étnica se ocupa de asegurar al individuo la identidad que le hace considerarse miembro de una comunidad cultural, y ésta la comparte con otros individuos con independencia de su clase social, esto es, con independencia de su *status* personal en relación con la división del trabajo.

La consciencia étnica no es en sí rivalizadora, pero del mismo modo que toda clase social es un producto de la división social del trabajo y una resultante, asimismo, de la competencia y la desigualdad sociales (*cf.* Marx y Engels, 1970, p. 33), las ideas derivadas también forman sistemas de contradicción y de conflicto de clases; según las etnias en relación, se hacen interdependientes por el intercambio comercial, por la guerra o por la obra misionera, se consideran desiguales en su desarrollo y evolución, y mientras entran en competencias étnicas o nacionales, transmiten a los miembros de su etnicidad o de su nacionalidad la consciencia de distintividad y la idea de que ésta debe suprimirse o mantenerse según la posición que cada etnia sostenga como conjunto en su comparación con otra.

En realidad, toda consciencia étnica es, por lo mismo, un aspecto de la consciencia social del individuo; y cuando se expresa en el marco de una relación de contraste étnico puede suponer actitudes de solidaridad intraétnica. Dicha solidaridad adopta un carácter militante o se convierte en antagonismo contra otra etnicidad cuando el individuo encuentra su realización social obstaculizada o restringida por el hecho de ser étnicamente distinto a otros. En tal caso, lo que aparece en esta actitud es una susceptibilidad étnica apoyada en la consciencia de una situación social adscrita a un *status* étnico.

Por otra parte, que una etnia se considere en su relación con otra u otras en condiciones de inferioridad social o discriminada, o que se considere históricamente agredida u obstaculizada por otra, es parte de la experiencia de realidad que hace posible que la consciencia étnica aparezca vinculada al mismo carácter nacional, entendiendo que dicho carácter es un concepto indicativo de posesión por parte del individuo de ciertas cualidades y caracteres que se consideran propios de la comunidad nacional o étnica de que es originario y en la que se ha socializado, en el sentido de haber adquirido, por este medio, las formas de una cultura, y con ésta, una realidad material, social e ideológica; en definitiva, una consciencia a la manera de la expuesta por Marx y Engels (*ibid.*, pp. 28 y ss.) y como fuera posteriormente ampliada por Malinowski (1948) y por White (1949).

Tanto Malinowski desde su punto de partida en el estudio de las necesidades primarias y de las instituciones derivadas, como White con su teoría culturalista de los tres niveles —económico, social e ideológico— de la realidad humana, han tomado a la teoría marxiano-engeliana como exponente del único modo dinámico de considerar la formación de la consciencia humana. En este caso, la formación de la consciencia es un fenómeno de proceso cultural en situaciones sociales específicas, y aparte de ser una cualidad profundamente personal, su carácter concreto es cultural e histórico; es decir, simultanea ambos niveles como proceso y producto. En este sentido, si la consciencia es un producto social de la cultura, la consciencia étnica es un producto de la consciencia social de cada cultura. En tal contexto, la consciencia étnica tiene como protagonistas a los individuos que se han socializado en la experiencia de una cultura específica. Si en términos de Marx y Engels (*cf. ibid.*, pp. 26-27) la vida real del individuo constituye la base de su consciencia social, entonces las variaciones culturales de esta vida real tendrán que producir variables de consciencia relativas a dicha vida real. Éste es el caso en las sociedades poliétnicas si nos aplicamos a explicar el carácter de la homogeneidad relativa de la consciencia de clase.

CONSCIENCIA DE CLASE

Si partimos del supuesto marxiano de que una clase social es equivalente a grupos de familias que viven «bajo condiciones económicas de existencia semejantes» (Marx, 1968, p. 145), y si añadimos otro supuesto también marxiano, el de que toda clase social equivale a un sistema de condiciones ambientales según las cuales la pertenencia a una clase implica participar de intereses y de formas de vida hostiles a los de otras clases, entonces el concepto marxiano de clase configura la existencia de un mundo cultural homogéneo para cada clase. El problema a que nos enfrentamos en esta definición es hasta qué punto la misma es suficiente para un antropólogo moderno. Una primera obligación consiste en decidir si esta medida marxiana que hace equivalentes clase social y homogeneidad cultural es correcta a la luz de los datos comparados.

Parsons (1965, p. 172) especifica más este concepto al definir como clase social a un grupo de unidades de parientes que ocupan un mismo nivel dentro del sistema de estratificación social. Este nivel puede ser equivalente a un grupo étnico cuando el sistema social está organizado en castas. En sociedades abiertas o que suponen la movilidad social, ambas identidades se cruzan dentro del sistema.[2] Por añadidura, al tratarse de una sociedad estratificada y organizada conforme a principios de movilidad social, esta organización no se basa en la adscripción a un grupo étnico, sino en la posesión de cualidades relacionadas con la eficiencia relativa demostrada en la ejecución de la actividad social en el seno de la estructura económica.

En el caso de las sociedades poliétnicas y pluriculturales, esta correspondencia entre clase y cultura, tal como es postulada por Marx, no sería, entonces, absoluta, pues hay sociedades, las poliétnicas, en las que dentro de una misma clase social podemos observar varias culturas parciales. Por ejemplo, en algunos países europeos occidentales, la clase obrera está formada, además de por los nativos, por turcos, españoles, italianos, portugueses, griegos, yugoslavos, argelinos y otros, lo cual significa que, mientras sus respectivas relaciones de producción se manifiestan dentro del mismo nivel, y hasta mantienen relaciones comunes frente a sus empleadores o clases dominantes con ocasión de conflictos, en cambio, entre sí los miembros de esta clase obrera estarían mucho más solidarizados por sus culturas de origen que por sus relaciones de producción.

Por esta razón, si afirmamos la existencia de realidades culturales diferentes —lenguaje, folklore, identidad histórica y consciencia de etnicidad—, y si como afirman Marx y Engels (*ibid.*, p. 31), el lenguaje es una expresión de la consciencia real, de la «consciencia práctica» para el intercambio social, entonces en sociedades pluriculturales con gran circulación étnica la existencia de una clase no es necesariamente equivalente a una cultura.

Lo que aquí destacaríamos es que si las relaciones de producción constituyen la base de la existencia de una clase social, una precisión más consistente del concepto nos llevaría

2. Éste es el caso de las sociedades europeas occidentales y, concretamente, de Cataluña, sociedad poliétnica.

a la idea expuesta por Max Weber (1944, vol. IV, p. 67) en el sentido de que una clase social se localiza en el «orden económico», lo cual significa que mientras este orden económico no suponga homogeneidad étnica, no habrá tampoco clase social homogénea en sus formas de vida, excepto en sus relaciones de producción.

De este modo, en la medida en que existen circulación étnica y tradiciones históricas diferentes para las etnias, existirán también, por lo menos, porciones culturales diferentes en la experiencia de los individuos miembros de la misma clase social. Estas porciones culturales pueden ser altamente significativas para los grupos étnicos que las sustentan; esto es, aparte de remitir al lenguaje, pueden significar diferencias en niveles políticos, religiosos y de estructura de personalidad básica. Dada una situación de movilidad étnica en el seno de una misma organización económica, cabe postular, pues, la heterogeneidad cultural mientras dicha organización no permanezca étnicamente cerrada o mientras no sea exclusiva de una sola etnicidad.

Si la estructura social es poliétnica y el acceso a los puestos de trabajo no está reglamentado en términos de unicidad étnica, entonces cabe esperar que la organización económica produzca sólo una cultura de clase cuando permanece cerrada a la entrada de etnias diferentes a las del sistema social anfitrión. Habría que añadir, pues, que cuando un sistema está étnicamente abierto y recibe grandes contingentes de individuos étnicamente diferentes, mientras dura esta circulación la clase social económicamente más abierta es la clase social culturalmente más abierta. En este sentido, si la clase obrera en los países occidentales y en los que experimentan procesos de desarrollo económico que no pueden cubrir los nativos, está formada por individuos étnicamente diversificados, como los que hemos mencionado, entonces ya no podremos afirmar el supuesto de que una clase es igual a una cultura, sino que más bien deberemos reconocer que una clase es igual a relaciones de producción semejantes, pero no es necesariamente igual a producción cultural semejante.

De este modo, para que una clase social sea culturalmente homogénea, es necesario suprimir la circulación étnica y hacer a tal sociedad uniétnica, socialmente estratificada y sin movilidad social. Al mismo tiempo, para que una clase sea culturalmente homogénea es necesario convertirla en un grupo culturalmente cerrado provisto de sus propias costumbres y de contenidos de comportamiento diferentes de los que siguen otras clases. Será indispensable, pues, que la clase social se reproduzca socialmente a sí misma en sus miembros y que sea históricamente autosuficiente. En tales términos, para que una clase social sea culturalmente homogénea es indispensable que sus generaciones se reproduzcan en la misma situación de clase y en los mismos intercambios, intereses y tradiciones.

Es indispensable que se reproduzcan las mismas causas para que se aseguren los mismos efectos de homogeneidad adaptativa. De otro modo, el orden económico no será tampoco una condición única para esta homologación cultural si está socialmente abierto. Por lo tanto, nunca estará definidamente configurada la cultura de la clase social de una sociedad mientras su organización económica tenga fluidez tecnológica y mientras ésta suponga nuevas necesidades de movilidad funcional adaptativa. Lo que en cada caso quedará como distintivo de clase serán más los intereses económicos que los caracteres de sus contenidos culturales. Postulamos, pues, que todo sistema económico abierto a la concurrencia de diferentes etnicidades es un sistema económico cuyas clases sociales no son necesariamente iguales en términos de las culturas individuales de sus miembros. Las fuentes en que se sustenta el *ethos* o personalidad del individuo son más complejas y suelen nutrirse de sistemas de comunicación y de información sociales más amplios y que remiten a la sociedad global.

La consciencia de clase podrá ser, sin embargo, una consciencia específicamente referida a las relaciones de producción, pero el grupo social o clase que figura en el sistema social como una clase diferente a otras, no constituye por esta sola relación una comunidad de proceso étnica ni culturalmente, pues la totalidad de su experiencia social no está determinada unicausalmente: el proceso y la estructura socio-culturales incluyen a todas las clases sociales. Lo que más bien ocurrirá es que cada clase social tendrá una situación de clase mientras se mantengan «condiciones determinadas por el mercado de trabajo» (*cf.* Max Weber, *ibid.*, p. 55). Así, en el contexto de una *situación* registramos intereses productivos de clase, económicos, pero no necesariamente intereses basados en la etnicidad o en componentes culturales de ésta.

Si estos componentes varían, entonces variarán las causas que configuran una estructura de personalidad, y aunque se mantengan estables las relaciones de producción y su estructura correspondiente, la consciencia de clase presentará variables de comportamiento individual referidas al ego no económico. Los componentes no económicos —lenguaje, costumbres, tradición, socialización y consciencia histórica, así como simbolismos, arquitectura y estética, dietas y otros caracteres— del ego pueden ser, en ciertos casos, causa de fenómenos ideológicos contradictorios de la consciencia de clase, como cuando grupos de obreros étnicamente diferenciados se enfrentan entre sí y se consideran rivales étnicos.

En otro sentido, contribuyen al desarrollo de una consciencia de clase los intereses de una clase respecto de otras dentro de la estructura global de una sociedad, y entonces resulta cierto también que, en el caso de la clase obrera, su consciencia de clase aparece vinculada a la idea de estar explotada por la clase dominante o poseedora de los medios de capital y de la capacidad relativa de decisión sobre los recursos económicos, mientras que la consciencia de clase de la clase dominante aparece ligada a la consciencia de que sus intereses se oponen o se diferencian de los representados por las clases que le están subordinadas. Éstos serían «puntos de partida para una consciencia de clase» (Reich, 1974, p. 117). Sin embargo, dicha consciencia se ve grandemente distorsionada cuando el individuo aparece identificado con ideas relativas al deseo de progresar dentro de una empresa y de asegurar en ella su porvenir sobre la base de ponerse al servicio de la empresa (*cf*. Reich, *ibid.*, p. 18). Esta consciencia de clase no se desarrolla, pues, mientras el individuo se identifica con una propensión masoquista a considerarse humilde por antonomasia y a explicar su situación como propia de su destino natural.

No obstante, en la medida en que no identificamos consciencia de clase con militancia política revolucionaria, cabe también considerar como consciencia de clase toda forma de consciencia que resulta de una situación estable de clase, esto es, basada en relaciones de producción estables, de manera que si Reich (*ibid.*, pp. 97-98) entiende como consciencia de clase (obrera) toda actividad que se oponga a la continuidad del sistema burgués o capitalista, una condición para que exista y se desarrolle dicha consciencia es que se dé el *a priori* de la situación y de las relaciones de clase.

Reich (*ibid.*, p. 100) ha hecho patente la importancia del componente tradicional, que en este caso podríamos asimilar

7.

al cultural, cuando indica que toda «vinculación a los padres» constituye un factor inhibidor en lo que se refiere a la formación de una positiva consciencia de clase, con lo cual resulta que ser proletario o trabajar en una fábrica no es constituyente suficiente para poseer una consciencia de clase (*ibid.*, pp. 113-114). Aquí cabe destacar, empero, que la consciencia de clase sólo puede darse respecto de un modo de vivir social y culturalmente diferenciado. Un partido de clase es, por lo tanto, una función política de la lucha de clases pura o absoluta que tiende a disolverse en su misma estructura, pues cuando está abierto a la militancia de todos cuantos se adhieren a sus fines, puede recibir en su seno individuos de clases diferentes, y en este sentido puede dejar de ser una estructura constituida por individuos de la misma clase. Según eso, el único modo de agrupar a una clase es por sus intereses económicos y, por lo mismo, por sus relaciones de producción; y, por ende, por su *status* dentro de la estructura social, lo cual significa que la única asociación que recoge en su sentido puro este principio es el sindicato y no el partido.

En todo caso, el punto de partida es el *status* que el individuo tiene «en el proceso de producción» (Lukács, 1969, p. 49), esto es, relaciones que hacen referencia al modo en que el individuo se considera y es considerado en términos de trabajador a capitalista o de arrendatario a propietario. Al considerarse así, el individuo adquiere su consciencia de clase, y puesto que ésta tiene su determinación dinámica en la especificidad de tales relaciones, sólo puede expresarse por medio de dichas relaciones. No es, pues, en función de que se sienta humilde o de que quiera progresar en la empresa, que se puede o no tener consciencia de clase. Para tenerla basta con que remita su consciencia a la posición que ocupa en su sociedad en términos de su papel social dentro de las relaciones de producción. Por ello, ser o no ser revolucionario no es equivalente a ser obrero, sino desear invertir el orden de la consciencia social existente o dominante.

Tener consciencia de clase (obrera) no es necesariamente equivalente a ser revolucionario, aunque para una política revolucionaria se necesita estar identificado con un grupo revolucionario y apoyarse en los que más tienen que ganar con el cambio estructural de la sociedad, en este caso, los trabajadores en una sociedad capitalista. Esto último es cuestión de ideología y de consciencia del todo social; esto es, supone tener consciencia de la forma cultural de una sociedad, más que de la posición específica o del rol-*status* del individuo dentro de una sociedad. Así, cuando concebimos la consciencia de clase como una organización mental —ideología— y psicológica —sentimientos, actitudes y estados psíquicos— de conocimiento y sentido de la realidad, no establecemos con ello, como hace Reich, la necesariedad de la identificación del individuo con un comportamiento revolucionario. Esto último es parte de la «función histórico-práctica» del individuo en términos de su consciencia de clase; es una acción de la consciencia total, pero está históricamente determinada por la existencia de una consciencia de clase (*cf.* Lukács, *ibid.*, p. 55). Entonces, para que sea una consciencia totalmente de clase, es indispensable que se presente también como *inconsciencia*, de modo que para ser una consciencia total es indispensable que se manifieste en todos los niveles de la vida individual hasta ser, en este sentido, una vivencia total que ocupe todo el espacio mental, esto es, tanto el nivel de la conciencia como el nivel de la inconsciencia. Como dice Lukács (*ibid.*, pp. 55-56), esto significa que una verdadera consciencia de clase debe reflejarse en la estructura mental del individuo como una determinación establecida desde la estructura económica objetiva. Por ello, una verdadera consciencia de clase requiere una existencia total de clase, con lo cual toda clase social viene a representarse como una consciencia del desarrollo histórico alcanzado por la organización social de la vida económica como forma de experiencia de la cultura total.

Dados estos planteamientos, ofrecemos algunos ejemplos de consciencia étnica y de consciencia de clase en el marco intersocial de los grupos de inmigrados no catalanes en Cataluña, en función de sus relaciones sociales con los catalanes, para hacer patentes los puntos en que la consciencia étnica es, a veces, más poderosa que la consciencia de clase, o simplemente es en los puntos en que el conflicto interétnico forma parte de la consciencia total, en este caso, de la consciencia histórica de una cultura.

EL CASO DE CATALUÑA

Hemos ya postulado que dentro de una misma clase social pueden darse diferentes estados de consciencia étnica, mientras que simultáneamente pueden expresarse convergencias en materia de consciencia de clase. Por lo que refiere a las llamadas clases trabajadoras, constituidas por asalariados y por individuos que ejercen funciones que carecen de decisión sobre la programación y sobre los objetivos del proceso productivo y del destino de sus productos, que son por lo tanto dependientes de los llamados ejecutivos o personas responsables de la dirección empresarial, en Cataluña resulta patente la manifestación de diferentes consciencias étnicas, y con éstas, enfrentamientos, generalmente verbales, entre catalanes e inmigrados, por lo que unos y otros consideran caracteres o modos de ser diferentes.

La consciencia étnica de los trabajadores catalanes e inmigrados se expresa mediante declaraciones relativas a la incomodidad en que unos y otros se hallan cuando se tocan cuestiones que atañen al modo de ser exclusivo o diferenciado de cada grupo en función de costumbres y de estructura de personalidad. Los siguientes ejemplos tratan de mostrar las tendencias específicas existentes en lo concerniente a sentimientos, actitudes y opiniones de unos sobre otros. El problema es importante si consideramos la importancia numérica de las poblaciones inmigradas no catalanas en Cataluña, en su mayoría procedentes de regiones de habla castellana, atraídas por la amplitud del mercado de trabajo catalán y especialmente también por su forma de vivir urbana e industrial.

Barcelona es un ejemplo elocuente a este respecto, y aunque aquí tratamos de Cataluña en general, es lo cierto que en dicha ciudad se concentra una población inmigrada de grandes proporciones, ya que sobre un total de 1.763.512 habitantes censados en 1970 en el municipio barcelonés, alrededor de un 39 % (*cf*. Esteva, 1973*a*, p. 151) son inmigrados. En dicha ciudad, como en el resto de las poblaciones catalanas, el problema de la etnicidad adquiere, en ciertos casos, una significación tan fuerte como pueda tenerla el problema de la lucha de clases.

A guisa de ejemplo, la consciencia étnica de los trabajadores catalanes se expresa del siguiente modo. Especialmente, y como se ha expuesto, dicha consciencia es un modo de experiencia por medio de la cual cada etnicidad exhibe su particular adaptación histórico-cultural, y en el contexto de las relaciones interétnicas cada etnia se identifica con una regionalidad específica. Esta identificación es un medio de identidad personal y aparece bajo el aspecto de una significación política latente cuando asume un signo agresivo y cuando, por lo mismo, tiende a manifestarse como un fenómeno colectivo organizado: organizaciones folklóricas, políticas, deportivas y educacionales. Como forma de experiencia, el modo diferenciador más relevante lo constituye el lenguaje.

A consecuencia del empleo de su idioma por los catalanes, el contexto público, barcelonés y catalán en general, aparece como bilingüe, mientras que algunos comportamientos, en forma de costumbres y de *ethos* de catalanes y de inmigrados, en contextos exclusivos se desdoblan con frecuencia y suponen, incluso, cierto biculturalismo al margen de lo que son propiamente costumbres urbanas universales o comunes a todos los individuos que forman parte del mismo proceso social con independencia de su etnicidad. En estas circunstancias, la presión social ejercida por los individuos inmigrados de habla castellana o no catalana, tanto en términos lingüísticos como en términos culturales, sobre los catalanes, es muy poderosa y afecta a las relaciones interétnicas bajo la forma de consciencia de ser diferentes unos de otros. Por añadidura, la interferencia formal del Estado español en el proceso de desarrollo social de la cultura catalana, a través de la acción de instituciones públicas y de sus sistemas de control político, legal, judicial, económico, educacional, información y comunicación de masas y otros signos como los referidos al orden público, constituye factores formalizados de apoyo a la existencia del biculturalismo en Cataluña, cuando no del monoculturalismo entendido como un modo de ser culturalmente homogéneo que se refleja especialmente en los niveles de intervención formal de los órganos del Estado. Esta tendencia monoculturalista del Estado contrasta con otra semejante, pero de contenidos diferentes, por parte de los catalanes, de manera que éstos y los inmigrados representan comportamientos culturales diferentes en origen, que se prolongan en forma de costumbres peculiares, de personalidad y de estados de consciencia (regionales) étnica, mientras que el Estado representa un modo terciario de cultura que pretende la homogeneidad formal del modo de ser cultural. El mantenimiento de las costumbres, junto con las afirmaciones individuales y colectivas de identidad étnica en inmigrados y catalanes, constituye un primer episodio en las confrontaciones de experiencia social de unos y otros en el contexto de la sociedad catalana (*cf.* Esteva, 1974, pp. 139 y ss.).

Dadas unas situaciones de contrastación étnica, se producen conflictos y hostilidades interpersonales basados en la mutua extrañeza respecto de los modos de ser respectivos. Mientras estos modos no se entrecruzan ni estorban la realización de las respectivas identidades y sentimientos, las relaciones interpersonales se desenvuelven según un principio estructural de signo horizontal (*cf.* Esteva, 1974, pp. 160 y ss.); esto es, quienes están más próximos entre sí dentro del mismo nivel social, tienden a mantener los mismos intereses, y los que dentro de un mismo nivel son de la misma etnicidad también tienden a mantener una interrelación de amistad y de cooperación espontáneas más frecuente que quienes no poseen estas condiciones. Por ejemplo, en una vecindad la relación personal más espontánea surge entre individuos *a*) del mismo nivel social, *b*) que ocupan espacios más próximos, por ejemplo, el mismo rellano, y *c*) que son de la misma etnicidad. En los lugares de trabajo se da una tendencia semejante, de manera que en función de factores estructurales y de cultura, las relaciones sociales son más o menos fáciles y homogéneas.

El caso es que, en función del empleo de su idioma, catalanes e inmigrados suelen considerarse extraños entre sí, y especialmente los segundos tienden a sentirse apartados o marginados por los catalanes cuando éstos hablan en catalán entre sí en contextos de relación social común. El hecho de que el catalán hable en su idioma a los inmigrados y el hecho de que éstos no le entiendan es considerado un factor de distanciación social y en muchos casos el inmigrado tiende a sentirse molesto y ofendido (*cf.* Esteva, 1974*a*, pp. 92 y ss.). A veces la susceptibilidad del inmigrado en materias lingüísticas se exacerba, y entonces puede acudir a respuestas y expresiones agrias, tales como: «¡A mí háblame en cristiano!»; «¡Los catalanes hablan como perros!»; «¡No queréis ser españoles!»; «¡Sois unos separatistas!»; «¡Los catalanes sois muy egoístas y cerrados!» o «¡Habláis en catalán para que no os entendamos!».

La continuidad relativa mantenida por los catalanes en materia lingüística supone, pues, una primera forma de consciencia étnica por su parte, que es contestada por otra forma de conciencia, también étnica, por parte de los inmigrados. En tal caso, la conciencia relativa de éstos asume dos particularidades: 1) la de remitir a la propia regionalidad con la declaración de «¡Yo soy andaluz!», o «¡Yo soy castellano!», o 2) la de referir a la nacionalidad, esto es: «¡Yo soy español!» El énfasis puesto en la identificación alternativa depende:

a) del grado de prestigio que pueda incorporarse al inmigrado al asumir una u otra de sus afirmaciones en confrontación valorativa con un catalán, y *b*) del modo en que se produce la valoración interétnica.

En el primer caso, uno puede realizar la regionalidad de origen con vistas a producir una identificación de identidad que se basa en un orgullo cultural y en una definición de personalidad. En el otro, acentuando la nacionalidad, lo español, se sigue un énfasis más político que propiamente cultural. Este énfasis es más fuerte cuando en casos de rechazo el inmigrado afirma su derecho a los recursos del catalán recurriendo a su condición común de españoles. En tal caso, lo que se procura es una justificación de derecho en la que mientras el inmigrado cobra consciencia de su extrañeidad ante lo catalán, al mismo tiempo afirma la fuerza de su yo mediante el recurso a la estrategia de su nacionalidad.

El punto de partida de esta consciencia es, obviamente, el lenguaje. Si éste constituye un acto de particularidad étnica, también representa un instrumento de diferenciación personal en el contexto de las relaciones interétnicas. Su efecto principal consiste en que produce ideas de marginación en los inmigrados que, al no entender la comunicación, pasan a considerarse extraños y asumen, por lo mismo, la susceptibilidad propia de quien se siente fuera de contexto dentro de un sistema social común. Así, aunque la estructura resultante del proceso social común une, la cultura en su expresión lingüística desune. La hostilidad de los inmigrados contra este comportamiento de los catalanes puede adoptar diferentes formas: apartamiento y distanciación sociales, desconfianza, agresividad, desinterés por el otro o simplemente desapegos que incluyen un estado de incomodidad en las relaciones interpersonales entre nativos e inmigrados. Por parte de los catalanes la cuestión puede ser bastante sencilla en tanto que se limitan a esperar que la integración y la buena voluntad del inmigrado para con lo catalán se manifiesten a través de actitudes positivas de éste en el sentido de aplicarse a entender y hablar el catalán como un modo de ser aceptado.

La relación social interétnica puede adoptar un modo especialmente conflictivo. Esto es, abundan los casos en que el catalán se dirige al individuo inmigrado y le dice: «¡Tienes que aprender el catalán, si no, te marchas a tu tierra!» O puede increparle: «¡Vete a tu tierra! ¡Tú vienes a quitarnos el pan!» En tales contextos, lo que se hace evidente es una relación social muy conflictiva en la que unos y otros apelan a diferentes argumentos para justificar sus actitudes y sentimientos, pero en cualquier caso éstos representan diferentes opciones de la consciencia étnica dentro de una misma clase social. El que esto sea así implica, básicamente, la adopción de comportamientos interétnicos que tienen su fundamento en ideas de integración del ego, por una parte, y, por otra, en ideas de rivalidad por el dominio y control de los recursos que, históricamente, tienen su punto de partida en la consciencia del catalán de que su grado de decisión sobre su propio destino, tanto como la integridad de su ego, están interferidos por la presencia, culturalmente alógena, de grupos extraños a su idiosincrasia.

Si el sistema de estratificación social coloca más frecuentemente a los catalanes que a los inmigrados en las posiciones de *status* superiores,[3] también es cierto que, con frecuencia, esto se traduce en la idea de considerar el inmigrado al catalán como miembro de una clase superior, y precisamente en este contexto la conciencia étnica es propensa a identificarse con una conciencia de clase. Por ejemplo, un inmigrado decía, en una entrevista que tenía por tema el haber pasado de un puesto de trabajo sucio a otro más limpio: «Siempre he querido ser como las personas que no se manchan las manos en el trabajo, y me gusta llevar corbata. ¡Quiero ser como los de arriba, que son los catalanes o los asimilados!»

Aquí encontramos una mezcla de niveles en cuanto a la valoración de prestigio de las ocupaciones, con una expresión de conciencia a la vez étnica y de clase, pues si por una parte este individuo entiende que los catalanes ocupan habitualmente posiciones de *status* superiores a las de los inmigrados, por otra adopta la consciencia de que los inmigrados ocupan las posiciones de clase identificadas con el concepto de clase obrera, incluida la suciedad de su trabajo. Esta última consciencia se expresa en algunos en forma de fobias contra el empresario, como cuando un obrero cordobés decía que «el amo nos explota y nos paga mal abusando de nuestras nece-

3. Como aquí se demuestra, cuanto más bajo es el nivel social, de clase, mayores son los porcentajes de inmigrados respecto de los nativos. Asimismo, la presencia de cuadros dirigentes y de técnicos entre inmigrados se debe, primordialmente, a las empresas estatales o que tienen su matriz fuera de Cataluña o, sobre todo, en Madrid y que, en este caso, traen consigo su personal de confianza (*cf.* Esteva, 1973*b*, p. 110).

sidades». Otro, de Utrera (Sevilla), afirmaba dicha consciencia de clase diciendo: «¡Desde que recuerdo soy un obrero, hijo de obreros!» Pero al mismo tiempo otro de sus compañeros, de Cartagena, añadía: «Aquí (en un barrio barcelonés) casi todos somos de fuera (inmigrados): andaluces, gallegos... Esto ayuda. ¡Así no existen diferencias!»

Lo que en realidad se comprueba en tales afirmaciones es la idea de una consciencia étnica simultánea con otra de clase. La primera pertenece a un comportamiento que requiere para su expresión el contraste cultural, actitudes de distintividad bajo la forma de un ego peculiar o idiosincrásico, pero asimismo requiere la evidencia de que la comunicación social es más fácil entre gentes del mismo origen, mientras que también es más fácil sentirse bien con gentes de la misma clase en función de ser, en cada caso, personas próximas al propio modo de ser.

Estas formas de ser son evaluadas en función de cualidades atribuidas al carácter étnico. Por ejemplo, entre otras, es frecuente que los catalanes, en el contexto de su comparación con los inmigrados y dentro de la misma clase, consideren a éstos excesivamente ruidosos, poco serios, despilfarradores, agresivos y, sobre todo, muy diferentes, lo cual se interpreta, a menudo, más como una idiosincrasia étnica que como un carácter de clase. Es cierto también que cuando esta evaluación dentro de la misma clase (por ejemplo, obrera) la efectúa el catalán, entonces la apreciación se modifica en un sentido más favorable para la persona del no catalán, como cuando el obrero catalán se compara con un inmigrado de clase más elevada que la suya y reconoce: «¡Éstos sí que son personas educadas con las que se puede hablar!» En este caso acontece que el obrero catalán tiende a reconocerse como más hecho a la vida urbana y al mundo industrial que el obrero inmigrado, y en este sentido tiende a exhibir una idiosincrasia que homologa con un diferente estilo de vida.

Al margen de un juicio de clase, dicho obrero catalán afirma su diferencia étnica al referirse a otro inmigrado connotándolo en su regionalidad específica, al decir: «Es castellano», o «Es andaluz». Ambas consciencias, la étnica y la de clase, aparecen desdobladas, pero cada una de ellas es parte de una misma personalidad. Es una configuración o modo de ser indivisible pero adaptativo a situaciones específicas (de clase, étnicas e interclase e interétnicas) del proceso social y representa en este caso unas posibilidades sociales de realización personal que tienen sus límites en la cultura y en la estructura social. Según sea la relación individual con este contexto, así será la identidad específica que se manifieste.

Es obvio que si existen evaluaciones y estereotipos étnicamente diferenciadores por parte del catalán, también los hay bajo la forma de apreciaciones del inmigrado hacia éste. En estos términos, el catalán es considerado como diferente en el sentido de ser «muy cerrado» o poco comunicativo con los inmigrados, «tacaño», «orgulloso», «separatista» (en política, dicen: «quisieran ser independientes y tener su propio Estado»), «muy diferentes a nosotros» (los no nativos), «se creen superiores», «opinan de otra manera», «son muy raros», «no me gusta el carácter catalán», «se creen diferentes», «te tratan como si fueras inferior», «son poco sociables». En este contexto suelen reconocerse a los catalanes cualidades consideradas positivas, como que son muy serios y trabajadores, hasta el extremo de que, como dicen algunos inmigrados, «sólo piensan en trabajar y se divierten poco». Algunos advierten en el catalán actitudes discriminatorias, que definen como racistas, mientras que un obrero comentaba: «Si no te amoldas a sus costumbres (las de los catalanes) y no hablas su lengua, te apartan de sus grupos.»

La idea predominante es que los catalanes se cierran mucho y actúan como grupo étnico exclusivo. Se añade que al exigir del inmigrado el uso del catalán como medio de comunicación para ser aceptado en los grupos de catalanes, condicionan la formación de sentimientos de amistad a este requisito, con lo cual establecen una respuesta étnica difícil de asimilar. La contingencia es específica en los contextos alternativos de una personalidad parcial o económica y en los de una personalidad global. Su expresión tiende a bifurcarse bajo la forma de dos contextos, el de clase y el étnico. En términos de etnicidad, sin embargo, como decía un inmigrado, «Es muy difícil hacerse amigo con un catalán (pues aunque seamos compañeros en el trabajo), siempre te echan en cara que no eres catalán».

El carácter socialmente diferenciador de la consciencia étnica en el contexto de una misma clase social supone, pues, la interpretación de un doble conflicto social: el de la clase enfrentada a otra clase y el de la etnia enfrentada a otra etnia a niveles de referencia interpersonal. Cada nivel afecta a la percepción de la realidad de un modo diferente. Algunas luchas económicas revelan planteamientos de carácter étnico cuando la base social de la empresa está constituida por inmigrados. En alguno de estos casos se da una ideología secundaria consistente en asimilar directamente los obreros el conflicto de clase a un conflicto con catalanes, conflicto a su vez reforzado por la idea de que éstos son el grupo de clase diferente, cuya diferencia no es sólo social, sino también cultural.

En materia de la relativa consciencia de clase que en ellas pueda darse, las sociedades poliétnicas constituyen un fenómeno estructural de complejidad mayor que la de la misma relación de clase, precisamente porque las redes de comunicación social de los individuos de una clase no están dadas únicamente por la estructura productiva, sino que también provienen de las diferencias de proceso histórico cultural que en cada comunidad étnica marcan un desarrollo adaptativo específico. A tenor del fenómeno político del Estado como reunidor de etnicidades, cada etnia ha heredado conceptos de identidad que la identifican con una conciencia colectiva simbólicamente diferenciada. Ésta es coyunturalmente diferente a la de clase. Incluso dentro de la misma clase, recorren un ámbito social de espectro cultural más amplio, cuya influencia consiste en desdoblar la realidad social en forma de consciencia étnica y consciencia de clase. El hecho de que ambos tipos de consciencia se mantengan simétricamente convergentes es una cuestión, en unos casos, de la estructura social y, en otros, de la cultura. De este modo, así como las relaciones de producción llegan a ser marcadores de la consciencia de clase, las relaciones culturales se hacen marcadores de la consciencia étnica. Los conflictos pueden ser tan agresivos en unos casos como en otros. Si bien el conformismo social de un individuo puede significar una adaptación pasiva a su clase, en cambio este mismo individuo puede orientarse a afirmaciones de hostilidad étnica que dentro del sistema social puede interpretarse como resultado de una consciencia que está potenciada simultáneamente tanto para la clase como para la etnicidad. Su condicionante de expresión es histórico y representa un modo de manifestarse el desarrollo específico de una sociedad.

IV. El Estado, la etnicidad y el biculturalismo

Nuestro primer interés se dirige a definir el concepto de biculturalismo dentro del marco estructural de cada sociedad y de su sistema cultural,[1] y por otra parte se orienta a considerar una clase de problemática que fijamos en torno a la especificidad relativa de las culturas de una sociedad ofrecidas a sus individuos como alternativas históricas y como procesos selectivos en los que uno de los grupos del sistema social tiende a ser absorbido culturalmente por otro. Éste es un proceso cuyo sentido recae en el hecho de que una forma de vida se interpone en la de otra coetánea, y mientras tiende a esforzarse por sobrevivir, una fuerza contraria tiende a eliminarla o a sintetizarla, según sea la posición de poder que corresponda a una o a otra cultura. Pero, de cualquier modo, una cierta proporción de individuos de uno de los grupos culturales propende a usar dos culturas, precisamente para evitar ser marginado del sistema social. O sea: el uso de una sola cultura podría significar la pérdida de integración social del individuo con los núcleos o grupos estratégicos de su sociedad. Así pues, el biculturalismo es una experiencia de culturas dentro de una estructura social común, y se manifiesta como un tipo particular de respuesta a las condiciones derivadas de la movilidad y de la adaptación sociales del individuo.

Conforme a esta perspectiva introductoria, definimos como biculturalismo el uso alternativo de dos culturas por el individuo o por grupos humanos, generalmente étnicos, coexistentes en una misma sociedad.

Los contextos habituales del biculturalismo aparecen vinculados a la diversidad étnica dentro de una misma estructura social, diversidad que, por otra parte, supone la solidaridad entre los miembros de la misma cultura de origen en un grado mayor que el que pueda conseguirse cuando se trata de individuos étnicamente diferenciados.[2] Es evidente, por eso, que

1. Para una definición del concepto de sistema cultural, *cf.* Esteva, 1976.
2. Véase capítulo I.

las sociedades modernas, particularmente los grandes Estados a partir de las civilizaciones urbanas de la antigüedad, han provocado la reunión o agregación dentro de un espacio político de soberanía de diferentes etnias y culturas.

Todas éstas se han hecho parte de un mismo sistema social en el momento en que han quedado integradas en instituciones políticas de soberanía. Y así, los Estados modernos entendidos como globalidades de soberanía suelen ser culturalmente heterogéneos a pesar de sus formidables tendencias a reunir y agregar naciones y etnias, a pesar de su poderoso centrismo y de su tendencia al poder total, de sus, en definitiva, tendencias hacia la homogeneización y la uniformidad culturales. Toda idea de diversidad o de particularidad cultural es a la larga racionalizada como enemiga de la cohesión interna del Estado porque tiende a desarrollarse como otra identidad.

El sistema global que representa el Estado suele ser culturalmente heterogéneo, con la particularidad de que al estimular la circulación y el intercambio étnicos dentro del territorio de soberanía, coloca grupos culturales diferentes dentro de los territorios étnicos cuyo control ha asumido. Esto es, si el Estado asume o aglutina a varias naciones y diversas etnias, y si al mismo tiempo éstas se mueven fácilmente dentro del territorio políticamente común, entonces lo más probable es que en los territorios estrictos de las naciones históricas internas se encuentren grupos de otras naciones también del mismo Estado, cada una con sus propias tradiciones culturales, de manera que, como consecuencia, mientras existirá una unidad de jurisdicción y de soberanía ejercida por el Estado, y como resultado se dará un sistema social global o común, al mismo tiempo habrá diferentes grupos culturales intercambiando socialmente en el territorio del otro. Mientras que cada uno por separado será proclive a mantener su sistema cultural, el grupo nacional o étnico anfitrión procurará absorber la identidad cultural del otro. Este proceso será contrarrestado, sin embargo, por las instituciones del Estado que, con independencia de los procesos de absorción étnica y cultural que se produzcan en el territorio de sus naciones internas, impondrá un sistema social global, esto es, un conjunto de instituciones articuladas por medio de organizaciones de integración de los individuos y los grupos nacionales y étnicos diferenciados.

110

En este sentido, sobre el sistema cultural de las nacionalidades internas el Estado impondrá su propio sistema global. Así, una misma nación dividida entre dos Estados tendrá dos sistemas culturales superpuestos correspondientes a cada uno de los sistemas institucionales de los Estados de soberanía. Al mismo tiempo retendrá en el seno de cada Estado partes de sus particularidades culturales, singularmente el lenguaje de su tradición histórica. En cada caso, empero, asistiremos a procesos de biculturalismo determinados por las influencias y condiciones impuestas por cada sistema cultural superpuesto.

La consecuencia de estos tipos de globalidad institucional es que la población total de un Estado se integra en una clase de relaciones sociales que se extienden hasta los límites territoriales de soberanía política del Estado reconocido como poder dominante.

En este contexto, el biculturalismo responde a una situación histórica de raíz política donde el poder específico de cada cultura, para realizarse y desarrollarse como sistema nacional o étnico dentro de una estructura plural, depende de su capacidad para asimilar individualmente a los miembros de las otras etnias y culturas. Esta capacidad es, sin embargo, una función condicionada por el modo político, económico y militar predominante. Las adaptaciones a este modo son diferentes y representan alternativas concretas. Por ejemplo, en el caso español, la cultura y la etnia catalanas son políticamente dependientes del Estado español (históricamente determinado por la cultura política castellana) mientras económicamente, en su territorio histórico, la etnia catalana absorbe o condiciona a los miembros de las etnias españolas inmigradas que acuden a vivir en Cataluña.

En los Estados modernos el biculturalismo aparece grandemente activado por estructuras sociales abiertas a la concurrencia pluriétnica. Y así se producen como coetáneas diferentes tradiciones culturales gobernadas en conjunto por un mismo sistema político. Cualquier «nación» entendida como forma de Estado es, por ejemplo en Europa, representativa de un poder culturalmente colonialista, dominante y expansivo, ejercido a partir de una conquista militar sobre territorios étnicamente diferenciados en su base, hasta desarrollar en éstos una tradición cultural superpuesta, y a veces paralela, actuando como rival. Estos desarrollos incluyen la debilitación de la identidad étnica de los grupos dominados, así como el intento de disolución de sus formas culturales.

Éstos son fenómenos consiguientes a la expansión del imperialismo como doctrina nacional y tienen como resultado el desarrollo de un colonialismo interno racionalizado por la potencia dominante como desarrollo del bien común. En su estructura política a nivel dominante es ocupado por el grupo étnico dominante o emprendedor de la expansión, mientras que en su estructura económica la tendencia se da en el sentido de lograr un sistema productivo capaz de reforzar la continuidad del colonialismo interno por medio de la articulación de relaciones o cadenas de producción altamente dependientes. Para lograr este objetivo se procura desarrollar al máximo la dependencia institucional de los grupos étnicos sometidos, de manera que adquieran la consciencia de que no podrán vivir por sí mismos si les falta la integración con el Estado dominante.

Al mismo tiempo, el sistema global se orienta hacia el logro de un unicentrismo localizado en forma de una capital política en la que se tiende a concentrar tanto el poder como el prestigio que emana de su dimensión ejecutiva. En este sentido, el poder nunca suele ser bicultural. Sí lo son, en cambio, los grupos étnicos dependientes, los cuales en este caso adoptan en su debilidad la cultura de prestigio, sobre todo en la medida en que la propia carece de decisión sobre sí misma y no se transforma en la dirección del progreso o evolución de la cultura universal más avanzada. Simultáneamente, las minorías dirigentes de los grupos dominados dividen sus opciones, pues mientras unos grupos adoptan los modos de prestigio de la cultura dominante y procuran asumirla, incluida su identidad para compartir vicariamente su poder y, en este caso, se pasan a la cultura dominante, otros grupos mantienen costumbres y tradiciones —y su lenguaje— y las continúan, convirtiéndose, de este modo, en un poder replegado pero que reproduce su propio sistema cultural.

Paradójicamente, y dependiendo del desarrollo económico comparado alcanzado por otras nacionalidades internas o del mismo Estado, individuos y grupos de éstas que emigran a los territorios de las más desarrolladas suelen ser culturalmente absorbidos por los anfitriones, como en el caso de los catalanes y de los vascos respecto de los andaluces que se quedan a vivir en Cataluña o en Euzkadi. Lo mismo ocurre

112

con los catalanes y vascos emigrados a los territorios de las otras etnias y nacionalidades del Estado español.

La condición para la transformación de la etnicidad de origen en la etnicidad del grupo anfitrión y la adquisición de esta cultura consiste en querer integrarse el individuo con el grupo social en el que se realiza su personalidad. Eso normalmente se produce cuando existe receptividad mutua y cuando, en cada caso, el proceso social está abierto con independencia de la etnicidad y de los antecedentes culturales del individuo. Por lo demás, si a las ventajas individuales derivadas de la asimilación de otra cultura se añaden los beneficios del prestigio de ésta comparado con el de la propia, entonces la presión es todavía más poderosa. Empero, es lo más cierto que los Estados poliétnicos son pluriculturales.

Esta cualidad se refuerza con el tiempo cuando cada grupo étnico advierte que su identidad está amenazada por la identidad del otro y cuando el Estado representa una forma cultural rivalizadora de las desarrolladas por sus nacionalidades internas. Asimismo, la identidad de éstas se refuerza cuando tienen consciencia de que su personalidad como colectivo étnico es una realización que depende más de su propio desarrollo cultural que del desarrollo del grupo étnico históricamente dominante en el Estado. No tenemos duda, por otra parte, de que la condición para que el Estado tenga existencia poliétnica y pluricultural consiste en que cada grupo étnico mantenga su continuidad cultural, por lo menos en aquellas de sus cualidades que dan consciencia unitaria, como son el lenguaje, símbolos de identificación y una fuerza socialmente coherente desde el punto de vista de su homogeneidad y conciencia de grupo. Y en este sentido es también evidente que la fuerza de esta conciencia para la continuidad étnica depende también de la voluntad política del grupo étnico.

De esta manera, aunque de la totalidad demográfica de un grupo étnico sometido al control político de un Estado se desprendan algunos grupos y asuman éstos la cultura histórica de este poder, sin embargo, basta con que otra parte demográficamente significativa del grupo cultural sometido al poder del Estado mantenga su consciencia étnica y su continuidad cultural para que siempre esté latente una dicotomía irresoluta en el sentido de su permanente contradicción, como es la tendencia a la centripetación, a replegarse en sí misma, junto con la tendencia a la centrifugación o a salir de sí mis-

113

ma. Si en el primer caso el grupo se repliega con su cultura y se vuelve compacto consigo mismo, y si además carece de poder político sobre su propio desarrollo cultural, entonces es probable que sufra una crisis de desarrollo cultural y que parte de éste le llegue desde la acción del Estado, creando así éste dos capas de cultura, la de la etnia replegada y la de la etnia que en el mismo Estado desarrolla su continuidad expansiva.

Esta expansión sugiere, por otra parte, que las etnias deprimidas en el desarrollo de su identidad cultural tienden, no obstante, con su centripetismo, a reforzar su identidad étnica, y en cierto modo, y en el caso de tener suficiente energía, tienden a desarrollarse también en aquellas direcciones que son más débiles en las funciones políticas del Estado. En algunos casos, como en el catalán y en el vasco, el desarrollo de la identidad cultural se ha realizado paralelamente a la debilidad apuntada por el Estado español en materia de desarrollo económico y cultural, de manera que en este punto el desarrollo económico de catalanes y de vascos también ha desarrollado su capacidad social y política, contribuyendo con eso a fortalecer su prestigio y su confianza en sus propias posibilidades nacionales. La continuidad de estas culturas ha sido, en parte, el resultado de la debilidad cultural de la cultura del Estado, ya que la fuerza política de éste no ha correspondido con un prestigio cultural, en este caso más bien pobre. Por otra parte, además, el hecho de que la cultura de expansión del Estado haya quedado rezagada respecto de la de otros Estados ha significado que se ha debilitado su prestigio, y a partir de ahí ha disminuido su capacidad de alienación; por contraste, ha reforzado la conciencia resistente de las nacionalidades internas a medida que éstas retiran energía política del Estado y la asumen para su propio beneficio.

Éstos son casos en que un Estado no equipara su potencia político-militar con una cultura actualizada, puesto que para imponer ésta carece de los apoyos de prestigio que son necesarios en todo proceso de asimilación de otras identidades que no sean las que le proporcionan su fuerza histórica. En el presente caso, otras nacionalidades inferiores en desarrollo al representado por el Estado son, empero, dependientes económicamente y en materia de prestigios culturales de otra índole; como consecuencia, son aliados naturales de este poder estatal mientras no recuperan la fuerza de su identidad por medio de la consciencia simultánea de la debilidad del Estado y de la fuerza potencial de su propia personalidad. Mientras no recuperan esta consciencia, son una función de poder del Estado, el cual prolonga en ellas su fuerza al mismo tiempo que de ellas recibe su masa de maniobra para la manipulación de la realidad total.

El contexto que resulta de estas situaciones es uno en el cual los Estados poliétnicos y culturalmente plurales llevan en sí las contradicciones inherentes a la desigualdad histórica y al trato diferente de las realidades étnicas y nacionales de su estructura política interna. Como resultado de su incapacidad para estimular el desarrollo de cada cultura interna según sus propias posibilidades, la desigualdad se convierte en un factor potencial de centripetación y de centrifugación, esto es, como en un movimiento de sístole y de diástole, los grupos étnicos se contraen o se expanden según sean su suerte y sus oportunidades históricas particulares en el conjunto del sistema del Estado. Esta suerte es económica, pero es también cultural en el sentido expuesto acerca de lo que es peculiaridad cultural de cada grupo respecto del otro. En tal extremo, el desarrollo interno de cada cultura depende del desarrollo de la del Estado, un desarrollo que es relativo a la fuerza con que son capaces de actuar para sí, en relación de rivalidad, con las etnias o naciones del Estado, incluida la que éste representa históricamente.

En principio, estos fenómenos se manifiestan allí donde aparece el imperialismo, y con éste aparece impulsada la creación de los Estados modernos, políticamente unicentrados y con desarrollos de colonialismo interno. Se trata de una situación constituida por relaciones desiguales entre el poder del Estado y algunas de las etnias o naciones que hayan resistido el ser asimiladas por aquél. Es una clase de pluralismo que Akzin (1968, p. 131) ha caracterizado como pluralismo fundado en la desigualdad. O sea, corresponde a una situación en la cual una o varias etnias han sido agregadas a un concepto de nación que en sí conlleva no sólo las desigualdades inherentes a la división social del trabajo y a diferencias de *status* y de riqueza, a diferencias en definitiva de clase, sino que también desarrolla desigualdades en las capacidades específicas de control sobre el proceso de formación y promoción de formas culturales propias y de identidad.

En este sentido, una élite de la etnia o nación dominante se convierte en dirigente y administradora del destino de otras, a su vez subordinadas, y en tal extremo dispone tanto del excedente producido por los trabajadores de su propia etnia como del excedente producido o acumulado por los conjuntos étnicos sometidos a su control. En su papel de distribuidor de la riqueza total, el Estado tiende a favorecer el crecimiento de sus propias élites concentrándolas en una llamada capital nacional y dotándola de los medios de que se priva a las demás.

Esta redistribución tiende a acentuar las desigualdades políticas existentes y tiende, asimismo, a favorecer la formación de la cultura de prestigio que el Estado necesita tanto para su justificación racional histórica como para predominar en la selección y dotación de sus clases intelectuales dirigentes. Todas las grandes capitales de los Estados europeos y de los imperios antiguos deben su esplendor y su energía elitista a su poder de atracción y de disposición sobre los recursos producidos por sus clases trabajadoras y por las acumulaciones de las etnias internas colonizadas.

El crecimiento de las élites del Estado moderno se ha realizado a expensas del crecimiento de las élites de las naciones internas, y sólo la autonomía relativa de ciertas instituciones locales, en su mayor parte económicas, como la empresa privada, ha permitido, en algunos casos, salvar una parte de esta distribución desigual o concentración de élites de poder sin que, de todos modos, se haya impedido con ello la consolidación creciente de un capitalismo intelectual radicado en élites que asumen la disposición del capital que correspondería utilizar a las élites de las naciones internas; esto es, asumen la plusvalía potencial de las élites colonizadas.

En este proceso es indudable que las capitales de los Estados irradian una potencia intelectual basada en el esfuerzo de su clase política por concentrar en su territorio nuclear toda la creación cultural que es capaz de controlar. En tales condiciones, el colonialismo interno se asume, pues, como un proceso en el que la nación nuclear, la que asumió en su día la personalidad del Estado, asume en su capital la distribución de la plusvalía de la pluralidad étnica. Conforme a ello, la distribución relativa del gasto público es un valor que usualmente sirve para aquilatar con cierta precisión el tipo de trato que la clase política dirigente del Estado aplica a las diferentes formaciones étnicas.

Éste es un modo de condicionar la realización cultural de las etnias. Por eso, aunque la propia clase trabajadora de la etnia dominante pueda ser sujeto de la explotación de clase de los grupos dirigentes del Estado, sin embargo, como etnia es parte del sistema de explotación interétnico, como cuando algunos partidos políticos que asumen la lucha de clases de los trabajadores asumen también la unidad del Estado, sin percatarse de la función colonialista de éste en relación con sus naciones internas.

La situación es diferente al examinar el papel histórico de las etnias sometidas, pues éstas, con independencia de sus conflictos y desigualdades sociales, de clase, asumen la carga política de la dependencia nacional, de su subordinación como conjunto étnico, y en este sentido comparten con las demás clases sociales de su etnia una desigualdad cultural como conjunto. Aquí podríamos añadir la afirmación de Amin (1974, p. 25) cuando dice que de no existir «homogeneidad étnica ni unidad económica», un Estado es más un Imperio que una nación. Este colonialismo interno representa la materialización de la dependencia de las etnias-sujeto del Estado, una dependencia en la que el Estado tiende a considerarse como un desarrollo cuya meta es la uniformidad étnica, aunque eso suponga deprimir la personalidad y la toma de decisiones sobre sus recursos propios por parte de las etnias subordinadas. En tal extremo, el colonialismo interno desarrolla el deterioro de la personalidad étnica y cultural del grupo sobre el que actúa el Estado como poder dominante y supone, asimismo, estimular la interferencia constante sobre su forma de ser. Dicho colonialismo interno incluye la expansión de una cultura, la dominante, en detrimento de la otra, y por ende desarrolla el biculturalismo, por lo menos en aquella de sus fases históricas en que la cultura dominada mantiene su identidad y la consciencia histórica de su propia cultura. De esta manera, el biculturalismo se entiende como un fenómeno de la concurrencia de dos culturas en una misma estructura, pero cuando el Estado apremia la validez de dos culturas, lo hace de modo provisional, pues en la práctica su finalidad histórica última es la uniformidad étnica, el monoculturalismo entendido como un triunfo de la idea de unidad.

Así pues, el biculturalismo en estas circunstancias es un modo de propiciar un proceso de integración hacia la cultura del Estado, proceso en este caso diferente al del biculturalismo que se da en el seno de una etnia anfitriona no asimilada a la del Estado, en este ejemplo un biculturalismo que entiende la asimilación cultural de otras etnias como parte de la defensa de su particularidad o de su identidad.

En realidad, considerado el problema superficialmente podría aducirse que el biculturalismo auspiciado por el Estado tendría un fin semejante al que auspician los grupos étnicos que reciben poblaciones culturales diferentes. La semejanza consistiría en que ambos biculturalismos aspiran a producir la integración de las poblaciones con que tratan y viven. Sin embargo, la diferencia fundamental entre ambos procesos sería que mientras el biculturalismo promovido por el Estado es de signo imperialista porque se asume como una política de representación y hasta de superposición sustitutoria de una etnia sobre otra, el biculturalismo promovido por una etnia anfitriona en relación con las etnias huéspedes no tiene el carácter de eliminación de culturas en sus bases de sustentación, sino que más bien se asume como una integración cultural a título individual, ya que en cualquier caso las etnias huéspedes continúan su existencia en sus territorios de origen con independencia de la posición que obtengan y del papel histórico que ejerzan sus individuos en el territorio de otras etnias. La diferencia es también obvia cuando pensamos que el Estado debe su papel histórico al hecho de una etnicidad inicial que al salir de sí misma, al hacerse expansiva, va más allá de su propio hecho étnico y asume el derecho, más o menos consciente, de suprimir, con medios militares o políticos, la heterogeneidad cultural.

Estos medios no actúan conforme a fines individuales; por el contrario, tienen un propósito colectivo. En cambio, las etnias anfitrionas que asumen el biculturalismo de los huéspedes o inmigrados lo hacen de modo individual, pues no salen de su territorio para asimilar otras etnicidades y, en muchos casos, ni siquiera disponen de medios políticos propios para integrar poblaciones diferentes. Les basta con la convivencia y la necesidad social de integración del inmigrado, en unos casos, o con las proyecciones de prestigio de su modo de vivir actuando como instrumento de seducción para dicha integración. Tanto el procedimiento como el fin son diferentes. Incluso lo es la misma agresividad de las situaciones interétnicas, pues mientras las que estimula el Estado pertenecen al ámbito del imperialismo, de las necesidades políticas, las que estimula la etnicidad anfitriona pertenecen al ámbito de las necesidades orgánicas de defensa del ego.

118

Como resultado, el desarrollo del imperialismo en su expansión y bajo la forma de metástasis o saltos discontinuos sobre territorios forasteros, tiene un proceso inicial de expansión sobre los territorios de las etnias inmediatas. En tales situaciones sus fronteras se detienen en los límites impuestos por la fuerza militar de otra nacionalidad expansiva. En este punto se produce un equilibrio o *statu quo*, y si se mantiene la capacidad o el impulso expansivo mientras se detiene la expansión territorial continua, se salta hacia otras latitudes.

Éste es el caso de las expansiones imperialistas europeas realizadas en los otros continentes a partir del conseguimiento de sus llamadas unidades nacionales y de la capacidad técnica y logística que les permitía saltar de un océano a otro. Según eso, esta expansión sobre etnicidades y naciones contiguas se presenta como un proceso de anexión progresiva de las que aparecen más débiles en el contexto de su capacidad para desarrollarse, debilidad que contribuye a una aparente predisposición a considerarse de alguna manera etnicidades o naciones avecindadas en territorios comunes y hasta homologables en términos de ciertas tradiciones culturales básicas, como podrían ser en Europa las grandes formaciones tribales prerromanas, posteriormente las provincias romanas, y después las divisiones políticas derivadas de las reestructuraciones territoriales convergentes con largos períodos históricos de influencias macroculturales homogéneas, como serían los dominios visigodos y los musulmanes en determinadas partes de la Península Ibérica.

Es evidente que la continuidad de dichas tradiciones durante largos períodos de tiempo induce a practicar formas de vida semejantes que luego constituirán la base sobre la cual se formarán las nuevas unidades nacionales. A partir de estas tradiciones, pues, diferentes etnicidades y naciones se sienten más proclives a la unidad con unas que con otras, y en la medida en que desarrollan lenguajes comunes también se converge en la idea de identidades comunes.

Este fenómeno prepara para una predisposición a considerarse herencia de una determinada tradición cultural con la cual se justifica posteriormente una gran unidad política. Este caso se da con las grandes formaciones nacionales en la Península Ibérica, como serían los Países Catalanes, las Castillas y sus grupos de influencia (Asturias, Murcia, Extremadura y Aragón), el País Vasco, Andalucía, Portugal y Galicia, ésta en una posición histórico-política indecisa pero culturalmente muy definida. Éste sería el caso en la región andina con las poblaciones indígenas de habla quechua, y en Mesoamérica con las de habla nahua y mayanse. En cada una de éstas, las grandes tradiciones culturales han significado una gran facilidad para la creación de nuevas nacionalidades modernas, y aunque la aparición de otra tradición, la española, ha supuesto otra orientación de síntesis, el desarrollo de cada nacionalidad en aquellos países siempre ha manifestado la tendencia a recuperar, con los dos pasados (el indígena y el hispánico), la idea, a veces no siempre consciente en las actividades políticas, de una tradición común que justifique el ir más allá de las actuales fronteras políticas de algunas naciones (*cf.* Esteva, 1957, 1961, 1964).

Todo esto significa que en una primera fase el proceso de absorción de grupos étnicos vecinos puede incluso no ser violento. Pero en lo que tiene de proceso de producción de instituciones políticas centralizadas, la segunda fase inicia, asimismo, un proceso de resistencia, a la vez que de represión de ésta, por parte de los grupos étnicos y nacionales implicados.

No cabe duda, por otra parte, de que en situaciones de quiebra de un gran sistema político cultural, como fuera el de la Europa medieval, surgen tendencias al reagrupamiento territorial por absorción progresiva de los grupos más débiles en función de los más fuertes. Esta absorción tiende a la relación asimétrica, esto es, a la creación de unidades políticamente más fuertes que las de partida, pero en todo caso se trata de procesos formativos de nacionalidades que, con el Estado, van más allá de su propia unidad cultural, de sus propias instituciones peculiares, hasta rebasar con su expansión su propia consciencia étnica. En cierto modo, esta consciencia étnica sale de sí misma en un intento de hacer que sea también la consciencia étnica de otras diferentes.

En unos casos, este proceso imperialista ha significado, alternativa o simultáneamente, tanto absorción y síntesis culturales como supresión de formas culturales marginales o distintas a las que se trataban de imponer, y desde el punto de vista del enfrentamiento político militar han significado, incluso, la destrucción física de etnias y de naciones resistentes pero con demografía y recursos tecnológicos o políticos más débiles. No obstante, cualquiera que haya sido el proceso de las relaciones entre fuerzas étnicas o nacionales antagónicas, un sistema cultural, el dominante, se ha desarrollado en detrimento de otro. Y por lo menos ha significado que un grupo étnico, el sometido, se ha visto obligado a orientarse en términos de dos culturas comunicándose al mismo tiempo en dos lenguajes.

Por eso, el biculturalismo siempre traduce un antecedente político como causa histórica primera. Dicho antecedente lleva consigo la idea de poblar o de vivir grupos humanos allí donde ya moran otros. Y supone además que inicialmente uno de los grupos étnicos tiende a reunir lo que fueran sociedades diferentes. Y conlleva también que cada una por separado no renuncia conscientemente a determinarse y a realizarse como cultura.

Lo que realmente ocurre en tales casos es que cada etnia tiende por sí, si actúa cohesivamente como grupo, a su continuidad. Sin embargo, al mismo tiempo algunos de sus individuos suelen ser absorbidos por los de otra etnia.

Los procesos de absorción no son directamente colectivos cuando se trata de culturas de nivel evolutivo semejante. Más bien son individuales, y si el grupo étnico cesa de recibir nuevos miembros, desaparece por falta de continuidad. Esto último es más fácil que ocurra en etnias emigradas que pierden su relación con la sociedad de su cultura de origen, que con aquellas otras que siguen manteniéndola y nutriéndose de nuevos miembros. Por añadidura, en el caso de las naciones imperialistas que sitúan grupos propios en los territorios conquistados o colonizados, mientras dura el poder de la metrópoli duran también sus etnias. En muchos casos, y dada la fuerza de su capacidad de represión o de su prestigio, estas etnias de conquistadores y de colonizadores tienden a tener continuidad y hasta absorben a las nativas cuando no las destruyen, especialmente cuando éstas son demográficamente débiles y poseedoras de niveles culturales evolutivamente inferiores. En América, especialmente, esto ha ocurrido con relativa frecuencia. Y ha ocurrido, además, que en lugar de absorber culturalmente los europeos a los indígenas por medio de procesos sociales unificados, esto es, formando ambos una sola sociedad, ha ocurrido que los europeos —españoles, portugueses, anglosajones, franceses y holandeses en América— e indígenas han vivido formalmente separados.

En estos casos, también la parte más débil, los indígenas, han sido a menudo biculturales, mientras los europeos eran monoculturales: reproducían en América sus propios sistemas culturales de origen aunque adoptando rasgos o elementos separados de las culturas indígenas locales.

Ha habido ejemplos de doble sentido en cuanto a biculturalismo, pues mientras los indígenas que vivían en las ciudades junto con los españoles se volvían biculturales a nivel individual, otros grupos indígenas se volvían biculturales a nivel colectivo al quedar sometidos a sistemas de aculturación en masa, como ocurría cuando eran evangelizados sistemáticamente y quedaban bajo las leyes españolas, siendo además iniciados en las costumbres españolas al mismo tiempo que no abandonaban sus culturas de origen.

Por otra parte, en América también, a la pérdida de los vínculos de los grupos étnicos conquistadores y colonizadores con la madre patria, esto es, después de la pérdida por ésta de su poder colonial, los grupos étnicos representativos de dicho poder han sido absorbidos por otro proceso étnico, el de las nuevas naciones americanas salidas de la independencia, adoptando en tales casos nuevas denominaciones étnicas.

De este modo, los procesos de realización y autodeterminación culturales de las etnias están condicionados tanto por procesos políticos como por procesos de aculturación individual de los miembros de cada sociedad nacional o étnica. En tanto que procesos políticos, lo importante en éstos es la relación entre grupos étnicos o entre grupos nacionales, ya que los niveles de absorción, cultural o étnica, de individuos por determinados grupos étnicos siguen generalmente al proceso político de dominación. De todas maneras, también individualmente se dan casos de biculturalismo en función de las emigraciones individuales sin acompañamiento de fuerzas políticas de grupo étnico que lo presionen. Pero lo más cierto es que este tipo de proceso se refiere, sobre todo, a la actividad de ser aculturados progresivamente los individuos inmigrados hasta producirse su integración por los grupos anfitriones.

No se trata de un Estado que se expande, sino de una sociedad que expulsa sobrantes demográficos que, a su vez, son paulatinamente absorbidos por las sociedades que los reciben. No obstante, en uno y otro casos la etnia más fuerte tiende a suprimir aquella clase de diversidad cultural que pueda atribuirse a diversidad étnica. Es una clase de tendencia claramente adscrita a la consciencia política de una etnicidad respecto de otra, y en tal caso la etnia o nacionalidad más fuerte tiende a ser monocultural, mientras la más débil tiende a ser bicultural, especialmente si sus miembros pierden la consciencia política militante de su etnicidad.

Habría, pues, una especie de cultura estatal representada por las instituciones, leyes y sistemas de comportamiento emanados de los programas políticos del Estado-nación, y en ella quedarían incluidas las normas administrativas, militares, educacionales, religiosas, económicas y de otra índole que regulan y delimitan el comportamiento de los grupos étnicos y de las naciones internas asumidas, así como de los individuos en particular. Como cultura, la del Estado es inicialmente un resultado de las combinaciones entre variables institucionalizadas, y su desarrollo toma conciencia a partir de un grupo étnico formativo asumiendo la cultura histórica de una nacionalidad y dando creación a un Estado-nación que asume, por conquista o por pacto, a las demás etnias-naciones.

En el trayecto histórico que lleva a la formación del Estado, una cultura se impone a las demás y adopta principios de unidad cultural basada en la fuerza mesiánica de su etnicidad, y con ésta, de su cultura. Una primera consecuencia política de esta fuerza es la expansión de la propia cultura sobre la base de justificar su prioridad histórica en la concepción institucional de un Estado común. Éste se convierte, así, en la imagen de la nación fundadora y la afirmación que ésta hace de su etnicidad en el Estado es, en cierto modo, una sublimación porque prolonga una concepción imperial o expansiva de su propia identidad cultural a una institución política mayor que la de su propia base.

De esta manera, todo Estado pluricultural asume en sus comienzos el biculturalismo como parte de un proceso hacia la uniformización cultural. El logro de este objetivo dependerá del grado de resistencia que encuentre en las demás formaciones étnicas o nacionales diferenciadas. Esta resistencia será, asimismo, más fuerte cuanto más homogénea y desarrollada sea la identidad étnica y cultural de los miembros de los grupos nacionales diferentes. En cualquier caso, el desarrollo de una cultura estatal tiene como punto de referencia el predominio de una etnia-nación en la dirección política y en la concepción específica de cómo debe ser un Estado.

Este predominio tiende a desembocar en el monopolio político del Estado como expresión del desarrollo de la idea de nación-Estado. En tales principios, el Estado requiere de una idea nacional dirigente y prolonga ésta en la afirmación de una cultura predominante. En este sentido, la resistencia a este predominio por parte de otras culturas incluidas en el territorio de soberanía del Estado aumenta el mesianismo del grupo nacional predominante, y en tal extremo su actividad histórica se dirige a la afirmación de una sola cultura nacional.

El biculturalismo es aquí una etapa hacia la uniformización y se aplica a los miembros de las culturas no identificadas con la que diera realidad al Estado nacional. La etnia-nación predominante en éste se adjudica el rol de uniformizar las culturas internas y de dotarlas de una sola identidad y consciencia. En esto consistirá la aparición progresiva de un colonialismo interno que, primero, habrá tenido una fase puramente política de dominación hasta culminar después en la fase del colonialismo cultural. Esta fase prolonga, pues, la cultura de la nación dominante a las naciones asumidas dentro del Estado, y éstas tienden a convertirse en sujetos de un dominio que, siendo primero político, tiende a ser también cultural.

De este modo, el Estado emerge como una cultura específica en la que sus leyes representan una manera de ser nacional insuflada por el modo de ser de una identidad nacional que pasa a las instituciones del Estado su propia personalidad o *ethos* cultural.

Dentro de los límites de este contexto histórico, una cultura estatal está constituida por leyes y reglamentos susceptibles de ser aplicables a todas las organizaciones (empresas económicas, grupos religiosos, educacionales, deportivos, militares y de otro carácter) que dependen de una legislación de control que regula los comportamientos de los diferentes individuos que viven dentro del sistema. Pero, asimismo, esta cultura estatal es, básicamente, un producto de la dinámica política fundada en un grupo nacional dominante y en la cultura que éste expande por medio de lo que ahora viene a ser resultado de su voluntad histórica triunfante: el Estado común. En su posibilidad de dominio esta cultura se disemina por todo el Estado común y alcanza a yuxtaponerse en el proceso histórico de las demás culturas sobre las que actúa.

Cuando esta cultura estatal se convierte en cultura nacional, entonces hablamos de cultura española, francesa, italiana, rusa, yugoslava, mexicana, china y demás, y a partir de este punto las culturas nacionales internas son convertidas por el Estado en culturas regionales dependientes y articuladas por un sistema institucional mayor o sobrepuesto. Los límites de expresión de las culturas nacionales internas (regionales) son, así, dados en función del sistema de controles impuesto por el Estado a su personalidad histórica. En este sentido, las llamadas regiones forman parte de los supuestos de dominación del Estado sobre las culturas internas, y como tal región dan razón a la idea de peculiaridad cultural local reducida a una expresión folklórica. Conducida a esta última expresión de conciencia folklórica, implica degradación del *ethos* político.

En este contexto, las regiones son conceptos que en lo cultural definen etnias o naciones diferenciadas cuyo proceso político carece de afirmación sobre sí mismo. En su realidad histórico-cultural, el concepto de región [3] en los Estados europeos modernos es equivalente al de una cultura nacional subsumida por otra cultura nacional predominante. Lo regional, en tales casos, corresponde a la eliminación de la idea nacional en lo que fueran naciones antes de producirse la unidad de lo pluricultural y multinacional en un solo Estado. A este tenor las llamadas culturas nacionales europeas son, a menudo, asimilables a una nacionalidad históricamente dominante, mientras que las llamadas culturas regionales serían naciones históricamente dominadas.

La función de la regionalidad consistiría, entonces, en ser el marco territorial donde una soberanía que fuera nacional se transforma en una delimitación de alguna peculiaridad reconocida administrativamente. En efecto, la idea de regionalidad aplicada al territorio de una etnicidad dentro de un Estado-nación implica no sólo la subordinación, con camuflaje de su personalidad, de una nación interna al Estado, sino que también implica el monopolio de la idea de nación por el Estado. El resultado es, obviamente, producir una concepción de nacionalidad adscrita a la que se desarrolla en los mismos fines políticos del Estado. Como resultado, la nación queda prefigurada como un concepto histórico y políticamente prioritario, de manera que el proceso que conduce de la idea de región a la de nación en las naciones-regiones viene a significar una recuperación de la identidad militante y, con ésta, el desarrollo de la propia cultura. Que el Estado haya invertido y desfasado este proceso adjudicando a las culturas nacionales asumidas el concepto administrativo de región significa en

3. Para el concepto de región considerada desde la perspectiva de una área de uniformidades específica, *cf.* Esteva, 1984, pp. 307 y ss.

todo caso un reflejo de su voluntad de asumir o de absorber también su identidad cultural.

La idea de región en el contexto de los Estados europeos representa, finalmente, una expresión del modo de ser unitario dentro de una tendencia contraria a ser diferente. El concepto de regionalidad política describe, en este extremo, una conciencia política de desaparición del plurimorfismo étnico y cultural, y adopta históricamente la idea de la existencia de una sola nación, la que da nombre al Estado. La transformación de una nación en región es, así, parte del proceso político que tiende a la desaparición de toda forma de conciencia nacional competitiva a partir de la conciencia regional. Es parte, en todo caso, de un proceso en el que se hace significativa la presión del Estado con vistas al logro de una cultura común. La región como concepto adquiere suficiente ambigüedad como para ser el camuflaje detrás del cual viven unas nacionalidades subsumidas en otra que históricamente siempre será coyuntural, esto es, siempre estará sometida a las leyes de integración étnica de la cultura, una integración que, en estas condiciones, suele ser comúnmente más estable que la dada por el mismo Estado.

Por eso, la cultura unitaria aplicada por el Estado a sus naciones internas tiene la debilidad de consistir en una superestructura que sólo es funcional mientras va acompañada del suficiente poder político para imponerse. Cuando este poder decrece, disminuye su virtualidad y en su empeño por mantenerse estable, se agota a sí mismo y pierde capacidad creadora. Especialmente pierde prestigio y deja de ser progresivamente más poderosa en imagen entre quienes, asimismo, poseían la conciencia más débil en el seno de las culturas y naciones asumidas.

El hecho, sin embargo, de que exista una estructura política uniforme para un territorio étnicamente diversificado, no es suficiente para que etnias diferentes cooperen en la producción de un espíritu común (*cf.* Znaniecki, 1944, p. 40). Esta cooperación será posible sólo cuando la organización política sea el resultado de una voluntad previa común de las etnias diferenciadas (*ibid.*). Éste es el caso de los Estados nacionales basados en la unificación impuesta militarmente. O simplemente, es el caso cuando la unidad del Estado no se ha constituido en función de una cultura y una identidad étnica comunes, sino, básicamente, como resultado de la soberanía centralizada ejercida sobre un territorio por un grupo de poder. Éste es el caso de los llamados Estados-nación (*cf.* Krader, 1972, p. 16).

El hecho de que una vez constituido el Estado actúa como una entidad independiente de la voluntad de sus miembros y de que, por lo tanto, no se considere «responsable ante nadie, sea cual fuese su pasado histórico o el origen de su poder» (Krader, *ibid.*, p. 17), implica de por sí que, una vez dada, su existencia es factor de complejidad cultural, y al mismo tiempo que se reconoce en su actividad una fuerte tendencia al monopolio del poder, también se le reconoce una fuerte capacidad de frustrar o condicionar el desenvolvimiento cultural autónomo de sus etnias internas.

Esta frustración actúa por medio de un sistema de organización cuyas redes institucionales alcanzan la capacidad de producir sus propias dimensiones culturales en oposición a las que desarrollan o hayan desarrollado sus diversas culturas internas. Estas dimensiones culturales tienen un signo variado, pues son a la vez políticas, económicas, educacionales, religiosas, militares, estéticas y formativas en general, y su actividad se constituye como una interferencia en el desarrollo de las actividades paralelas de afirmación que se dan en las culturas internas. Este paralelismo se presenta en forma de dos niveles de realidad cultural actuando desde diferentes capacidades de poder, el del Estado por una parte y el de la etnia por otra. Las diferencias de actuación de este poder, monopolista el primero, subordinado el segundo, marcan el grado de biculturalismo que encontraremos en uno y en otro niveles. El primero difícilmente se convertirá a sí mismo en bicultural, mientras que el segundo tenderá a serlo por la misma naturaleza de su debilidad política.

Por otra parte, el hecho de que el Estado constituya un monopolio institucionalizado o jurídicamente desarrollado del poder político con vistas a gobernar a los miembros de una sociedad implica de por sí una clase de control sobre éstos que incluye, además, la capacidad de transmitirles formas de cultura que aun siendo de tradición y origen diferentes a los de las poblaciones a que van dirigidas, sin embargo tienden a disponer del apoyo suficiente como para determinar, en este caso, un biculturalismo en ellas.

El monopolio de las leyes que configuran el ámbito de soberanía del Estado sobre los diferentes grupos sociales (etnias y clases) que lo constituyen supone en sí la capacidad

127

de hacer biculturales a los individuos que no son en origen identificables con la cultura que diera lugar al comienzo del Estado. Este biculturalismo tiene la continuidad relativa de la fuerza histórica de la cultura del Estado en términos políticos, económicos, militares y demográficos, de manera que los grados de resistencia ofrecidos a su actividad son relativos a los grados de cohesión mantenidos por las culturas-sujeto de su acción.

En términos de sus relaciones con la cultura estatal, las culturas-sujeto pueden considerarse relativamente partícipes de la promoción cultural del Estado en la medida en que éste los identifica y asume. La identificación se presenta constituida por diferentes niveles de realidad histórica.

En uno de ellos el Estado asimila, controla, disuelve o destruye, según los casos, las etnicidades y sus culturas: impone a éstas la suya propia, y de modo sistemático paraliza o impide el desarrollo de las culturas colonizadas. En esta acción el Estado se convierte en un sistema político por medio del cual las etnias o naciones colonizadas permanecen en una situación degradada respecto de sí mismas y de la cultura que promociona el Estado. La capacidad de éste para impedir el desarrollo y decisión sobre sí mismas de las culturas internas colonizadas es importante cuando estas últimas carecen de medios de reproducción de su propia forma de vida y cuando, asimismo, en virtud de su mayor capacidad de maniobra y decisión políticas, el Estado condiciona el proceso cultural de las etnias internas hasta el punto de inhibir o de anular su reproducción.

Dentro de esta situación se produce un objetivo más o menos abiertamente consolidado: el de reemplazar las culturas internas sustituyéndolas por el modelo cultural asumido por el Estado. Todas las etnias o naciones que han sido el objeto del imperialismo se encuentran en esta situación. En su desarrollo, y una vez convertido en institución al servicio de un imperialismo interno, el Estado asume originariamente la identificación con alguna cultura en particular, y en tal extremo asume la cultura que, históricamente, haya sido la creadora del Estado. Las llamadas culturas española, francesa, rusa, alemana, china y otras son exponentes de la expansión de una etnia nacionalmente orientada que, en su consolidación, han asumido a otras nacionalidades, y con la formación del Estado nacional han determinado el desarrollo tanto de un colonialismo cultural interno como de un colonialismo político apoyado en alguna clase de capacidad militar.

El Estado es, en cada caso, una institución política culturalmente orientada a la expansión, por medio de leyes, de una cultura única. El éxito de este proceso de expansión cultural del Estado sobre sus etnias internas es, en todo extremo, relativo a las condiciones históricas en que se haya realizado su fundación, pues en algunos casos los pactos y confederaciones entre etnias o naciones tienden a disminuir el centripetismo estatal. Abundan los ejemplos de este tipo.

Su carácter principal radica en el hecho de que el punto de partida es la limitación de soberanía del Estado sobre los territorios y las instituciones de sus etnias y naciones internas. Siendo así, la cultura del Estado queda limitada a una superestructura legal que no impide o no cohíbe el desarrollo de cada etnicidad y de su cultura de identidad. El caso suizo se aproxima a este modelo. En estas condiciones las culturas internas dejan de ser sujetos subordinados de la que asumió la identidad del Estado. Sin embargo, y en tanto que el desarrollo del Estado debe su mayor fuerza y continuidad a la energía con que es capaz de homogeneizar la forma de vida de la población que permanece bajo su control, su principal tendencia consiste en absorber todo desarrollo cultural separado hasta asumirlo como propio en el proceso de homogeneización.

Esta asunción supone que el desarrollo y expansión de la cultura de un Estado es relativa al grado en que disminuye la capacidad de integración cultural de sus etnias internas. Esto es, depende del grado en que éstas son capaces de mantener su identidad y de reproducirla en función de sus propios sistemas de socialización de patrones culturales. La cuestión más importante aquí consiste en determinar hasta qué punto la cultura asumida por el Estado reemplaza sistemáticamente a las culturas de sus etnias o naciones internas. Consiste asimismo en determinar hasta qué punto las fases biculturales o de alternancia de culturas dentro de un mismo sistema social implican un proceso de eliminación de la cultura de una etnia interna no identificada con la del Estado o si, por el contrario, la cultura propagada o instaurada por éste es sólo un medio o instrumento de comunicación entre individuos de diferente etnicidad históricamente incluidos en un mismo sistema político.

Interesa aquí establecer que el biculturalismo es en sí una

forma de actuación social relativamente estable, ya que su continuidad se percibe como un proceso de transición, en unos casos hacia el monoculturalismo (los inmigrados en sociedades cultural y étnicamente cohesionadas) local y en otros como un proceso de transición hacia el monoculturalismo desarrollado por el mismo Estado. Incluso en ciertos casos es un mero instrumento para la comunicación social entre individuos o entre grupos de identidad diferente necesitados de una doble cultura en orden a poder participar en un mismo proceso social, en definitiva, en orden a poder convivir dentro de una sociedad común, como es el caso en grupos de individuos que viven alternativamente en dos culturas.

Desde luego, el biculturalismo del Estado representa una clase de consciencia sobre un proceso conducente a la uniformidad. Asimismo, ésta es contrarrestada por la tendencia a la homogeneidad desarrollada por la otra consciencia, la de la etnia, cuya cultura es diferente a la representada por el Estado. Lo importante en tal caso es discernir cuál va a ser el grado de decisión que cada etnia o nación tiene o tendrá sobre su propia reproducción como cultura.

Lo cierto es que toda cultura estatal moderna se yuxtapone sistemáticamente en el desarrollo de las culturas étnicas subordinadas, precisamente porque éstas carecen de decisión política objetiva sobre su propia cultura. Por lo mismo, se ven obligadas continuamente a reinterpretarla, en cierto modo espontáneamente, yendo a su tradición, por una parte, o convirtiendo su folklore en el sucedáneo de sus fuentes de identidad. A modo de reconfirmación étnica el folklore juega un papel destacado en la expresión de etnicidad, sobre todo cuando las formas prácticas de la vida cotidiana en una sociedad son universales y carecen de particularidad como elementos de diferenciación cultural dentro de la misma estructura social.

La forma cultural espontánea en una sociedad de confrontación poliétnica estaría dada por las tradiciones anteriores que marcan las diferencias de la cultura-sujeto respecto de la cultura universal o del Estado que viven indistintamente los individuos del sistema global. El lenguaje y el folklore mantienen un efecto de identidad muy fuerte, y en este sentido el culto a la integridad territorial del Estado y la veneración que éste tiene por sí mismo (*cf.* Krader, 1972, p. 17) son respondidos de manera más o menos consciente por el culto a las tradiciones culturales de la etnia-sujeto. Estas tradiciones son raíces de identidad que afirman las diferencias frente a la cultura de difusión del Estado.

Inconscientemente el folklore, en este caso, es una fuerza simbólica de identidad cultural independiente y tiende a desafiar el culto y la veneración que el Estado se merece a sí mismo como integridad cultural. De ahí que a menudo el Estado identifique como una amenaza a su integridad algunas expresiones públicas del folklore. En todo caso, la expresión de éste tiende a ser un acto de afirmación cultural diferenciada, y en muchos casos oculta una fuerte resistencia consciente al biculturalismo y a la idea de tener que actuar con dos identidades culturales en un mismo ámbito estructural.

La resistencia a dicha idea conduce a menudo al etnocentrismo y tiende a convertirse en una condena del activismo cultural del Estado. Este activismo es resistido hasta el extremo de producir fuerte resentimiento entre los miembros de las culturas-sujeto que, impotentes por impedir el biculturalismo de que son objeto, afirman su propia cultura e incluso la desarrollan en sus bases tradicionales. El folklore y el lenguaje son muestras de este desarrollo que en sí es también un desarrollo de la propia identidad frente a la que postula el Estado.

El biculturalismo que tiene su origen en los actos de este último tiende a impedir la realización homogénea de la cultura-sujeto, y en tal extremo el Estado aparece como una autoridad cultural barredora de las diferencias que marcan su incapacidad unitaria.

La orientación etnocéntrica frente al Estado se nos ofrece como un elemento crítico con el folklore y con el lenguaje, y es, además, política, y en este último caso la consciencia que se tiene del biculturalismo es para resistirlo porque amenaza la integridad del ego y de la cultura-sujeto. En este sentido, la marca étnica, el lenguaje y el folklore, cuando no otros símbolos externos de identidad además de los de consciencia, deben considerarse como tipos de resistencia al Estado considerado como fuerza alienadora de la cultura-sujeto.

A partir del Estado multinacional, el biculturalismo es una condición para un propósito de monoculturalismo final. Más que una tolerancia radical hacia la cultura-sujeto, este biculturalismo esconde una práctica de desorganización de ésta, y en el futuro actúa para el desarrollo de otra identidad étnica y cultural entre los grupos de la cultura-sujeto: la identidad del propio Estado.

El folklore y otros símbolos de diferenciación por parte de las culturas-sujeto son, asimismo, empleados como expresiones para marcar el carácter de la crisis de integración por la que pasa una cultura-sujeto cuando la cultura del Estado actúa como un programa de difusión y de aculturación sucesivas de las culturas-sujeto. Si éstas son evolutivamente semejantes a la cultura del Estado, su posición histórica respecto de éste es de latencia política camuflada, donde la capacidad represiva y de difusión culturales del Estado son contestadas con una a veces indefinida desconfianza hacia su racionalidad. Así, mientras el Estado debilita el desarrollo de nuevas formas propias en la cultura-sujeto, ésta tiende a refugiarse en su tradicionalidad en tanto que representa una forma profunda indirectamente resistente a la difusión y aculturación procedentes del Estado.

A falta de una forma de identidad capaz por sí misma de desarrollarse hasta recuperar una conciencia política decisoria, la cultura-sujeto descubre en el tradicionalismo de sus formas de vida la defensa de su etnicidad. Ésta es una clase de conciencia fácil de movilizar emocionalmente y va pareja con la debilidad del Estado y con los casos de confrontación entre fuerzas homologables o equivalentes opuestas históricamente. El folklore, el lenguaje y otros símbolos habrán sido, mientras, elementos de caracterización de la identidad diferencial.

La eficacia relativa de la afirmación cultural que se consigue en términos de folklore y de lenguaje tiene un carácter por lo menos latente, y rebasa este período de latencia cuando su actividad adquiere dimensión política militante y ejerce resultados sobre las funciones del Estado. En la medida en que dicha dimensión política consigue establecer controles sobre su propio desarrollo cultural y disminuye la capacidad contraria del Estado, en esta medida pierde su condición de cultura-sujeto. Al llegar a este punto el biculturalismo alienador del Estado se transforma en respuestas de monoculturalismo indígena por parte de la cultura-sujeto.

Al ocurrir esto último la cultura-sujeto adquiere o recupera, caso de haberla perdido, su consciencia nacional, pues por lo mismo que desarrolla sobre sí misma un mayor poder de decisión, este poder desarrolla su capacidad de eliminar la yuxtaposición cultural representada por el Estado. Aquí es donde el biculturalismo pierde terreno entre los indígenas de la cultura-sujeto y lo gana, en cambio, el monoculturalismo.

Por ejemplo, entre los catalanes han existido claramente diferenciados un período histórico de repliegue considerable de sus usos lingüísticos (aparte de su cultura en general), y en este sentido, y a partir del siglo XVIII, la oficialidad lingüística del castellano (idioma oficial del Estado español) ha encontrado poca oposición política entre las poblaciones catalanas. Esta pobre resistencia coincidió con la debilidad política de Cataluña para decidir sobre su propio destino como nación. Pero en un segundo período, coincidente con la decadencia del imperio español, la oficialidad del castellano es disputada para ser cooficial con el catalán, mientras que en un tercer futuro período de mayor recuperación política de Cataluña se contempla la impugnación del castellano y la oficialidad única, dentro del territorio catalán, de este idioma.

Esto que reconocemos en el ámbito de la lengua es válido también para otros niveles y elementos de la cultura. El biculturalismo constituido por lo catalán y lo castellano está, asimismo, en retirada consciente, y a nivel de su acción permanente en Cataluña ha pasado a ser biculturalismo de los inmigrados en proceso de asimilación al monoculturalismo catalán. Este proceso está claramente adscrito a una recuperación de la fuerza política nacional catalana postrada hasta muy recientemente. En este punto, el llamado «pluralismo desigual» (Akzin, 1968, p. 51) dentro de un Estado y en favor de la nación dominante, hace crisis porque aun manteniéndose la desigualdad política, ésta ya no se corresponde con una equivalente debilidad cultural por parte de la nación dominada. En realidad, la misma consciencia de su identidad y la lucha política organizada para recuperar la decisión nacional sobre su propio destino, por parte de la nación dominada, es un hecho que indica la puesta en marcha de un proceso del biculturalismo en detrimento de la identidad de la cultura-sujeto, pasa a ser un biculturalismo en favor de la identidad de esta cultura y de la identificación de los inmigrados en términos de la cultura-sujeto obteniendo progresivamente su monoculturalidad.

Las formas de presión son variadas en el contexto histórico de las culturas en cuanto al mantenimiento de su identidad, pero en todo caso el Estado siempre es extremadamente susceptible al desarrollo político de las culturas-sujeto. Para evitar este desarrollo recurre al debilitamiento de la consciencia histórica de los miembros de las culturas-sujeto, asimilándolas a una fuerza vicaria en el sentido de que su destino es consustancial con el del Estado. La idea de región es, en lo territorial y en lo político, un reflejo de esta vicariedad, pues al eliminar la consciencia nacional en la cultura-sujeto, y al ceder al Estado la idea nacional, pierde también con ello el sentido político que hace posible el mantenimiento de la integridad cultural.

La tendencia fundamental del Estado es monocultural, y sólo una fuerte contrapartida de consciencia étnica opuesta en los grupos sometidos a su control evita esta inversión cultural. El caso es que la conciencia étnica contraria supone para el Estado un esfuerzo político permanente que compense, en este caso, su paradójica debilidad cultural. Esto se manifiesta especialmente entre grupos étnicos o nacionales del mismo o de semejante nivel cultural. En esos casos, esta incapacidad del Estado para absorber culturalmente las culturas de las etnias que controla se compensa por medio de la creación y mantenimiento por el Estado de un control militar y político poderosos, secundariamente apoyados en un sistema legal unificado o de ámbito general y en un cuerpo de funcionarios representativos de la red de controles administrativos que, en este ejemplo, sustituyen la falta de arraigo de la cultura oficial en el seno de los grupos étnicos sometidos.

Esto hace evidente que cuanto más débil es la capacidad del Estado para extender su cultura a una determinada etnia o nación, mayor es la fuerza de su aparato represivo y mayor es su necesidad de crear un sistema de control supraestructurado sobre el proceso habitual de las sociedades sometidas. O sea, cuanto mayor es la debilidad cultural del Estado en relación con otras culturas, más resisten éstas las tendencias al monoculturalismo de aquél y más tiende el Estado a crear sistemas colectivos directos de asimilación cultural. Para conseguir estos fines el Estado tiende al monopolio educacional; restringe las expresiones públicas de los símbolos de identidad étnica, sobre todo el lenguaje, y crea controles económicos, políticos, religiosos y administrativos por medio de los cuales trata de reducir el desarrollo cultural de las etnias o nacionalidades sometidas.

Mediante esta acción sistemática sobre el colectivo étnico sometido, el Estado más que desarrollar su cultura produce asfixias intermitentes en las culturas diferentes de su territorio de soberanía, y más que afirmar su cultura, afirma un modo político de control. En este sentido, su debilidad cultural la contrarresta empleando una extraordinaria capacidad política de maniobra. Si en una primera fase, la de conquista, el Estado es capaz de expansionarse territorialmente y de instituir su organización política, en una segunda trata de eliminar las culturas sometidas por medio de un esfuerzo conducente a integrarlas colectivamente.

Aquí ya no se trata de un proceso de absorción de individuos uno por uno, sino grupo por grupo. El proceso es diferente, por lo tanto, al que definimos para los casos de inmigración, pues en éstos la absorción de individuos predomina sobre la absorción de grupos. La debilidad progresiva de éstos aparece ligada al abandono de sus individuos a medida que van siendo absorbidos por otras etnias y por las culturas que éstas desenvuelven.

Por lo demás, un Estado poliétnico supone la circulación étnica dentro del Estado, y si éste tiene regiones o zonas económicamente más desarrolladas que otras, entonces es también probable que sean más pluriculturales las más desarrolladas que las menos desarrolladas. En tal sentido, en las regiones de mayor desarrollo estructural el biculturalismo es muy probable, ya que también es muy probable la concurrencia interétnica. Esta concurrencia es independiente, en este caso, de si la sociedad anfitriona es políticamente libre o es políticamente sometida, porque aquí lo que cuenta es la complejidad relativa de la estructura.

Sin embargo, los tipos de biculturalismo serán diferentes en función de la capacidad política y cultural relativa de las sociedades anfitrionas.

Obtenemos, pues, una perspectiva global en la que el biculturalismo es una función del grado relativo de nivel cultural que cada grupo étnico haya alcanzado en relación con otro en el contexto de un mismo proceso social. Siendo así, el biculturalismo se nos aparece también como una especie de compromiso interétnico, impuesto o voluntario, de acuerdo con el cual individuos y grupos de una cultura tienden a pasarse a los usos, costumbres y símbolos de identidad de otra, y mientras usan simultáneamente ambas culturas, tienden finalmente a integrarse a una sola. El Estado en este caso puede retardar o acelerar el proceso en una o en otra dirección, puede suprimir incluso la cultura de una etnia e imponer la suya, o puede que, por el contrario, se limite a impedir el monoculturalismo de sus etnias sometidas imponiendo a éstas el biculturalismo en un esfuerzo por conducirlas al monoculturalismo del Estado. Las posibilidades de este último logro estarán en función del nivel cultural evolutivo alcanzado por la etnia sometida, ya que de ser semejante al de la etnia del Estado, éste sólo mantendrá el biculturalismo mientras mantenga su capacidad histórica de soberanía política sobre las demás etnias.

El biculturalismo en un Estado pluricultural registra, pues, una dimensión política, pero también constituye un vehículo para la comunicación social entre individuos de diferente cultura. En cierto modo, sirve a los fines del Estado en la medida en que éste lo usa como un medio por el cual la comunidad étnica sometida es primero aculturada y sistemáticamente pasada al monoculturalismo del Estado. Pero, por otra parte, el biculturalismo es también un proceso de paso necesario a la adopción de la cultura anfitriona en el caso de inmigrados que poseen otra cultura diferente. Éste puede ser el caso de los grupos étnicos o nacionales emigrados a otras naciones en que se ven obligados a adoptar las culturas anfitrionas para el fin de obtener su integración social en ellas.

Esto significa que en el entretanto seguirán manteniendo sus culturas de origen en aquellas de sus partes que no interrumpen el proceso social de las sociedades anfitrionas. Asimismo, tendremos los casos de biculturalismo en grupos inmigrados pertenecientes o identificados con la etnia nacional del Estado, como ocurre con los castellanos en Cataluña (cf. Esteva, 1973a). Se trata aquí de un biculturalismo en el que un gran porcentaje de los inmigrados adoptan progresivamente, y ya en la primera generación, la cultura y la identidad catalanas, a pesar del esfuerzo político institucional del Estado por impedirlo (cf. Esteva, 1974). Esto es, mientras el Estado tiende a hacer biculturales a los catalanes, éstos tienden a hacer biculturales a los inmigrados. En tales casos ocurre que los inmigrados de clases obreras o asalariados de grado medio tienden a adoptar el biculturalismo, esto es, se conservan en su cultura de origen y sus símbolos de identidad, especialmente el lenguaje, mientras por necesidades de integración social tienden también progresivamente a usar símbolos catalanes de identidad, entre otros, y quizás el más significativo, el lenguaje.

La contradicción dialéctica entre el Estado como cultura y la etnia como otra cultura se resuelve de un modo permanentemente provisional en el sentido de que cada afirmación cultural de una es contrarrestada por otra, en la medida en que la pugna histórica por la identidad del Estado como uniformizador cultural y la identidad nacional de la etnia anfitriona tienden a realizar dos objetivos semejantes: el monoculturalismo o cultura única en una sola dimensión adaptativa o políticamente unicentrada.

De este modo, si el Estado trata de proteger su cultura por medios institucionales o transportándola a través de aquellos grupos propios que emigran a las zonas culturalmente diferentes, los grupos anfitriones tratan, en cambio, de afirmar la permanencia y continuidad de su cultura precisamente sintiéndose diferentes de la del Estado. En este sentido, mientras la etnia políticamente sometida por el Estado reclama participar en el proceso político y económico común, y mientras aspira a beneficiarse de los productos de éste, al mismo tiempo practica el derecho a ser diferente a la que proclama representar el Estado.

Podríamos aquí ver que el precio de la dominación política del Estado en una sociedad pluricultural consiste en producir conflictos y contradicciones interétnicas, las cuales trata de resolver acudiendo al expediente del uniformismo cultural vía un proceso biculturalista. La respuesta en los casos en que sus etnias diferentes conservan una fuerte energía cultural y una sólida consciencia de identidad histórica, consiste en desarrollar todos aquellos símbolos culturales que aseguran su continuidad, al mismo tiempo que actúa para absorber en su monoculturalismo a los grupos inmigrados.

En esta ocasión existen, pues, dos biculturalismos de transición, el que promueve el Estado y hace biculturales a los grupos étnicos anfitriones y el que promueven éstos y hace biculturales a los inmigrados. Así llegamos a una primera conclusión, la de que el hecho de ser bicultural no supone ser biétnico. El hecho de que una persona use dos culturas para comunicarse en contextos pluriculturales no requiere cambio de identidad étnica. En realidad, esto significa que los primeros pasos de adopción de otra cultura y la intermitencia de una y otra en el transcurso de la vida social no convierten al individuo en dos identidades personales diferentes. Lo que hace éste en tales condiciones es determinar al individuo entre las opciones culturales del Estado y las de sus anfitriones, opciones que, por otra parte, tienden a ser resueltas en la dirección social que el individuo encuentra más atractiva para la realización de su personalidad.

En el caso de sociedades anfitrionas de inferior nivel evolutivo al representado por un poder político dominante o unicentrado, es probable que la opción más atractiva sea la que le ofrece el Estado. Pero en caso de que el nivel evolutivo sea semejante o superior, entonces la opción más atractiva será la anfitriona. Desde el punto de vista de la integración social del individuo, es evidente también que sus adopciones culturales terminarán siendo las del grupo en que realice sus actividades cotidianas, y en este sentido si la cultura del Estado no es equivalente a la cultura de los grupos étnicos de integración, entonces aquélla tendrá pocas oportunidades de desarrollarse en el individuo. Es obvio, por lo tanto, que la fuerza de impregnación cultural del Estado es relativa a la fuerza de impregnación cultural del sistema social anfitrión.

En la realidad conocida, si la estructura social permanece abierta, y si admite a los individuos con independencia de su origen étnico o racial, entonces integrará culturalmente aquel grupo que dentro del sistema local represente el modo de vida predominante. Los modos inmigrados, incluido en este caso el del Estado, pierden pronto su fuerza ante la mayor tenacidad social de las culturas anfitrionas, y aunque el Estado siga desarrollando el biculturalismo de los grupos anfitriones, su debilidad para infundir definitivamente éste resulta ser permanente por cuanto los anfitriones constituyen los núcleos de consenso social y son aglutinadores por excelencia, de manera que mientras las culturas de los inmigrados se disuelven o reducen su fuerza por disgregación social de sus miembros, sobre todo a partir de una separación progresiva de sus vínculos étnicos de origen, la cultura anfitriona desarrolla procesos contrarios: esto es, tiende a cohesionar y a identificar al individuo con su nueva situación social. Si la cultura es un vehículo de orientación y de comunicación social, y si su prestigio relativo es suficiente en comparación con el que exhibe otra políticamente rival, y si demuestra capacidad, latente o real, para desarrollar recursos adaptativos propios, entonces es la cultura anfitriona la que tiene posibilidades más permanentes de reproducir su identidad en sus propios miembros y en las personas de los inmigrados.

Mientras tanto el Estado alimenta un biculturalismo disociador de identidades étnicas y de nacionalidades políticamente diferenciadas, a pesar de lo cual éstas tienden a reencontrar su equilibrio y su consciencia histórica con más pertinacia que el mismo Estado. En la realidad, el Estado es una organización política históricamente menos dependiente de la cultura que las etnias y las naciones internas, de manera que su fuerza y estabilidad son relativas a su capacidad de manipulación política sobre las culturas. En estas condiciones, si la consciencia política de las etnias y naciones que somete es muy activa, el Estado tendrá un desgaste continuo de poder o de manipulación sobre las poblaciones internas. Esto significará que al convertir a éstas en sujetos de su poder, también las convertirá en rivales de este poder, en fuentes de identidad diferenciada. En tal extremo, el Estado será una función del desarrollo colonial interno y constituirá un nivel cultural centrífugo que cuanto más se extiende, más se distiende en su eficacia relativa al logro de la homogeneidad cultural que pretende conformar.

En un sentido puramente cultural, el Estado es más vulnerable en términos de identidad que las etnias y naciones, que son su función de poder. Dicha vulnerabilidad responde al hecho de que su poder vive permanentemente situado en la precariedad histórica relativa propia de los Estados. O sea, cuando por su propia función expansiva el Estado actúa internacionalmente, acentúa sus propias contradicciones en la rivalidad de poder con otros Estados. Dentro del Estado implica una participación política asimétrica por parte de las etnias internas, y si como consecuencia, además, de la concentración de poder en un solo punto, los diferentes grupos étnicos pierden soberanía sobre su propio proceso histórico, entonces el Estado produce una situación colonial interna cuya consciencia va pareja con la fuerza relativa de cada identidad étnica y nacional. Es en términos de esta consciencia como el Estado gana o pierde capacidad de manipulación sobre su realidad cultural. Esta capacidad se dilata o se contrae según sean las condiciones de su desarrollo demográfico y político y según sea la fuerza de su consciencia e identidad, pero en cualquier caso su actividad es siempre una causa profunda de la debilidad permanente del Estado.

Aquí podría decirse que en estas condiciones la permanencia del Estado como institución de desarrollo cultural sólo se contempla positivamente cuando su acción de poder se propaga sobre etnias o naciones evolutivamente inferiores. Éste sería el caso en la formación de Estados por conquista de los europeos sobre poblaciones primitivas o tribales. En tales casos, la consciencia tribal anterior queda suprimida y no reaparece como entidad interna dentro del Estado. Más bien asume la nueva situación histórica tal como está dada culturalmente. En cambio, cuando la formación de Estados por conquista se ha realizado, como en Europa, sobre naciones evolutivamente semejantes a la que asumiera la agregación política, entonces dicho papel cultural es más deprimente que expansivo, y además al asentarse sobre una superioridad demográfica, militar o política, deja siempre pendiente la resolución histórica final del conflicto.

En este sentido, mientras la formación de Estados por conquista de poblaciones culturalmente inferiores tiende a producir, por aculturación sistemática y por identificaciones de prestigio, la integración y asimilación progresiva de los nativos a los conquistadores hasta constituir con el tiempo una nueva nación, y mientras esta integración representa una mejora cultural desde el comienzo en comparación con el modelo nativo inicial, en cambio la formación de Estados, como en Europa, por conquista de naciones de semejante nivel cultural sólo significa depresión o empobrecimiento cultural de las etnias y naciones conquistadas, precisamente porque el desarrollo del poder estatal se corresponde con la debilidad progresiva de la capacidad de decisión de sus naciones internas conquistadas. En tal extremo, el Estado no es sólo enemigo de la heterogeneidad cultural, sino que al practicar una política colonial interna pone en estados de rivalidad y de latencia a las naciones sometidas, y, en tal caso, las prepara tanto para el biculturalismo como para la destrucción del Estado. En su acción de cultura puesta sobre aquéllas, el Estado proporciona a sus naciones internas las técnicas y los medios que luego éstas utilizarán para destruirlo. Aquí sí tienden a reaparecer las entidades nacionales anteriores al sometimiento por el Estado. Para que eso ocurra es sólo cuestión de que el Estado desgaste sus místicas expansivas, se repliegue y pierda, por tanto, su capacidad represiva sobre sus etnias y naciones. Esto significa que la reaparición histórica de las naciones oprimidas se corresponde con el empobrecimiento del prestigio político y cultural del Estado. Éste es un proceso irreversible.

Lo que en el caso del colonialismo sobre culturas primitivas o tribales constituye una estimulación cultural objetiva, en el caso del colonialismo sobre poblaciones del mismo o

140

semejante nivel cultural representa una paralización de su propio proceso cultural.

El Estado es así sujeto de sus propias contradicciones, pues mientras tiende a uniformizar y a destruir las culturas internas, convierte a éstas en rivales, latentes o activos, de su unicentrismo. Si su ámbito de presión es la uniformidad institucional, la respuesta que recibe es precisamente la heterogeneidad cultural. En todo caso, sin embargo, para ser estable en su continuidad histórica, al Estado debe corresponder una cohesión cultural semejante en la forma de vida o *ethos* y símbolos exhibidos por todos sus ciudadanos. O sea: es necesario que éstos posean una misma tradición cultural, posean una misma conciencia étnica y de identidad histórica. De no ser así, de existir diferencias en este sentido, y de manifestarse dichas diferencias en forma de objetivos políticos contradictorios con los que desarrollan sus etnias y naciones internas, entonces el Estado no sólo carecerá de homogeneidad cultural, sino que desarrollará el colonialismo interno y con éste su propia debilidad y contradicciones políticas.

Esto es, en condiciones de resistencia étnica y de cohesión cultural de los grupos sometidos, el Estado es un sistema en crisis permanente de integración consigo mismo. Mientras tanto es evidente que si consideramos al Estado como un posesor exclusivo de decisiones políticas y de normas de actuación social, el biculturalismo que desarrollará tendrá un carácter compulsivo, pero será menos profundo que el de los grupos étnicos del mismo Estado formando ecosistemas, y siempre que en cada caso se trate de culturas, como dijimos, evolutivamente semejantes.

En otros casos, por ejemplo el de aquellos grupos indígenas que en los países americanos viven marginados de los sistemas culturales nacionales y se mantienen en «reservas» o en tribus localizadas, no suelen darse estas condiciones de inmigración de grupos étnicos diferentes mezclados en sus propios procesos sociales locales. En realidad, es así no sólo porque se trata de sociedades socialmente cerradas, sino también porque su existencia no es directamente competitiva con la existencia del Estado político de soberanía. En la medida, por otra parte, en que este Estado es política, económica y culturalmente más fuerte que el enclave indígena, este enclave no absorbe culturalmente al mayor o representativo de la cultura de dominación. Al haber eliminado el Estado la competitividad política de la cultura indígena, absorbe a los miembros de ésta progresivamente a partir de la incorporación individual de éstos a las sociedades internas del sistema estatal. Poco a poco el Estado desarrolla la aculturación de los grupos indígenas, y éstos, por degeneración progresiva de su capacidad de autorrealización, acaban siendo individualmente absorbidos por el sistema mayor.

El hecho de la debilidad política, social, económica y cultural en general de los grupos indígenas en tales ejemplos significa que normalmente será fácil que un indio se haga bicultural, pero no así que lo haga, digamos, un anglosajón respecto de un apache o un mexicano respecto de un tarahumara. En estas circunstancias, los procesos históricos del biculturalismo en función de la existencia del Estado como competidor cultural son diferentes según las fuerzas políticas relativas exhibidas por las diferentes culturas internas en relación con el Estado.

Los puntos de resistencia más importantes o más opuestos a la expansión de las culturas estatales los constituyen, por una parte, las etnias o naciones-sujeto de su acción y, por otra, la propia comunidad étnica que ha asumido históricamente la identidad única del Estado-nación. En el primer caso, el Estado es resistido por las etnias políticamente más conscientes de su pérdida de identidad y de soberanía; además esta resistencia se halla reforzada por la distintividad cultural que pueda serle específica en contraposición con la que impone el Estado.

En otro orden, la propia entidad nacional soporte de la identidad del Estado-nación resiste o apoya la expansión propia según sean su fuerza o su debilidad para emprenderla y sostenerla. En función de esta fuerza o debilidad relativas del Estado-nación para conseguir o mantener sus objetivos expansivos y asimiladores, los miembros de la etnia expansiva se identifican relativamente con las acciones de sus clases dirigentes. Esto último significa que ciertas experiencias coloniales son padecidas por miembros del propio grupo nacional cuando arriesgan más de lo que pueden asegurar. El caso de las rebeliones internas en las metrópolis contra las políticas coloniales o la convergencia de los intereses de las clases populares de una nación dominante con los intereses del conjunto resistente de una nación dominada constituyen ejemplos de que la resistencia al desarrollo expansivo de un Estado-nación es consustancial a la fuerza o debilidad relativas de

142

sus naciones sometidas y de su misma fuerza o debilidad respecto de su propia estructura interna de control del sistema de poder.

Aquí el desarrollo relativo alcanzado por el ego político de cada grupo étnico o nacional es un factor importante para la integración política y cultural de un Estado, y, en tal sentido, aquellos de sus grupos étnicos que hayan alcanzado consciencia política nacional son los que mayormente resisten los programas asimiladores del Estado. En tales casos, estas etnias internas del Estado, al estar provistas de dicha consciencia, tienden a reforzar su cultura tradicional y los símbolos que acreditan su identidad. De este modo, si el Estado es una fuerza política y cultural de polarización de las identidades étnicas internas, estas identidades son, dependiendo de su integración cultural y de su grado de consciencia política nacional, grupos de bipolarización política y cultural permanentes.

Si mantienen un poderoso ego político, es también muy probable que desarrollen un alto grado de etnocentrismo y de sentimientos resistentes contra el Estado. Esta noción de resistencia no siempre es políticamente consciente en la totalidad de los miembros de una etnia nacional sometida, pero esta falta de consciencia en este punto es comúnmente suplantada por un comportamiento cultural uniforme que en sí es diferente al que actúa desde el Estado. La diferencia, en tal caso, consiste en establecer el grado o nivel de actuación social de una y otra culturas en el contexto de la situación diaria que tienen dentro de la estructura social en que se desenvuelve cada cultura.

Las ideas del «nosotros» y del «ellos» por parte de las etnias nacionales sometidas y las ideas específicas divulgadas por el Estado a través de sus más poderosos medios de difusión, de disuasión y de represión remiten, en todo caso, a ideas sustitutorias que mientras subsumen el papel cultural de las etnias nacionales sometidas, sitúan como núcleo satelizador una idea de «patria común» que en sí es equivalente a la identificación con el Estado, asociándose a éste el proyecto de un desarrollo cultural uniforme que se origina en la órbita de la cultura de aquella nación que produce la mayor identificación con el Estado.

Ésta es una clase de identificación que realza los fenómenos de historia común más brillantes y que los asocia con la idea de que sólo mediante una unidad histórica dirigida por la etnia nacional más consciente en la creación y conducción del Estado es posible desarrollar una fuerte nacionalidad común. Al amparo de los méritos históricos conseguidos por la etnia nacional que podemos designar como «la conciencia del Estado», es la cultura de esta particularidad la que queda como modelo para las demás, y así acaece que sus estilos, costumbres y lenguaje tienden a representarse como las formas cuyo contexto debe ser asimilado por las demás etnias nacionales sometidas.

La existencia de contextos culturales diferentes adscritos a las etnias nacionales incorporadas al Estado-nación constituye por eso bipolaridades permanentemente propensas a oscilar entre la polaridad estatal y la polaridad de la cultura no estatal. Entre ambas tendencias a la polarización se inscribe la provisionalidad del biculturalismo. Éste corresponde, pues, a una fase transitoria y es una función permanente del Estado mientras éste consigue ser el vehículo de ejecución de la cultura étnica nacional dominante.

En cierto modo, esta cultura dominante es relativamente eficaz en cuanto a su capacidad para identificar a las demás con su contexto histórico y contenidos simbólicos. Esta relativa eficiencia depende de cuánto prestigio puede asumir en comparación con otras que rivalicen con ella. La rivalidad a que aludimos no se refiere sólo a las culturas de las etnias nacionales internas, sino que también atañe a las culturas de ámbito internacional que disputan, más o menos directamente, el predominio político de la propia cultura sobre el mundo.

En este sentido, las capacidades relativas de un Estado-nación para asegurar la difusión de su propia cultura entre las etnias nacionales internas dependen: a) del prestigio y fuerza política de su cultura; b) del prestigio y fuerza política de las culturas internas no identificadas con la del Estado-nación, y c) del prestigio y fuerza política de difusión de la cultura de otros Estados en el contexto de la concurrencia internacional.

Cada extremo de estas alternativas se prefigura como una homogeneidad diferente no sólo en cuanto a los contenidos y símbolos de su acción y a su grado evolutivo de desarrollo, sino que prefigura una posición estratificada dentro de cada individuo en términos de la profundidad relativa de cada cultura en su identidad étnica y en su ego o estructura de personalidad.

El hecho más importante de nuestro planteamiento lo

constituye, así el hecho de que la cultura del Estado-nación es siempre una cultura en crisis como cultura étnica nacional del Estado-nación, y asimismo las culturas de las etnias nacionales internas se producen también como culturas en crisis de homogeneidad y de identidad a partir de sus frustraciones en la realización histórica de sí mismas.

Éstos son fenómenos que acompañan tanto a la misma existencia del Estado-nación como a la existencia de las etnias nacionales que se hayan convertido en sus sujetos de aculturación. La situación de ambas culturas será frecuentemente ambigua respecto de sí mismas porque mantendrá la tendencia a constituirse en homogeneidades sin serlo totalmente en el comportamiento objetivo de sus respectivas actuaciones. De ahí la crisis, de ahí el que cada cultura intente realizarse sin la otra, por lo menos en lo que se refiere al intento permanente de lograr un control sobre sí misma. Al ser así, la situación respectiva de cada cultura es un problema político, y como tal su continuidad relativa es una función de su capacidad política para controlar las situaciones que remiten a la fuerza o debilidad específicas de cada etnia nacional en el contexto de su confrontación histórica. En este caso, la suerte de cada cultura va con la suerte política de su etnia o nacionalidad. Esta suerte, al permanecer dependiente de los avatares históricos de una comunidad étnica, tiende a constituirse en problema político por excelencia, y en éste el Estado tiende a mantener una consciencia de sustitución del hecho étnico por el hecho patrio, una sustitución que mantiene su validez en los individuos más conscientes de la etnia nacional dominante y en los menos conscientes de su etnicidad de origen por parte de los pertenecientes a identidades dominadas.

En cualquier caso, si las etnias nacionales sometidas poseen un nivel evolutivo de cultura semejante al de la etnia nacional dominante, es muy probable que mantengan una resistencia a ser asimiladas suficiente como para recuperar en cada crisis del Estado su propia capacidad para imponerse su propia cultura y convertirse con ésta en monocultural.

El Estado tiende a asumir tanto el monopolio cultural como el control del desarrollo político de las etnicidades nacionales internas. Como tendencia se manifiesta en los usos del idioma designado oficial u obligatorio en los contextos públicos, en la educación y en actividades que procuran frustrar la identidad y el desarrollo de la capacidad política de las culturas dependientes. El esfuerzo del Estado tiende a orientarse en términos de producir una nueva etnicidad, la del Estado-nación, y, en este sentido, el uso de un idioma único para la comunicación oficial implica el reconocimiento, más o menos directo, de la legitimidad histórica de una etnia nacional dominante a partir del ejercicio político del poder nacional. Los funcionarios al servicio de este poder son los agentes de control con los que se reduce el papel histórico de las etnias nacionales dominadas. En eso, el lenguaje oficial se convierte en cultura oficial.

Las tendencias al monopolio étnico en sociedades nacionales poliétnicas corresponden, pues, a la etnia históricamente unitaria y expansionista. Sin embargo, esta capacidad monopolista halla resistencias permanentes por parte de los grupos étnicos cuyo número demográfico, fuerza cultural y consciencia histórica les permite continuar su propia entidad en términos del mantenimiento y hasta desarrollo de sus valores culturales e identidad. Esta clase de realización constituye de algún modo un acto de afirmación étnica, y éste podemos relacionarlo con una función política de la etnicidad. Así, la tendencia al monopolio cultural tiene un origen político y sus límites de expansión están definidos tanto por la fuerza empleada en su desenvolvimiento como por el vigor dedicado a resistirlo. Ambas son, a la vez, fuerzas políticas, demográficas y culturales que dependen para su expresión de las redes de control institucional operadas por el Estado-nación.

El proceso histórico es ciertamente complejo en cuanto a las oscilaciones que presentan las relaciones interétnicas y las expresiones o alternancias de la etnicidad, pero la forma en que se intenta constituir los monopolios étnicos es bastante sencilla: se efectúa por medio de sistemas de dominación, de superioridad física y, en el contexto, de alienación de las capacidades de desarrollo cultural de las etnias nacionales más débiles. Por ello, aunque no exista necesariamente una organización étnica formalizada del *status* individual, sí existe una estratificación o predominio de una cultura sobre otra. Este predominio se manifiesta a la larga en la misma situación individual de la persona en el seno de la estructura política global.

A partir de esta distinción, en las sociedades modernas urbano-industriales aparecen sistemas de estratificación basados en las relaciones de producción y sistemas étnicos o basados en la diferente posición que tienen las culturas en el contexto de un mismo Estado. En este extremo, el contexto

146

del *status* individual y del grupo remite, por lo menos, a diferentes culturas en el modo de vivir. El biculturalismo, y en algunos casos el triculturalismo, es una expresión de este proceso histórico en el que el Estado-nación asume la alienación del desarrollo cultural de sus etnias nacionales internas.

V. Inmigración, etnicidad y relaciones interétnicas en Barcelona *

Hasta ahora, hemos establecido el enfoque teórico por cuyo medio definimos las opciones históricas que aparecen relacionadas con procesos de etnicidad y de etnificación, tanto como de desetnización. Y asimismo, nos hemos referido a formas de resistencia que se ofrecen a la asimilación y, por ende, a la desaparición de las identidades culturales en contextos históricos de confrontación interétnica. Por añadidura, y en este contexto, se ha hecho presente la posición e importancia política del Estado en cuanto al regimiento de la dinámica del biculturalismo desde la perspectiva de las etnias y naciones que juegan el papel de sujetos de las instituciones estatales. Y también hemos incidido en la problemática diferencial que define los conceptos de clase y de etnia.

Aquí, y en el caso que examinaremos, haremos presente la problemática específica de estos caracteres vistos en el contexto de relaciones históricas recientes en Barcelona, y a través del examen concreto de una cierta confrontación, más o menos abierta, de las etnicidades en una de sus fases: en la del polietnismo considerado como una función del proceso migratorio que reúne en una misma estructura política, económica y social, la de Barcelona, a individuos y a grupos cuya identidad étnica es diferente y que la ejercen como parte de su consciencia específica de un *ethos* también diferenciado.

En Barcelona la inmigración constituye un fenómeno de gran proyección económica y social, pero afecta también a las

* En este trabajo nos ocupamos de algunos problemas referidos a las relaciones interétnicas en Barcelona y al proceso de etnificación que ocurre a partir de las interacciones entre catalanes e inmigrados de otras regiones españolas. Tratamos ahora cuestiones que ya fueron anunciadas en un artículo (*cf.* Esteva, «Ethnica», núm. 5, 1973) anterior, de manera que podemos considerar éste como parte del referido, aunque su énfasis es distinto. Los datos empleados pertenecen a las mismas fuentes, esto es, son parte de los informes de ámbito cultural que hemos estado recogiendo en los últimos años y que han sido obtenidos por observaciones directas o controladas en otros casos. Las conclusiones son de carácter cualitativo.

relaciones interétnicas si tenemos en cuenta, por una parte, la existencia de una consciencia étnica catalana muy vigorosa y, por otra, los conflictos que resultan de interacciones entre catalanes e inmigrados, basados en diferencias culturales y en adscripciones étnicas contrastantes. Dichos conflictos se manifiestan en el seno de una sociedad, la catalana, que podemos considerar etnocéntricamente nucleada, o si se quiere étnicamente polarizada. La fórmula interna de esta polarización es cultural en el sentido de que está dada por la consciencia histórica que se tiene del propio proceso de formación y desarrollo de la cultura catalana por parte de los grupos sociales étnicamente catalanes.

Se percibe, por ejemplo, que Barcelona es una sociedad pluricultural y poliétnica: está constituida por una base étnica catalana y por etnias resultantes de inmigraciones masivas, de manera que a su complejidad socio-económica relativa, añade la complejidad etnocultural relativa. Como proceso, Barcelona es un conjunto de interacciones sociales gobernadas por una estructura cultural común, la urbana y la correspondiente al sistema político y administrativo del Estado español. Pero este conjunto está formado por subconjuntos étnicos con sus culturas específicas, cada uno de los cuales obedece a una orientación de comportamiento que le es propia. Nos referimos, en este caso, al modo cultural de ser de cada etnia, a su diferenciación interna en cuanto, por lo menos, a lengua y folklore, y en cuanto, además, a un modo de ser, a una axiología y a una conciencia histórica diferenciada, esto es, en cuanto a ser un grupo étnicamente polarizado en las ocasiones de contrastes.

La problemática social que surge está en función del número de individuos inmigrados nacidos fuera de las regiones de habla catalana que viven en Barcelona y que se comportan como personas étnicamente diferenciadas. La población inmigrada en Barcelona, de lengua y de nacimiento no catalanes, viene a representar un total de aproximadamente el 41 % (cf. Esteva, 1973, p. 152). En 1970, la población del municipio de Barcelona era de 1.743.565 habitantes, de los cuales 1.059.058 habían nacido en Cataluña, o sea, el 60,74 % del total demográfico. El resto eran personas nacidas fuera de Cataluña, en el Estado español o en el extranjero (cf. Estadística municipal, 1972, vol. I, pp. 200-201). Regionalmente clasificados, los individuos originarios de Andalucía y Castilla eran los más numerosos, y asimismo las poblaciones pertenecientes al área lingüística no catalana representaban un total de 662.108 personas. De éstos eran de habla castellana en origen, 533.918. Excluimos, pues, de esta denominación a gallegos, vascos, valencianos y baleáricos, que suman un total de 128.190 individuos. Si admitimos a valencianos y baleáricos como pertenecientes a la misma área lingüística que la catalana, tendremos entonces que la población barcelonesa de habla propiamente castellana en origen, era del 30,62 %.

A este porcentaje habría que añadir otro hasta alcanzar el 41 % aludido, representado por los nacidos en Barcelona que, por socialización parental, son por lo menos durante su período infantil y juvenil, de habla castellana. Por lo demás, las poblaciones gallega, 46.918 individuos (2,9 %) y vascona-varra, con 17.962 individuos (1,03 %), son también, a menudo, de lengua castellana, con lo cual la etnicidad catalana queda constituida, de modo estadístico, por un 60 % de la población barcelonesa censada.

Ésta es una clase de inmigración que aparece vinculada a fuertes deseos de supervivencia, pues en su mayor parte se trata de poblaciones económica y socialmente apetentes, frustradas en estas metas dentro de sus sociedades rurales de origen. En muchos casos son poblaciones migratorias inestables, en el sentido de que, aún en Barcelona, siguen moviéndose hacia otras localidades. Los grupos más jóvenes de estas poblaciones tienen como característica común una formidable capacidad adaptativa, pues se mueven con cierta facilidad de un empleo a otro, aunque paradójicamente estos cambios son producto, entre otras causas relacionadas con la estructura del empleo, de su misma inestabilidad personal. Generalmente, por otra parte, la movilidad se efectúa dentro del peonaje y de los trabajos manuales no cualificados.

Asimismo, se trata de trabajadores que por sus edades, más bien jóvenes, tienden a ambicionar el *status*, y por necesidades de seguridad psicológica procuran buscar la solidaridad social en sus propios grupos étnicos. Esto es, al comienzo de su participación en la vida social de Barcelona tienden a integrarse con sus «paisanos» más que con cualquier otro grupo social. Esta tendencia se encuentra reforzada por el hecho de que la demanda del mercado de trabajo se acumula sobre una mano de obra inmigrada, en su mayor parte peones, y de este modo la tendencia a orientarse étnicamente es paralela con la misma consciencia de su *status* económico, a veces traducido en forma de consciencia de clase.

Podríamos referirnos a una cuádruple dimensión de personalidad en el inmigrado: 1) de *status* social formativamente rural; 2) de *status* social transitivamente urbanizante; 3) de *status* social móvil en la medida en que tiende a cambiar de contexto económico y social, y 4) de *status* cultural en transición en tanto que su proceso adaptativo en Barcelona incluye la adquisición de modos de vivir, además de urbanos, catalanes.

El contexto histórico es sumamente dinámico porque en él se revela que si estos grupos de inmigrados se mueven hacia las ciudades, en este caso Barcelona, y si ésta es una decisión consciente, y si quienes lo hacen son los individuos más inquietos de sus sociedades tradicionales de origen, es también evidente que su misma movilidad es un indicio de su profunda inestabilidad o de su profunda necesidad de expandir su personalidad. Por su movilidad social y por sus diferencias culturales respecto de los indígenas catalanes, su integración relativa a la etnicidad catalana resulta ser un proceso más lento que el de su integración a la sociedad propiamente urbano-industrial.

La problemática de la inmigración en general en las ciudades españolas la hemos planteado (*cf.* Esteva, 1984, pp. 337 y ss.) como un fenómeno adaptativo, individual y colectivo, definido por reajustes de personalidad que en el curso del proceso de integración tiende a chocar, incluso conflictivamente, con la organización cultural urbana, al mismo tiempo que se desorganiza su integración socio-cultural anterior. En cierto modo, su misma emigración ya indica un grado de ruptura y de discontinuidad o no integración con sus sociedades tradicionales de origen, y por lo mismo, ya situados en las ciudades, su extraordinaria plasticidad adaptativa hace de estos inmigrados individuos que, así como pugnan por alcanzar *status*, pugnan también por conseguir estabilidad social. Parte de dicha estabilidad está implícita en su integración a la cultura catalana, pero mientras ésta no se consuma, el inmigrado vive dentro de un contexto de personalidad en transición.

En cualquier caso, la integración de personalidad anterior tiende a ser sustituida, no siempre equilibradamente, por otras técnicas adaptativas, las urbanas e industriales, que en el curso de su adquisición por el inmigrado pueden tener un carácter disociador, especialmente en la medida en que el inmigrado deja de participar en lo que era su herencia cultural común: la de su pueblo, región o etnia, para entrar, en

152

cambio, a formar parte de un proceso de transición representado por la adaptación o ajuste a otro sistema cultural. En tal caso, su participación social o su sentimiento relativo de identidad en el seno de dicho sistema resulta ser débil, al mismo tiempo que no le proporciona apoyos suficientes de integración social durante la primera generación. En el fondo de este proceso se observa que el inmigrado se enfrenta con un sistema cultural en el que todavía no ha fundado raíces sociales y en el que, por lo mismo, se halla falto de solidaridad, excepto aquella que busca y encuentra, a menudo, en sus paisanos. A pesar de eso, lo cierto es que el inmigrado confronta en Barcelona dos realidades simultáneas: una sociedad, la urbana, organizada en una estructura cultural distinta a la rural, y además una sociedad étnicamente diferenciada.

Esta problemática hace referencia a un proceso que, en ciertos casos, es de urbanización, puesto que las poblaciones afectadas son de origen rural. Por añadidura, en otros aspectos remite a situaciones culturales en las que la identificación de individuos y de grupos es también étnica. En el caso de los inmigrados de origen rural advertimos, primero, un proceso de urbanización, y después otro de etnificación si tenemos en cuenta que actúan simultáneamente sobre él, si bien en diferente grado de influencia respecto de lo que es propiamente cultura urbana y de lo que es específicamente cultura catalana, incluida sobremanera la lengua. En el caso de los inmigrados no catalanes de origen urbano, la cuestión adaptativa más importante no consiste sólo en el problema de integrarse a otra sociedad urbana, sino particularmente en aculturarse adoptando costumbres y modos de ser catalanes cuya recepción supone el detrimento de los suyos de origen.

Como ya señalamos, la existencia social de cada grupo étnico en Barcelona se sustenta en base a dos programas o culturas que actúan de modo paralelo: la del Estado español constituyendo una cultura estatal e integrando lo que viene a ser la nacionalidad española. En tanto éste se configura como etnia nacional, y en tanto de sus programas y legislación se nutren los procesos generales o comunes a todas las etnias españolas, en lo que tienen de formas culturales políticamente integradas en una administración central, dicha etnia nacional juega un papel equivalente al de una macrocultura suprarregional dentro del proceso cultural barcelonés. La otra cultura, la catalana, ejerce un papel selectivo en este proceso, pues asimila de la etnia española la parte de cultura que se extiende como válida para todo el territorio español. Dentro del sistema social barcelonés se mantienen, pues, paralelamente estables ambas culturas, o por lo menos tienen una vigencia dinámica, mientras que las demás culturas regionales inmigradas son paulatinamente absorbidas, y hasta disueltas, dentro del crisol unificador de la cultura española, en un caso, y de la cultura catalana, en otro. Ambas constituyen dos aspectos de un mismo proceso, uno general o español y otro particular o catalán, y ambos representan dos modelos culturales que, en disyuntivas políticamente orientadas, reflejan dos adscripciones étnicas.

Bajo tales circunstancias, en Barcelona sólo permanecen estables, a la vez diferenciados pero confundidos en un mismo proceso, dos tipos étnicos, el de cultura estatal o nacional y el catalán. Los demás ingresan, más o menos rápidamente, en las dos identificaciones definidas, la general o española y la particular o catalana. Resisten estas adscripciones, más que otras, las etnias gallega, andaluza y vasca, especialmente en la medida en que mantienen como puntos de referencia para la adscripción sus respectivas conciencias étnicas militantes o políticamente orientadas. Los individuos pertenecientes a los grupos de habla originariamente castellana tienden a bifurcarse en su adaptación urbana y en su integración étnica por medio de dos identificaciones diferentes. En una se afirman como «españoles» y en otra lo hacen como catalanes. Al abandonar los primeros las ideas de regionalidad de origen, tienden a reforzar su posición étnica afirmándose en la designada como identidad nacional, la española, frente a la particularidad regional o catalana. Los segundos, en su proceso adaptativo a la vida barcelonesa, al abandonar su regionalidad de origen, adoptan otra identidad, la catalana.

En cada caso la regionalidad se habrá disuelto, en el sentido de que habiéndose interrumpido sus fuentes culturales de sustentación por pérdida de contacto y de continuidad con sus culturas de formación o de socialización, optan por otra personalidad étnica, en este caso se deciden por aquella en la que se encuentran polarizados. Ésta es una clase de integración que se fundamenta en la influencia ejercida por el contexto en que se mueve la participación social del individuo.

Como efecto de esta desvinculación regional se dará una

clase de disyuntiva consciente o inconsciente, según los casos, pero consistente en adoptar los inmigrados identidades étnicas que son el resultado de opciones dadas en el curso de sus relaciones sociales con los catalanes, entendiendo que si éstas han supuesto reacciones conflictivas, entonces será mayor la resistencia del inmigrado a adoptar en dicha disyuntiva una identidad étnica catalana. Por añadidura, hay que reconocer que esta disyuntiva no se da mayormente en la primera generación, ya que ésta suele mantenerse en su regionalidad étnica cuando sus individuos llegan a Barcelona en edades adultas. Cuando lo hacen en edades infantiles puede darse la disyuntiva, ya que en tales casos el inmigrado habrá experimentado una doble socialización, la regional de origen y la propiamente catalana, aunque la intensidad de ésta será relativa a la actitud que hayan mantenido los padres de estos inmigrados hacia lo catalán, aparte de sus contactos personales con el medio barcelonés.

Dentro de este planteamiento, la sociedad barcelonesa aparece como un proceso pluricultural basado en una estructura étnica polivalente. Las dos culturas permanentes, la catalana y la estatal son, pues, como dos conjuntos de existencia paralela que se cruzan en los ámbitos de su interdependencia y que se unen o separan en el curso de la acción, dependiendo del grado en que se desarrollan sus intereses mutuos. Por ejemplo: 1. El proceso económico de la ciudad de Barcelona es parte del sistema económico español y depende de una legislación equivalente a lo que designamos con el nombre de cultura estatal. En dicho caso, la estructura social resultante de este proceso emerge de una combinación adaptativa entre la economía política del Estado español y la adaptabilidad específica del barcelonés en lo concerniente a su acomodo relativo a esta proyección política. 2. La continuidad relativa del idioma catalán no es directamente dependiente de esta legislación económica, pero queda afectada por ésta en tanto que se trata de una influencia que condiciona las actividades del catalán hacia el Estado español. Por otro lado, la continuidad lingüística es parte de los procesos de socialización en que interviene el catalán con autonomía de los condicionamientos formales que ejercen las diversas organizaciones de la cultura estatal.

Conforme a eso, los procesos paralelos a que me refiero constituyen una clase de continuidad histórico-cultural característica que consiste en que se cruzan sus niveles de acción dentro de la misma estructura política, económica, religiosa, educativa y administrativa que constituye el Estado español, así como de las instituciones delegadas que en el plano de la sociedad barcelonesa actúan como subconjuntos del sistema nacional.

Las culturas paralelas existen como subconjuntos propios en la medida en que no se repiten en su estructura interna; o sea, no se repiten en forma de idioma, folklore, organizaciones informales, instituciones locales de derecho, adscripción étnica e identidad cultural. Según este planteamiento, si A = cultura estatal o común a la etnia mayor o española, asimismo se contiene en B, o cultura catalana; pero si ésta, como ya advertimos, no se contiene en A, entonces es evidente que el proceso de etnicidad catalana o B consiste en que no siendo igual al efectuado por A, tiene sus propias características de acción. Cuando esta acción es de nivel general, resulta de origen A, o sea, es parte del conjunto cultural español, y cuando es de nivel específico propio o B, es parte del subconjunto catalán. La nutrición o continuidad cultural relativa de ambos conjuntos tiene su fuerza, pues, en elementos diferentes y cada uno por separado son causa o condición de la otra en grados diferentes de determinación. Según eso, A es más relativamente igual a B que B relativamente igual a A. En eso consistirían las diferencias.

De este modo, si la cultura urbana y la cultura estatal representan la base común que relaciona a los individuos e instituciones que forman el sistema social barcelonés y que, al mismo tiempo, engloban a las diferentes etnias, la cultura catalana constituye el fundamento del comportamiento nativo o históricamente arraigado que configura la forma dinámica de dicho sistema. No hay duda de que ambas culturas son tipos de consciencia históricamente formados, pero mientras el conjunto estatal opera por la vía legislativa, el conjunto catalán opera por la vía de los programas de su propia tradición cultural y de su propia organización adaptativa, así como opera bajo la influencia de su estilo burgués industrial. Ninguno de estos complejos socio-culturales es determinante por sí mismo, pues en cada caso desarrolla sus propias condiciones dentro del proceso general del sistema. El contexto mutuo está representado por la interdependencia del proceso social, el cual es suscitado por ambas culturas, cada una convergiendo en un proceso único y cada una definiéndose como distintiva cada vez que se polariza en su particularidad. Cada cultura crea sus propias tradiciones; una por el arraigo relativo de sus configuraciones legislativas, creadoras de adaptaciones específicas, a veces de larga duración; la otra, por medio de reacciones que son, asimismo, adaptaciones selectivas o sincretismos que combinan los resultados de la tradición legislativa con los resultados de la tradición histórica catalana produciendo sus propias síntesis.

IDENTIDAD ÉTNICA BIFURCADA

Las poblaciones de habla castellana no actúan homogéneamente respecto del grupo étnico catalán. Sus actitudes varían, como se describe más adelante, según sus rasgos internos y en función de la clase social y de la consciencia regional que mantengan en el curso de sus relaciones con los catalanes. Su grado de urbanización, por una parte, y los cambios de valores que ésta produce, así como sus cambios de etnicidad son una cuestión del *status* individual relativo de sus miembros en origen y en llegada, así como del modo de identificarse con la manera de vivir barcelonesa. O sea, es una función de aquella clase de experiencia que hace posibles el contacto y el intercambio sociales entre inmigrados y nativos y que, en el curso de aquéllos, establece condiciones, propicias o adversas, según los casos, para la receptividad a la resistencia.

Lo cierto es que las relaciones interétnicas en Barcelona presentan, a menudo, un signo conflictivo. Es también evidente que este curso es el efecto de las afirmaciones etnocéntricas relativas que demuestran tener los catalanes en sus tratos con los no catalanes. Los grupos mayormente implicados en estas relaciones son los formados por los inmigrados, por una parte, y por los funcionarios adscritos a la administración estatal, por otra, y se interpretan en términos de actitudes hacia los catalanes y hacia lo catalán, y a la inversa, de éstos con aquéllos. Cada uno de los tipos advertidos, el inmigrado y el funcionario, representa una diferente relación dinámica respecto de los catalanes. Mientras el primero, o de los inmigrados, incluye expectativas de integración por asimilación a lo catalán, el segundo no es considerado, generalmente, dentro de esta perspectiva, porque dada su condición de funcionarios estatales, sus miembros tienden a prescindir colecti-

157

vamente de la idea de sentirse y de ser y actuar como catalanes. Muchos de ellos son personal ministerial escalafonado con destino en Barcelona, y en sus expectativas de ascenso se incluyen los traslados a Madrid como meta final de su carrera, o a otras poblaciones cuando éstas constituyen un trampolín para el *status* o una oportunidad para reintegrarse a sus poblaciones de origen. Hay casos en que, por su prolongada permanencia en Barcelona, ellos y sus hijos se sentirán identificados con el modo de vivir barcelonés, pero difícilmente asumirán dicha identidad étnica. Si consideramos que esta última está representada por valores tales como el lenguaje y la propia autodefinición, es poco probable que los funcionarios como grupo lleguen a clasificarse como étnicamente catalanes, o por lo menos que puedan ser atraídos por la acción etnicista de las poblaciones nativas.

Decimos, por otra parte, que la circunstancia del *status* social del inmigrado en sus comienzos y en cuanto a la expectativa de su identificación étnica posterior, condiciona sus actitudes de adscripción, a pesar de lo cual cada inmigrado es, en la primera generación, consciente de su identidad regional o nacional originaria y la ejerce en muchas ocasiones. El problema de una segunda o posterior identidad étnica se plantea, pues, en la segunda generación, o en la primera cuando el individuo llegó a Barcelona en edad infantil. Esta segunda adscripción es la que constituye propiamente lo que llamamos la *identidad bifurcada*, puesto que la identificación que adopta no es definitiva, si consideramos que conserva muchos elementos de su cultura de origen. Y es en la tercera generación cuando desaparece la bifurcación étnica y aparece propiamente la catalana. Éste es un proceso cuya lentitud o velocidad relativas depende del *status* étnico original y del *status* socio-económico en origen y en llegada.

El proceso de mutación étnica de los inmigrados en el sentido de adoptar en la segunda generación una identidad «española», o catalana, en la que en el primer caso lo que se hace es reforzar una oposición a una particularidad, es un efecto del proceso adaptativo específico que se haya realizado en Barcelona. Pero también es un efecto del proceso de conscienciación política que haya formalizado en el curso de este proceso adaptativo. Los más proclives a adoptar una definición de identidad «española» son los de habla castellana de Castilla, así como los que en origen eran también de *status* socio-económico más elevado que el de peones o jornaleros agrícolas.

158

En tales casos, la posesión de un ego inicial relativamente poderoso contribuye a reforzar el mismo conflicto interétnico durante el curso de la relación o contrastación con otro ego, el catalán, también poderoso en su posición de *status* que, en este caso, no desarrolla suficientes compensaciones o ventajas de prestigio y de *status* a los ojos de esta clase de inmigrados como para empujarlos a la adopción de la etnicidad catalana. El desenvolvimiento de actitudes étnicamente orientadas es, así, parte de un sistema cultural que educa a sus miembros en la consciencia de una etnicidad, la catalana, que contrasta con la que puedan manifestar individuos de otros grupos étnicos. Estas actitudes suponen otras opuestas, de carácter conflictivo en la medida en que hacen frente a la etnicidad catalana y se afirman como una oposición o contraste. Se hace significativo que en el contexto de las relaciones sociales que se dan en el seno de la ciudad de Barcelona, existen condicionamientos culturales definidos por el desarrollo de una consciencia étnica uniforme frente a y dentro de un contexto pluriforme.

Resulta evidente, por lo mismo, que la sociedad barcelonesa es, a la vez que una sociedad organizada en un sistema de rol-*status* económico estratificado, o sea una estructura de clases, también una sociedad culturalmente diferenciada por un sistema pluriétnico definido por formas de adscripción étnicamente constituidas. Dicho sistema podría ser designado como un complejo de oposiciones política y culturalmente polarizadas. Los polos serían el Estado y la región o la nacionalidad interna. Cada uno de ellos se constituye bajo la forma de una red de comportamientos que cruza de algún modo el sistema del otro.

Son dos las proyecciones dinámicas del problema, desde el punto de vista de las relaciones interétnicas: *a*) la que resulta de la acción del Estado sobre la cultura catalana y sobre su relativa integración étnica, y *b*) la que resulta de los efectos derivados de la inmigración a Barcelona de individuos de cultura no catalana. Se trata de procesos de integración de diferente signo. El primero remite a la integración de una cultura macroétnica, la española, intentando establecer una homogeneidad de tipo nacional sobre la regional, mientras que en el segundo caso remite a la integración del inmigrado a las formas de la cultura nacional catalana regionalizada en sus caracteres propiamente barceloneses.

A pesar de la diferente perspectiva en que podemos situar

el problema de las relaciones interétnicas, lo cierto es que ambas, la del Estado como macroestructura que define una consciencia más extensiva o global española de las relaciones interétnicas y la del inmigrado, que define una consciencia regional en origen, que en casos adopta también la de una afirmación españolista, en su contraste con la afirmación catalanista, se trata de un mismo sistema de interacción a nivel general: aquel que resulta de los efectos de la interdependencia política nacional cuya función consiste en establecer una organización administrativa y legislativa, así como ejecutiva, común para todo el territorio español. Esta doble perspectiva se contempla como dinámica en tanto que lo que determina el Estado, habitualmente por medio de legislaciones concretas de ámbito nacional, influye tanto sobre el proceso general como sobre el singular de Barcelona.

Así, pues, los procesos de aculturación del grupo de inmigrados de origen rural son tanto de modernización como de etnificación, mientras que el de los segundos o urbanos de habla castellana es, básicamente, de etnificación. El espectro de elementos problemáticos se presenta también muy diverso, según sean las relaciones sociales del inmigrado; esto es, dependen de adaptaciones relativas al ambiente. Por ejemplo, dependen de si vive en un barrio de inmigrados o de catalanes, o mixto; de si el grupo de trabajo es con catalanes, o de si éstos no están incluidos y depende también de las edades de llegada y del grado de dependencia económica del inmigrado respecto de los nativos. Pero, además, depende de las actitudes que mantengan hacia él los mismos catalanes, integrándolo o rechazándolo según los casos.

Todos estos son factores que intervienen como condicionantes de la adaptación al urbanismo, por una parte, y al etnicismo por otra. Cada factor es una variable, mientras que la combinación entre distintas variables, y sus grados relativos de incidencia, representa proporciones específicas de influencia sobre el individuo en términos de sus actitudes interétnicas y de los procesos de urbanización y de aculturación y del mismo proceso de etnicidad. Digamos, pues, que contemplamos el problema de la integración de inmigrados originarios de regiones pertenecientes al área lingüística catalana, en Barcelona, como una función de las combinaciones variables a que hemos aludido. Si las resumimos, obtendremos los valores de análisis que nos permitirán interpretar el contexto de la etnicidad y de la modernización de inmigrados en Barcelona. Los valores de situación serán los siguientes:

1. Forma lingüística habitual.
2. Grado de castellanidad en origen.
3. Grado de ruralismo o de urbanismo en origen.
4. Edad de llegada de los inmigrados.
5. Homogeneidad étnica relativa de los grupos de trabajo.
6. Grado de independencia económica del inmigrado en relación con los catalanes.
7. Homogeneidad étnica relativa de los barrios de habitación.
8. Actitudes mutuas de aceptación o de rechazo.
9. Movilidad social relativa del inmigrado.
10. Mezclas o mestizajes, por medio de las uniones matrimoniales, que aceleran la fusión étnica y conducen finalmente al incremento étnico de las poblaciones de cultura catalana.

EL MARCADOR LINGÜÍSTICO

En la medida en que el catalán actúa como grupo étnico diferente y en la medida en que durante su vida social los individuos de este grupo son reconocidos como tales, en esta medida puede considerársele como grupo étnicamente polarizado. Dentro de esta definida orientación el idioma juega un papel básico, puesto que entendido como un instrumento de cualificación étnica y como un factor de adscripción externa es, asimismo, el marcador que usan mayormente las personas que viven en Cataluña para clasificar étnicamente a las demás.

El idioma no actúa como un rasgo de carácter absoluto, si tenemos en cuenta que algunos individuos se identifican como catalanes al tiempo que su idioma de comunicación habitual es el castellano. Es frecuente que los inmigrados consideren catalanes a sus hijos por el mero hecho de haber nacido éstos en Cataluña, sin que necesariamente hablen en catalán. A pesar de ellos es también necesario advertir que la consciencia de catalanidad se establece, sobre todo, por medio del idioma. Es en función de este último que cabe hablar de etnicidad consciente, esto es, de adscripción étnica. Y es en función del ambiente de cultura predominante, que surge el proceso de etnificación, aunque éste no permanezca favorablemente informado en el seno de la familia. Este fenómeno ha sido puesto de manifiesto por Badia (1969, p. 250), quien señala que los hijos hablan el idioma de los padres, y esta influencia es más vigorosa cuanto más culta es la clase o *status* social del grupo familiar.

Por lo mismo, cuando esta influencia es producida por padres de *status* inferior, es contrarrestada con ventaja por la cultura del ambiente, y en tal caso, mientras en el primer ejemplo los padres constituyen un obstáculo para el habla o adopción del catalán, en el segundo ocurre lo contrario. De este modo, puede afirmarse que mientras los padres de habla castellana y de *status* elevado tienden a influir negativamente sobre sus hijos, en cuanto a determinar en éstos una actitud favorable hacia la cultura catalana, incluido el uso del idioma catalán, y en tanto que este grupo de parientes acentúa el papel de prestigio de la cultura castellana, asimismo pone de relieve una consciencia étnica políticamente orientada. Por el contrario, los inmigrados de habla castellana y de *status* inferior, como son generalmente los originarios de regiones rurales, sobre todo no castellanas, tienen tendencia a identificarse con lo catalán y al mismo tiempo se esfuerzan ellos mismos por aprender el catalán. Si no lo consiguen ellos, influyen en sus hijos para que se realicen en este sentido. El hecho es que las poblaciones inmigradas de *status* rural bajo son, por motivos de prestigio y de consciencia política, más propensas que las urbanas y acomodadas de origen castellano a acelerar el esfuerzo consciente hacia la identificación con el idioma catalán y con la cultura catalana. Es incluso cierto, por otra parte, que es más fácil identificarse con el modo de vivir catalán que utilizar habitualmente el idioma de esta cultura.

Es frecuente que las generaciones nacidas de padres castellanos (Castillas) sean más propensas al bilingüismo que las nacidas de padres de habla castellana pero originarios de regiones como Aragón, Murcia, Andalucía y Extremadura, ya que aun siendo de habla castellana no poseen, en cambio, una conciencia histórica del fenómeno nacional español tan acentuada como la tienen aquellos progenitores que son regionalmente castellanos de origen y que se consideran, por lo mismo, creadores de una consciencia nacional española moderna. La continuidad del bilingüismo en estos últimos se extiende hasta la tercera generación, mientras que en el caso de aragoneses, murcianos, andaluces y extremeños, la mayoría de ellos mantienen tendencias al monolingüismo en catalán dentro de los ambientes de tercera generación, siempre que no se produzcan interferencias de un cónyuge castellano, etnopolíticamente orientado, dentro del matrimonio de terceras generaciones.

Son significativos, por añadidura, los resultados aportados por Badia (*ibid.*, p. 273) en su encuesta sobre el idioma habitual de los barceloneses. Así, el habla de comunicación corriente usada por los hijos de padre y madre castellanos, en el contexto de sus relaciones con ambos, era del 81,2 % y del 78,7 %, respectivamente, con el padre y la madre en castellano, mientras que alrededor de un 7 % de ellos se dirigía a sus padres en catalán.

En tal caso particular, parece desconcertante que hijos de padres lingüísticamente castellanos séan monolingües catalanes en sus tratos con los segundos, si tenemos en cuenta que la mayoría de los progenitores que llegaron a Barcelona en edades adultas no suelen aprender el catalán, y por lo mismo que enseñan a sus hijos en castellano, éstos, a su vez y por automatismo conceptual, suponemos que se les dirigirán en este idioma. En la encuesta de Badia no se especifica si este grupo del 7 % habla el catalán y el castellano indistintamente, a pesar de lo cual, y considerando nuestros propios datos, afirmaríamos que las relaciones lingüísticas entre padres e hijos, en tales casos, suelen ser en castellano, pues para que fueran en catalán sería indispensable no sólo que los hijos sólo conocieran el catalán y que su ambiente externo estuviera muy integrado en dicho sentido, sino que también, al mismo tiempo, lo fuera grandemente el de los progenitores, amén de que éstos inclinaran además a sus hijos a la renuncia de su idioma regional y nacional de origen. Ésta es una situación límite que, en nuestras observaciones, sólo se da dentro de niveles que podemos denominar de inversión etnicista o políticamente militante. Asimismo, también la advertimos en el contexto de las adaptaciones lingüísticas que hacen muchos inmigrados en comunidades rurales o campesinas catalanas donde la presión lingüística del catalán es muy superior a la que se da en Barcelona, y donde la integración social está condicionada, en grado mayor que en esta ciudad, por el uso habitual del catalán. En este sentido, los casos que pueden darse en Barcelona son pocos y en realidad lo confirma dicho 7 %, de manera que ni siquiera podemos hacerlos corresponder con una tendencia de monolingüismo catalán generalizable, por lo menos en cuanto se refiere a individuos con ambos padres de origen castellano.

Dadas las características del ambiente urbano barcelonés, en el que son muy poderosos, por una parte, la comunidad de habla castellana y, por otra, su presión lingüística, entendemos que este 7 % de individuos de padres de origen no catalán que hablan este idioma son bilingües, particularmente si consideramos que la presión de los ambientes culturales suele ser mixta (castellano en la familia y catalán, con interferencias, en la sociedad global), con tendencia al desarrollo de identificaciones etnicistas regionales de origen en las primeras generaciones de inmigrados, y etnicistas catalanas a partir de la segunda generación nacida en Barcelona de estos inmigrados.

Según el *status* social de los individuos de primera generación, y de acuerdo con el contexto de los ambientes externos, el bilingüismo de primer idioma catalán y de segundo idioma castellano se manifiesta como un fenómeno evolutivo referido a la adaptación relativa del grupo inmigrado a la cultura catalana, primero, y a esta etnicidad, segundo, entendiendo que adscripción y monolingüismo iniciales constituyen dos fenómenos que tienden a ser sincrónicos. Aunque el primero puede darse sin el segundo, es obvio que ambos concuerdan en ser la configuración de comportamiento más completa que puede darse de la etnicidad en el seno del contexto social barcelonés.

Aunque Badia no relaciona, en el caso expuesto del habla de comunicación utilizada habitualmente por los hijos al dirigirse a sus padres castellanos, el fenómeno del monolingüismo catalán de aquéllos con el del origen social o *status* de clase de los segundos, ni discute hasta qué punto los encuestados acudían al monolingüismo en función de una experiencia global de la sociedad externa hecha en catalán, nuestros propios datos, y las mismas interpretaciones indirectas dadas por dicho autor (*ibid.*, p. 262) coinciden en el sentido de que la cultura ambiental externa constituye un factor más decisivo que la familiar en los casos de inmigrados de *status* social bajo.

Badia destaca (*ibid.*, p. 256) que la influencia contraria, mediante la cual individuos cuyos padres son de habla catalana se han pasado a la castellana, constituye numéricamente un porcentaje muy pequeño, el 3,2 %, de manera que las frecuencias relacionadas con el peso del prestigio cultural ejercido sobre los inmigrados por los grupos catalanes, favorecen más, comparativamente, el curso de adopción del catalán por los inmigrados, que el del castellano por parte de los castellanos.

CASTELLANIDAD Y ETNICIDAD

Acerca del grado de castellanidad en origen, ésta consistiría no sólo en el hecho de haber uno nacido en Castilla, sino especialmente en el desarrollo de actitudes que conciernen a la defensa del ego castellano frente al ego catalán. Remitirían, por otra parte, a la consciencia de ser lo castellano el prestigio histórico de la nacionalidad española. Esta castellanidad es sentida por muchos inmigrados de este origen como un mesianismo o misión hispanista, y en su desarrollo es fuente de etnocentrismos susceptibles de considerarse agredidos ante cualquier muestra de debilidad en el supuesto implícito en la convicción. Esto es particularmente cierto en los sectores intelectuales, entre los funcionarios y las clases dirigentes y en las mismas clases medias, pero también entre los grupos rurales etnocéntricamente orientados y como dependientes ideológicos de los primeros.

El grupo étnico castellano de origen es el más resistente a la idea de ser asimilado por lo catalán, y es particularmente la regionalidad que tiene más consciencia de contraste político con la etnia catalana. Este contraste se configura bajo la forma de una vigorosa personalidad política en la que a una conciencia bien construida del papel histórico desempeñado por Castilla en el surgimiento de la nacionalidad española y de la conquista del Nuevo Mundo, se une la suspicacia hacia todo lo que amenaza este logro. En este sentido, es frecuente considerar lo catalán, en su particularidad idiomática y en su afirmación étnica, como un elemento de discrepancia en relación con esta unidad sentida desde la consciencia de lo castellano. La expresión de castellanidad en Barcelona supone, entre los grupos castellanos aludidos, no sólo un acto de afirmación étnica propia, sino también una defensa del ego cultural propio en un esfuerzo dirigido a reforzar las bases de una consciencia nacional de unidad amenazada por las ideas de nacionalidad catalana manifestándose en diferentes símbolos de etnicidad.

La etnicidad catalana vista como una afirmación personal de los catalanes se resiente, por la mayoría de los castellanos y de los ideológicamente subsidiarios, como un factor de disolución de su obra histórica, la nacionalidad española, y en tal caso su agresividad relativa ante lo catalán y su resistencia a ser catalanizados es mayor que la de cualquier otro grupo regional. Desde esta perspectiva, la palabra «castellano», dicha por los catalanes al referirse a los inmigrados, cobra una significación especial, si tenemos en cuenta que no remite sólo al grupo lingüístico, sino también a una forma de suspicacia que, indirectamente, reconoce una resistencia a ser influido y asimilado por la ideología nacional castellana. Esta clase de resistencia es en muchos casos consciente, y entonces adquiere el carácter de una contienda histórica susceptibilizada en toda expectativa de relación social interétnica. En otras oportunidades, se trata de versiones inconscientes de esta consciencia que emergen agresivamente cuando se confrontan los etnocentrismos respectivos en forma de afirmaciones nacionales discrepantes.

Resulta evidente, entonces, que el grado de castellanidad en origen es también una condición para el grado de flexibilidad relativa con que el inmigrado se integrará en la cultura catalana, si bien el *status* socio-económico del individuo dentro de la sociedad barcelonesa constituye, como ya dijimos, otra de las condiciones que limitan la adopción relativa de lo catalán como forma de vida. El paso a la etnicidad catalana lo resisten más las generaciones de castellanos que las de otras etnias españolas. La consciencia de etnicidad como factor de defensa de una singularidad cultural, con ser fuerte en los individuos de todas las regiones españolas, resulta serlo en contraste con la otra polaridad, la catalana, más en los castellanos, precisamente porque a las llamadas características de su modo de ser étnico, añaden las de una actitud historicista en la que, como algunos declaran respecto del idioma catalán, más que incorporarse a lo catalán, es éste el que debe incorporarse a lo castellano, en tanto que es más universal, por geográficamente extendido, que el catalán.

Esta última es una racionalización muy frecuente y tiende a ser categorizada como una razón suficiente para resistir lo catalán. El grado de castellanidad en origen implica también una resistencia mayor a lo catalán, porque la afirmación de éste hace que el castellano se sienta extraño cuando ambos, en relación y por separado, se afirman respectivamente en su etnicidad, pero particularmente cuando se afirman en su diferente espontaneidad idiomática. Esta diferencia contribuye a la extrañeza mutua y a una idea de frustración del mesianismo político en el castellano, frustración que se conecta con las ideas básicas de contraste expresadas en conversaciones de grupos bajo los términos del «ellos» y del «nosotros». Como observan algunos castellanos al referirse a sus primeros contactos con la sociedad catalana, su impresión al oír hablar catalán fue de contrariedad, ya que además de no entender las conversaciones, surgía en ellos la convicción de encontrarse en una cultura extraña, no española.

Este reconocimiento supone una relación distanciada que, por sí misma, impone límites conscientes a la relación interétnica. Al susceptibilizar estas comunicaciones, hace también emerger la necesidad de afirmar el ego étnico propio para desarrollar así mecanismos de defensa del mismo actuando contra la extrañeza agresiva de los primeros contactos, así como contra la consiguiente pérdida de dominio y de control sobre la circunstancia social. Esta clase de relación interétnica es más viva, pues, en los castellanos de origen que en los inmigrados de las demás regiones, aun siendo de habla castellana. Si tenemos en cuenta la particularidad de esta defensa histórica de una etnicidad, que se extiende al mismo concepto de la hispanidad, el grupo étnico castellano en Barcelona representa la mayor frecuencia de susceptibilidades etnocéntricamente definidas en comparación con la de cualquier otra regionalidad no catalana, en la medida en que asume una vigilancia consciente y política del desarrollo y afirmación de la catalanidad. Es ahí donde el grado de castellanidad en origen incide en la resistencia consciente a ser asimilado por la etnicidad catalana, incluso en las siguientes generaciones.

Dentro de esta perspectiva, el grado de resistencia a ser asimilado por la etnicidad catalana disminuye en función de la identificación relativa del inmigrado con la etnicidad castellana. Cuanto más cerca está el inmigrado respecto de dicha etnicidad, mayor es su grado de susceptibilidad frente a lo catalán. Esta gradación presentaría dos aspectos: a) el que remite al castellano como etnia asimiladora de ámbito nacional, y b) el que remite al catalán como etnia de asimilación de ámbito regional. Las susceptibilidades relativas ofrecen, por eso, un carácter diferente, pues constituyen una clase de reacción que mientras es etnocéntrica en cada caso, es asimismo conflictiva en un grado que depende de la forma en que se presenta la consciencia política de esta castellanidad en su confrontación social con la catalanidad.

La disposición relativa de los padres hacia la cultura y el modo de ser catalanes, vistos éstos como un grupo étnicamente diferenciado, influye en las actitudes receptivas de sus hijos hacia la etnicidad catalana, por lo que si bien ésta se cierra en términos de estratificación social, no obstante, los gradientes de la aproximación son más inmediatos y se revelan también como más dinámicos en el contexto de la siguiente generación, especialmente porque las interacciones entre etnias son menos distantes en términos de flexibilidades adaptativas mutuas. Esto es, los hijos de inmigrados conviven socialmente más con las generaciones catalanas que sus propios padres, especialmente porque las actividades mutuas están más integradas en términos de cultura, verbigracia, uso espontáneo del catalán y mayor familiaridad con la forma de vida catalana.

Es también frecuente que las segundas generaciones jóvenes, incluso habiendo nacido en Barcelona, siguen sintiéndose identificadas con la regionalidad originaria de sus padres, sobre todo en la medida en que éstos han acentuado en ellas una cierta idealización del modo de vivir que tenían en sus pueblos. Durante su curso de socialización infantil y adolescente, muchos de estos jóvenes son poco conscientes del *status* de la cultura de sus padres, de manera que ésta constituye su fuente principal de identificación. No obstante, cierto desarrollo de identificaciones progresivas con el mundo urbano en que interactúan, y los contactos que en forma de visitas más o menos prolongadas hacen a los pueblos de sus padres, contribuyen a disminuir la cohesión y el prestigio relativos de sus identidades culturales. Poco a poco establecen una redefinición de su *status* étnico, hasta configurar una conciencia barcelonesa que se hace paulatinamente catalana. Parte de la consciencia realizada por esta segunda generación consiste en valorar superiormente su forma de vida social y su economía actuales, comparada con la de sus padres en origen. Conforme hacen esta confrontación optan por preferir su experiencia barcelonesa, más activa y más libre, menos adscrita a las humillaciones que caracterizaron la situación de su ego en el contexto de sus sociedades rurales de origen.

A partir del desarrollo de una participación social activa

con los catalanes en universos culturales más amplios y diversificados que los del barrio, y en función, sobre todo, del desenvolvimiento de sus intereses en el contexto social del trabajo, esta segunda generación, e incluso gran parte de la que llegó a Barcelona en edades infantiles, empieza a optar por una defensa de la forma urbana, y aunque no necesariamente adopta la defensa del ser catalán frente al de sus padres, sí empieza, en cambio, a destruir parte de sus estereotipos tópicos tradicionales, o sea, comienza a rechazar los modelos culturales románticos que les fueron transmitidos por sus padres. Así empiezan a declararse catalanes.

En gran manera, al adoptar el inmigrado la consciencia cultural urbana y al entender y hasta hablar algo de catalán, realiza, más o menos conscientemente, un cambio en la orientación de personalidad: en gran medida se identifica con el mundo de los barceloneses y de los catalanes en general. Muchos de ellos no adoptan el patrón de cultura catalana en su totalidad, pero se identifican con la clase de progresismo que es propio de la cultura urbana, así como con los métodos que son sustanciales al carácter catalán: sentido mercantil del compromiso social, epicureísmo y goce material de la vida, individualismo en materias de participación social, concepto político de la libertad y afición a los ocios intelectuales y espirituales. El grado en que van asimilando estas orientaciones es equivalente al grado en que se va adquiriendo catalanidad, y al mismo tiempo es un grado en el que va destacando ya la ruptura con el enfrentamiento étnico representado por muchos individuos de la generación de sus padres. Llegada a este punto, la segunda generación es una estructura de tópicos, básicamente crítica y equidistante con frecuencia entre catalanes e inmigrados.

La idea que se obtiene del comportamiento de estos jóvenes adultos es que tienen prisa por adaptarse a lo catalán. Se trata de una clase de prisa que se concreta en forma de un gusto por vivir a la manera del ambiente catalán, y en este sentido carecen de las prevenciones y agresividad mantenidas por la generación antecedente. Conforme van integrándose, adquieren el carácter y el estilo catalanes, particularmente en sus aspectos de sentido de organización, control de la espontaneidad, reflexión y serenidad de juicio, esto es, el llamado *seny* aplicado a las decisiones importantes. De este modo, al comienzo de la tercera generación, urbanización y etnicidad catalana forman ya un sistema integrado y se habrán producido las condiciones para que las relaciones interétnicas conflictivas mantenidas por sus generaciones antecesoras cambien de signo: ahora en lugar de ser las de una generación de inmigrados contrastando étnicamente con otra de nativos catalanes, resulta ser una de grupo étnico como éstos aplicándose a las mismas afirmaciones de etnicidad catalana como nativos.

La segunda generación reduce el conflicto interétnico e intensifica, en cambio, el conflicto de clase. En realidad, la experiencia simultánea de ambos debilita la capacidad de eficiencia de cada sistema en particular durante el curso del proceso de adaptación social de cada individuo. En tal caso se debilitan los énfasis particulares porque si etnia y clase en tanto que conflictos con los que se enfrenta el individuo en su experiencia urbano-industrial barcelonesa constituyen dos variables situacionalmente sincrónicas, si su valor de frecuencia es diferente según sean los contextos sociales de la relación, es también diferente la cohesión y continuidad relativa de cada conflicto en la ideología de las personas y del grupo étnico y de clase.

Por ejemplo, en los barrios de inmigrados se mantiene más la consciencia de separación étnica en la medida en que es mayor la homogeneidad cultural o modo de vida regional de origen. En ellos la consciencia de clase llega de fuera, o sea, es un efecto del ambiente externo, en este caso, de las relaciones de producción. En los centros de trabajo se desarrolla más la consciencia de clase que la de etnia, sobre todo cuando los grupos laborales están étnicamente mezclados. Cuando la estratificación ocupacional separa a unos grupos étnicos de otros y marca claramente diferencias de *status*, y cuando, verbigracia, los catalanes son racionalizados como individuos de *status* superior en el contexto de los roles económicos, entonces etnia y clase son dos variables que sincronizan en una misma unidad social un conflicto que adopta caracteres de simultaneidad.

A partir de la simultaneidad relativa de estas orientaciones, puede observarse que el énfasis de cada una es proporcionado a la importancia del contexto situacional del inmigrado, y conforme a eso los contextos son más especializados según sean los grados de homogeneidad cultural de las situaciones. En dicho caso, si el predominio cultural de la regionalidad se refiere a la misma homogeneidad del modo de vivir, y si éste es relativamente rechazado por el de otro grupo, o simplemente no es adoptado por el otro grupo, entonces la homogeneidad específica de la situación (barrios de inmigrados, grupos de amistad étnicamente constituidos o asociaciones étnicamente orientadas) consiste en que refuerza la propia consciencia del contexto frente a otro comparativamente diferenciado.

Este planteamiento puede aplicarse por igual a las orientaciones de etnia que a las de clase, de modo que el grado específico de influencia que pueda ejercer cada variable en particular es relativo al grado en que se mantenga la homogeneidad del contexto situacional, esto es, uno que hace referencia, por una parte, a la cultura étnica y, por otra, a la cultura de clase o derivada de la adscripción a los contenidos de los roles implícitos en la división social del trabajo y a sus connotaciones de clase en tanto que las relaciones de producción conducen al desarrollo de una posición individual y colectivamente estratificadas. Esto es más cierto en sociedades de poca fluidez o capilaridad en la movilidad individual y de grupo. En nuestro enfoque, etnicidad y clase son funciones diferentes porque mientras la primera se refiere a una consciencia cultural lingüísticamente expresada y a una identidad regional o nacional según los casos, la segunda se refiere a una conciencia social ocupacionalmente derivada.

Ambos tipos de consciencia se bifurcan, como decimos, según sean las situaciones, y en tal extremo lo que asumimos es la idea de que mientras el individuo mantiene la consciencia de regionalidad, mantiene también la consciencia de etnicidad, *plus* la de clase, entendiendo que ésta y la primera tienen un carácter permanente mientras se comportan como experiencias características de las relaciones sociales en Barcelona. Pero, en cada caso, cuando contemplamos el problema en términos de homogeneidad étnica, esto es, en que las relaciones sociales se dan dentro del mismo grupo étnico, entonces la consciencia de clase sustituye, situacionalmente, a la consciencia étnica, precisamente porque ésta no tiene oportunidades de manifestarse por faltar el grupo de confrontación. O sea, y como ejemplo, en un contexto social de producción en que todos sean catalanes, predominará más el conflicto de clase, y por lo tanto esta consciencia, que el de etnia, porque el primero constituirá el punto de referencia de las relaciones sociales internas propias del sistema. Sólo en los casos en que no aparecen elementos de homogeneidad étnica en el grupo de producción podrá revelarse un conflicto cuya consciencia sea estructuralmente dual, étnica y de clase simultáneamente.

Podemos afirmar, pues, que las relaciones interétnicas a nivel de fricciones interpersonales se desarrollan dentro del marco de una confrontación de diferencias culturales reforzadas por diferencias de clase. Estas últimas son, en las etnias, tan conscientes como aquéllas y constituyen alternativas de comportamiento individual bien establecidas. Por ejemplo, a niveles étnicos colectivos actuando como formas de vida diferentes, catalana e inmigrada, pueden extrañarse y hasta hostilizarse; a niveles sociales o específicos de clase, pueden sentirse solidarios, como en el caso frecuente de que las relaciones de producción unan en una acción huelguística concertada a obreros catalanes y a inmigrados, en oposición convergente frente a un empresario. En tales casos, los valores étnicos ceden su lugar a los valores de clase. No obstante, a la terminación de estos conflictos, ambas etnias regresan a sus estereotipos tópicos y sólo la segunda generación rompe la dicotomía del antagonismo étnico para convertirse ella misma en el modelo de la distensión. Aunque la posición de estas segundas generaciones se mantiene crítica ante ambas partes, no obstante, tiende a perder la voluntad de continuar usando el estereotipo de sus padres, pues lo que en realidad les atrae es la cultura catalana, el modo de vivir catalán, hasta finalmente sentirse, con la posesión del idioma, cada uno de ellos un catalán.

Entendiéndolo así, la debilidad o fuerza relativas de cada oposición específica es una función de la homogeneidad de cada situación cultural y social y del modo en que cada individuo se considera en relación con el otro. Esta relación incluye actitudes de aceptación y de rechazo que son características de un *conflicto bifurcado* que aparece sincrónicamente constituido bajo la forma de una consciencia de valores dualmente integrados.

IDEOLOGÍA RURAL, CULTURA URBANA Y PERSONALIDAD

Por lo mismo que en la mayoría de los casos los inmigrados son originarios de sociedades rurales, su grado de urbanización inicial en Barcelona es muy pobre, a excepción del que resulta de las influencias recibidas a través de los medios de comunicación de masas, como la radio, la televisión y los mismos contactos tenidos con forasteros urbanos de visita en sus pueblos, aparte de las autoridades políticas y administrativas al servicio del Estado, incluidos los maestros. Algunos de estos inmigrados suelen tener familiares residentes en centros urbanos, y en tales casos los intercambios epistolares y las visitas, más o menos periódicas, que realizan a sus pueblos con ocasión de vacaciones, de fiestas o de algún acontecimiento o crisis familiar, constituyen un medio de información indirectamente urbanizador en la medida en que estas relaciones implican el desarrollo de un interés por la vida urbana representada por los parientes que ya viven en la ciudad. Empero, la mayoría de los inmigrados llegan a Barcelona provistos de una ideología marcada por intereses sociales campesinos, de modo que si bien habrán realizado contactos con el mundo urbano, su modo cultural de integración de personalidad tiene un carácter básicamente rural.

En otra oportunidad exponíamos que la clave del comportamiento social del campesino en las ciudades debe considerarse instituida en términos de una dicotomía, homogeneidad-diversidad, entendiendo que para su identidad y consciencia situacional se ve obligado a emplear recursos adaptativos homogéneos, que serían los de su personalidad rural de origen, y recursos heterogéneos que son los que se ve obligado a interiorizar como forma de consciencia nueva en su esfuerzo por hacerse urbano. La dinámica de esta dicotomía en los inmigrados adultos consiste en que mientras usan automáticamente la primera forma de organización cultural, la segunda opera en ellos bajo la forma de un esfuerzo adaptativo en tanto que no han sido entrenados para una homologación o dominio consciente de esta técnica adaptativa urbana. Desde el punto de vista del carácter social, mientras en su sociedad rural de origen el individuo está sometido a controles críticos directos que incluyen una organización de personalidad relativamente rígida, como inmigrados en una ciudad dichos controles se hacen laxos y son sustituidos por otros más flexibles que obligan al individuo a desarrollar una clase de ego adaptativamente más tenso, mientras tienden, por lo mismo, a excitar el sistema nervioso en una medida superior a la que suele darse entre los grupos campesinos. Mientras la socialización del individuo en dichos grupos es relativamente sencilla, en las sociedades urbanas es relativamente compleja. En eso residirían las posibilidades funcionales relativas de la dicotomía.

A tenor de este carácter social, dichos inmigrados se enfrentan a un período de extrañeidad consistente en que, al mismo tiempo que cambian de ocupaciones, se ven obligados a adoptar una forma de vivir diferente. En términos de sus cambios económicos, estos inmigrados mejoran su nivel de vida, pero en términos de su cultura de origen siguen un proceso adaptativo definido, primero, por reajustes en su forma de comportamiento, especialmente en cuanto a su trabajo y al medio social general. Este proceso es, en su confrontación personal, un proceso de urbanización que implica modernización de sus instrumentos adaptativos o de realización social. Pero al mismo tiempo, y en tanto que este tipo de inmigrado es de habla castellana y de etnia diferente a la catalana, el proceso de urbanización que experimenta en Barcelona es también, en grados diferentes de simultaneidad, un proceso de aculturación que incluye la emergencia, por contraste situacional, de una consciencia de etnicidad, así como adaptaciones y cambios en su comportamiento lingüístico.

Atendiendo a su carácter social rural en origen y a su bajo *status* individual, estos inmigrados poseen una estructura de personalidad en la que su ego muestra una evidente falta de seguridad económica, lo cual habrá determinado en ellos la formación de un ego socialmente débil y, por lo mismo, propenso a realizar asociaciones interpersonales de dependencia. No hay duda, en este caso, de que una vez en Barcelona esta debilidad del ego se irá corrigiendo en la medida en que aumente su seguridad económica y en la medida en que se afirme su personalidad social. No obstante eso, es asimismo cierto que su alto grado de ruralidad le mantendrá en estrecha dependencia respecto de las «autoridades» sociales que permanecen más próximas a él en su nuevo medio cultural, el barcelonés.

Estas autoridades se manifestarán, sobre todo, en relaciones de producción, y también en el contexto de grupos informales de integración social, como pueden serlo líderes de barrio y los mismos compañeros que forman sus unidades habituales de amistad o de reunión. El grado relativo de urbanización de los individuos que constituyen estos grupos de relación del inmigrado representa, por lo mismo, un foco de atracción de éste, y se desenvuelven como factores de dependencia de su personalidad social y de su desarrollo psicológico, en tanto que para él estos individuos son portadores de aquella gama de cultura, la urbana, con cuyo modelo tratan de identificarse.

De este modo, cuanta mayor es la distancia relativa existente entre la cultura campesina del inmigrado y la cultura urbana de los individuos con quienes éste se relaciona en sus primeros contactos en Barcelona, mayor es también el papel de autoridad ideológica que éstos ejercen sobre aquél. Por eso, el grado de ruralismo en origen supone para el inmigrado un condicionamiento importante, en el sentido de que regula las identificaciones de prestigio de éste y convierte en una necesidad de su ego adaptativo la asociación con aquellos individuos que están comparativamente más urbanizados.

Al comienzo puede estimarse que el modelo representativo del tipo de urbanización en Barcelona es propiamente el burgués o industrial-mercantil, en cuanto ésta es una variable comparativamente predominante en Barcelona, como han mostrado Linz y De Miguel (1966, pp. 285-287) al establecer para esta ciudad una configuración profesional marcada por dicho carácter. Esta configuración es equivalente a un carácter social urbano que es, asimismo, equivalente a una forma cultural doblemente específica, ya que, por una parte es la urbana y por otra es la catalana. El idioma es una expresión de muchos de estos caracteres, pero lo es particularmente en términos de la etnicidad que hace sentirse diferentes entre sí a nativos y a inmigrados, no sólo en este caso por su diferente forma de vida, rural o urbana, sino también por su distinto modo de adscribirse étnicamente. Éste es un modo de identificación que, a la vez que ideológico en términos de la clase de consciencia social que establece, es también político y cultural, en el sentido de que produce distinciones de comportamiento individual y colectivo.

Dentro de tales extremos, la problemática adaptativa de este grupo de inmigrados está en función de un ruralismo que confronta, por un lado, el ajuste a un comportamiento y a una ideología urbanos, y por otro remite a la consciencia del mantenimiento de una etnicidad que aparece colocada en contraste con la etnicidad expresada por los catalanes, así como por la extrañeidad cultural y social que provoca en éstos y en aquéllos la diferencia lingüística y las mismas actitudes de rechazo interpersonal, incluso en situaciones semejantes de *status* en materias económicas y profesionales. El que los catalanes formen grupos de amistad separados de los constituidos por los inmigrados, con independencia de su posición económica, es de por sí un síndrome que destaca la diferenciación establecida por la consciencia de su etnicidad militante.

Este contexto situacional es el que encuentra cada inmigrado en Barcelona, y le obliga a adoptar actitudes que pueden ser más o menos resistentes en función de la consciencia de castellanidad o de regionalidad que aparece a lo largo de los contrastes y de las afirmaciones étnicas de unos y otros. Pero en términos de su realización personal como individuo urbano que moderniza su existencia, el inmigrado de origen rural y económicamente débil es más propenso a procurar una aceleración de un cambio de identidad étnica que, por el contrario, aquel otro de *status* económico y social mejor en origen, esto es, y como ejemplo, los que carecían de propiedad frente a los que poseían alguna. El grado de resistencia a ser asimilados es menor, pues, en los primeros que en los segundos, precisamente porque cuanto más elevados en su origen económico, mayor es también la identificación que mantienen con su etnia de origen; mayores son asimismo las valoraciones de prestigio que asumen de su cultura anterior, y para ello recurren a una interpretación histórica de su situación, de manera que por este medio sienten menos necesidad de modificar sus afirmaciones étnicas. En tal caso, el problema de esta consciencia de etnicidad surge como una expresión de contraste en las adscripciones, pero también aparece como una identificación, en términos de consciencia, con los prestigios históricos que, respectivamente, refieren a los orgullos de cada etnia en relación con su pasado y con su situación presente, pero también refieren a los objetivos y a las premisas de su orientación específica como grupos étnicamente centrados.

De este modo, mientras el inmigrado de cultura campesina y económicamente débil es más proclive a efectuar un proceso de etnificación catalana, y en cambio es menos eficiente en su adaptación urbana, el inmigrado económicamente más fuerte en origen es menos proclive a asumir esta clase de etnicidad, mientras, en cambio, es más propenso a la adaptación urbana. Como vemos, ésta es una cuestión de *status* económico en origen y del carácter social que condiciona el desarrollo del ego en origen, lo cual significa que en su evolución adaptativa en Barcelona el inmigrado realiza asociaciones de carácter personal cuya estructura depende de la posición que individualmente alcanza en términos del sistema de rol-*status*, pero también depende del prestigio relativo no sólo de la cultura urbana, sino también de la cultura catalana vista como una organización específica con capacidad para condicionar las adaptaciones del inmigrado, así como también vista en función del grado de interferencia con que actúa en estas relaciones la castellanidad, por una parte, y la conciencia política de la españolidad, por otra, en el contexto de lo que es propiamente una orientación política de las situaciones étnicas.

Desde luego, la posición personal del inmigrado en tales contextos y su grado relativo de plasticidad en lo que se refiere a comportamiento urbano y a consciencia étnica es una función, además, de la edad en que haya llegado a Barcelona, pues éste es un factor que facilita o dificulta, según los casos, su adaptación a la cultura catalana. Los más avanzados en edad no suelen ser los más proclives a ser urbanizados, como tampoco son los más adaptables al proceso de cambio de etnicidad. Si ésta puede medirse, en cierto modo, por la propensión individual que pueda existir en cuanto a adoptar formas de cultura catalana, sobre todo rasgos de su estructura lingüística, y si esta propensión actúa, además de por la asociación en términos de grupos informales, también por la vía de las mezclas étnicas, particularmente definidas bajo la forma de los llamados matrimonios mixtos que son, dentro de la dinámica de la aculturación y del proceso de etnicidad, uno de los campos de acción más eficientes en orden a producir una disposición favorable del inmigrado a la etnicidad y, por consiguiente, en orden a determinar la pérdida o debilitamiento de su agresividad étnica. Resulta evidente que los grados en que se da el proceso de etnificación catalana son también relativos a la edad de los inmigrados, en tanto ésta condiciona la plasticidad específica que puede desarrollar el inmigrado en sus relaciones adaptativas.

Asimismo, otro sector de la integración o confluencia específica que ejerce la catalanidad sobre los inmigrados lo representa la homogeneidad étnica relativa de sus grupos de trabajo, entendiendo que esta homogeneidad ejerce diferentes grados de presión sobre su aculturación y sobre su etnicidad. Esto es, cuando el inmigrado desarrolla su actividad económica dentro de una empresa cuyos dirigentes y cuadros de mando son catalanes, entonces la presión del medio cultural catalán es más fuerte que cuando trabaja en una orga-

177

nización menos catalanizada. Pero cuando además de la dirección empresarial, también su grupo de trabajo visto dentro de un contexto horizontal está formado por individuos catalanes, o por lo menos resulta ser una mezcla étnica de éstos con individuos de diferentes regionalidades, entonces la influencia étnica catalana es también más vigorosa que en los casos en que el grupo está formado por inmigrados.

En este sentido, la influencia que ejerce el catalán sobre los inmigrados en los centros de trabajo, especialmente en los de la industria privada, es muy fuerte, y esto es todavía más cierto si pensamos que la ideología industrial y burguesa tiene su centro más desarrollado en Barcelona, además de estar su clase dirigente formada, mayoritariamente, por catalanes.[1] Este dato es significativo porque sugiere que si los *programas de acción* de una sociedad son establecidos por sus clases dirigentes, también es indudable que dichos programas representan el nivel de realización a que deberán adaptarse, en términos de sus posibilidades sociales relativas, los miembros y grupos del sistema. En tal caso, las zonas de identificación social estarán configuradas en función, por una parte, de los valores impuestos por el sistema de producción, y por otra, de la medida en que la eficiencia individual está adscrita al sistema de rol-*status* y a identificaciones con metas de finalidad desarrolladas por la clase dirigente, en esta medida, la adaptación a este sistema es parte de la adaptación al sistema social total, precisamente porque las relaciones de producción representan formas de adaptación al carácter social. Entendiéndolo así, el hecho de que la clase económicamente dirigente en Barcelona es la burguesía industrial y mercantil, y el hecho de que ésta sea catalana en su mayor parte, hace que su influencia sobre los grupos sociales dependientes sea la que corresponde a su poder de decisión relativa y al prestigio que emana de su capacidad para condicionar el modo de vivir de los asalariados que dependen de esta clase de organización social. Si el modelo industrial burgués catalán está constituido por individuos de esta etnia, entonces son éstos quienes definen el carácter social a que deberán adaptarse e identificarse los miembros del sistema.

1. En una encuesta efectuada por Linz y De Miguel (*ibid.*, p. 305) acerca de la localidad de nacimiento de los empresarios barceloneses, un 71 % de estos resultaron ser nacidos en Barcelona. Sin embargo, no todos serían de cultura y lengua catalanas si consideramos el origen regional de sus padres.

Cuanto más débil sea la posición de *status* del individuo, mayor será la necesidad de dependencia que mantendrá el individuo respecto de dicho poder, y mayor será también el deseo de imitarlo. Éste es el caso de los inmigrados económicamente débiles, en este sentido los más numerosos.

Esto significa que, a los efectos de la aculturación en términos de una identificación con la etnicidad catalana, los individuos más proclives a efectuar este proceso con una relativa rapidez suelen ser aquellos que, al comienzo del proceso, son los más débiles económicamente y los más dependientes del catalán en este sentido. Los inmigrados que figuran colocados en esta situación dentro del contexto social barcelonés, tienden a identificarse más rápidamente con lo catalán que quienes operan dentro de un contexto económico inicialmente más independiente. En tal situación el grado de conciencia con que un inmigrado se resiste a ser aculturado por lo catalán está en relación con su grado relativo de dependencia económica respecto del catalán. Ésta es una experiencia importante porque pone en evidencia que las identificaciones sociales del inmigrado de *status* económico poco cualificado, y por lo mismo más dependiente, siguen la línea del prestigio adscrito al *status* económico. En tal caso, son directamente responsables del modo relativo en que desenvuelven los inmigrados sus expectativas de realización personal dentro de este contexto urbano barcelonés.

En los inmigrados económicamente menos dependientes de los catalanes, estas expectativas de prestigio son más débiles porque no se rigen por una dependencia tan directa. Por lo mismo que estos inmigrados parten de un ego adaptativo socialmente más fuerte, resisten con más firmeza la etnicidad catalana y están en condiciones de afirmarse en su etnicidad de origen mucho más tiempo que los relativamente más débiles. Con eso se hace significativo que un ego socialmente débil es propenso a asociarse con otro fuerte y a dejarse influir por éste, y si en tal caso lo es el catalán, en relación con el del inmigrado, será también evidente un comportamiento menos resistente a las demandas del sistema cultural local o barcelonés en su peculiaridad catalana. Esto explica, por lo tanto, que mientras se rompe fácilmente la resistencia del inmigrado de origen rural y jornalero, en cuanto a ser aculturado por el catalán, en cambio, es muy estable la resistencia que presentan, en este sentido, los inmigrados de origen no rural o que, incluso de origen rural, tenían un *status* más elevado, como puede ser el caso de los pequeños propietarios. Por extensión, la resistencia a la etnicidad catalana es muy fuerte a medida que subimos en la escala del *status*, ya que cuando llegamos a los niveles más altos es casi total la resistencia que se ofrece a dicha etnicidad. Cuanto más elevado es el *status* del inmigrado, mayor es la consciencia de su propia etnicidad y más militante de sí misma es en términos de etnocentrismo, precisamente porque sus niveles de prestigio dependen de una cobertura cultural capaz de dotar al ego de una poderosa confianza en sus propios recursos.

Es también indudable que si el ego inicial del jornalero es social y económicamente débil, dicho ego será proclive a asociarse con individuos que sean capaces de protegerle contra las expectativas de fracaso personal causadas por su debilidad. Esta protección implica una dependencia de prestigio en la que este inmigrado adoptará la forma cultural de su protector, porque ésta asume la capacidad de aproximarle al *status*. De este modo, un ego social y económicamente más débil es una condición para que se produzca un proceso favorable a la identificación étnica que comentamos, de manera que el abandono de la primera identidad étnica se resuelve bajo la forma de una decisión en la que el inmigrado tiende a integrarse en aquel sistema social que proporciona mayores recursos de satisfacción. En cambio, cuando hablamos de inmigrados cuya consciencia étnica regional se muta por otra de consciencia más general o nacional, no referimos a una clase de individuos cuyo ego es, social y económicamente, más poderoso en origen. Esto es, nos referimos a individuos cuyo mejor *status* les permite ofrecer más resistencia al proceso de aculturación a que les somete el medio social catalán.

Es frecuente que en el ramo de la construcción los grupos de trabajo básicos, sobre todo el peonaje y algunas funciones intermedias entre aquéllos y los capataces, estén constituidos por inmigrados de baja cualificación técnica. La influencia directa de los catalanes sobre estos inmigrados es menor, pero indirectamente se ejerce a través del mismo prestigio de las profesiones de *status*, ocupadas por catalanes y a las que son promovidos paulatinamente aquellos que más destacan en su identificación. Así, los vocabularios industriales empleados en los oficios suelen ser catalanes, y cuando la relación con individuos de esta etnia es directa, el modo de vivir de éstos se constituye en modelo a imitar, precisamente porque, carentes aquéllos de tradición burguesa industrial, adquieren el lenguaje de trabajo que les transmiten aquellos de sus dirigentes que actúan como modelos de cultura laboral.

Desde luego, estas circunstancias y el hecho de que en su mayor parte los inmigrados de estos grupos dependan económicamente de empresas y de empleadores catalanes, condiciona grandemente su autonomía afirmativa. En tales casos, resulta evidente que dicha dependencia ejerce presión no sólo sobre sus identificaciones sociales de prestigio, sino también sobre las mismas situaciones de su adaptación étnica y de su abandono progresivo de la anterior conciencia de etnicidad.

VIVIENDA Y BARRIO DE INTEGRACIÓN

La cuestión de cómo afecta el sistema urbano y étnico barcelonés al proceso de integración del inmigrado en esta ciudad, se amplía a otro valor de análisis, como es el referente al lugar donde vive o establece su habitación. Aparte de una primera etapa, más o menos prolongada según los ingresos económicos, si llega sin familiares a su cargo, es lo más probable que viva en una pensión, y con frecuencia en la casa de algún pariente o de un amigo. Es habitual, asimismo, que una vez obtenido un mínimo de estabilidad económica y de empleo, el inmigrado constituya un domicilio permanente. Pero hay ocasiones en que esta domiciliación la efectúa en calidad de realquilado, esto es, comparte la vivienda con otra familia y actúa, en tal caso, de arrendatario secundario del domicilio. Dentro de este contexto, el problema que se le plantea es el de encontrar una vivienda económicamente asequible a sus medios. Pero hay más: en términos de su integración social, es común que el inmigrado prefiera un ambiente constituido por gentes de su mismo origen social y étnico, pero en cualquier caso semejante al de sus intereses y formas de vida.

Puede afirmarse que en la primera generación el inmigrado está culturalmente más identificado con su región de origen y con su forma de vida anterior, que con la propia de la sociedad catalana. Contribuyen a este hecho no sólo las condi-

ciones de separación en que vive respecto del ambiente catalán, sino también la necesidad de sentirse socialmente integrado con lo propio. Por estas razones, los llamados barrios de
inmigrados son *zonas ecológicas de refugio*, y por su lejanía
de los centros de trabajo con frecuencia asumen la función
de barrios-dormitorio en tanto que sus moradores adultos
permanecen todo el día fuera del domicilio. Son, asimismo,
zonas que cumplen otra función: la de ser conglomerados
de etnicidad inmigrada que a sus características de homogeneidad socio-económica añaden las de representar una cierta
continuidad entre el modo de vivir en origen y el modo de
vivir en llegada. Así, el barrio de inmigrados constituye la
adopción de una alternativa que sirve para reunir en un mismo espacio residencial a personas de una misma o semejante etnicidad, la constituida por los «paisanos».

Es obvio que la decisión de vivir entre paisanos responde a la idea de sentirse uno entre iguales. Como decía uno de
nuestros informantes: «En el barrio casi todos somos de
fuera. ¡Y esto ayuda, sabe! ¡Así no hay diferencias!» Hay
casos, incluso, en que quienes viven en la vecindad de una
barriada de inmigrados suelen ser oriundos del mismo pueblo. De este modo, resulta muy común preferir la vida de un
barrio habitado por individuos del mismo origen étnico, precisamente porque en tales casos el barrio se convierte en
un receptáculo social peculiar donde es posible reproducir el
ambiente social que abandonaron y las costumbres que les
son étnicamente propias, sin que a cambio de ello sientan la
repulsa o la presión de los controles críticos que ejercen sobre este comportamiento los grupos catalanes o urbanizados
respecto de este modo de vivir.

Conforme a esta perspectiva, los grupos de inmigrados
que habitan en tales barrios se acogen a la idea de una seguridad afectiva, psicológicamente retributiva, que sobre todo
en el caso de los más viejos, prolonga en Barcelona el sentimiento de hallarse en el mundo social que abandonaron.
Esta consciencia se prefiere, muchas veces, a la oportunidad
de vivir en un barrio mejor dotado en el momento en que,
por mejoras económicas y de *status*, son óptimas las oportunidades de acceder a zonas urbanas de más prestigio.

El hecho de que se prefiera adoptar dicha alternativa significa el desarrollo de dos consecuencias: *a*) que se retrasa
el proceso de urbanización de estos grupos, y *b*) que se retrasa también el proceso de etnicidad catalana, por lo menos

182

en las siguientes generaciones. En el contexto de la urbanización, es evidente que la vida en un barrio de inmigrados supone una disminución de la frecuencia de circulación de imágenes de ámbito cultural urbano, lo cual implica también un retardo en las oportunidades adaptativas de este grupo. Y por añadidura, en el contexto de su integración a la vida catalana, la separación étnica sobre la base de producir procesos de intercambio social étnicamente especializados, ocasiona un desfase de continuidad entre lo que suele ocurrir a nivel de ocupaciones, o sea una interacción interétnica en el seno de los grupos de trabajo, y lo que resulta después de las actividades laborales donde inmigrados y catalanes restablecen, ahora ecológicamente, su separación cultural. El proceso de etnificación catalana tiene, pues, en el curso de las interacciones étnicas, la particularidad de suspenderse y reanudarse consecutivamente, en tal caso adoptando el péndulo del mismo movimiento de separación y de reunión que se da en el transcurso del día y de los finales de semana.

El hecho de que se mantenga este aislamiento ecológico influye en otro sentido: en el de que los jóvenes nacidos dentro de estos barrios de inmigrados tienden a convertir sus grupos de juego en grupos de amigos, y en tal caso con el predominio de grupos juveniles descendientes de inmigrados, se refuerzan expectativas de etnicidad dependientes de la estructura cultural y social que fuera la de origen de sus padres. En otros casos, el contacto que mantienen estos jóvenes con individuos fuera del barrio, sobre todo en el trabajo, y con catalanes, y su mayor grado de cultura urbana, hace que sea también mayor su capacidad de intercambio étnico. En principio, y dada la fuerza de atracción ejercida por su socialización infantil o primaria, tienden a seleccionar sus grupos de amistades entre individuos de sus propios grupos étnicos, precisamente porque entre éstos es donde encuentran sus afinidades social y culturalmente más próximas. De esto resulta que los primeros grupos están constituidos por individuos que han crecido juntos en las ciudades y cerca de familias también amigas y de la misma clase social.

Dentro de este ambiente de inmigrados, las segundas generaciones tienden a unirse entre sí, considerando en estas uniones el mismo matrimonio. Ésta es una clase de tendencia que puede incluirse dentro de ideas de clase social y de grupo cultural, y se da sobre todo en la medida en que los inmigrados son rechazados por no ser miembros de los grupos catalanes. Si se tiene en cuenta la escasa frecuencia de oportunidades de intercambio social que se dan entre ambas etnias a nivel de primeras generaciones, y por influencia de éstas hasta en muchos individuos de las segundas, entonces se advierte una fuerte proclividad a la endogamia étnica o a la endogamia entre inmigrados. Esta tendencia no excluye que se den matrimonios entre catalanes e inmigrados, pero las características generales dominantes en esta relación interétnica favorecen más el principio de la endogamia étnica.

La endogamia inmigrada queda en gran medida incluida dentro de esta experiencia social continuada entre jóvenes de los mismos ascendientes étnicos. Por lo demás, se producen desviaciones en la tendencia cuando las relaciones tradicionales cerradas se abren o amplían a oportunidades de experiencia y de alianzas con los nativos. Esto último se da mayormente en los centros de trabajo. En casos de identificación con lo catalán, se advierte cierta frecuencia formal a constituir matrimonios mixtos, pero observada esta tendencia en su sentido de inmigrados de primera y segunda generaciones, se confirma más la incidencia de matrimonios interinmigrados, o de este ambiente social, que la incidencia de matrimonios mixtos entre catalanes e inmigrados. Como ejemplo puede servir el de un informante que decía: «Mi hermano tiene novia que es de Almería, y yo salgo con una chica catalana que es hija de padres extremeños.» En nuestra propia muestra hemos advertido una elevada frecuencia (67 %) de matrimonios efectuados dentro del mismo grupo étnico de inmigrados, mientras que del 33 % restante, el 22 % era entre individuos de etnias diferentes, pero inmigradas, y sólo el 11 % era entre inmigrados y catalanes.

Conforme a eso, lo que destacamos mayormente es que son muy débiles las fuerzas que durante la primera generación inmigrada contribuyen a la integración de este grupo a la cultura catalana. Y son débiles porque cada una de ellas se comporta como un grupo refractario respecto del otro. Esta refracción social es más potente cuanto más homogéneas son las unidades étnicas que se contrastan. Por ejemplo, si se trata de un matrimonio formado por inmigrados en comparación con otro de catalanes, la contrastación será más radical que si se trata de un matrimonio mixto constituido por un catalán y una inmigrada, o a la inversa en confrontación con otro formado por catalanes. Y asimismo, dos matrimonios mixtos tendrán mayor receptividad entre sí que cuando, por el contrario, sus componentes no sean étnicamente simétricos. Por lo común, esto es también válido para el contexto de las relaciones sociales entre grupos étnicos que se presentan internamente homogéneos respecto de los demás. Un ejemplo de ello nos lo proporcionan los barrios de inmigrados y las organizaciones juveniles informales que agrupan a individuos étnicamente homogéneos, o que por lo menos están constituidas por individuos inmigrados. En tales casos, su acción etnocéntrica es reforzada por un ambiente social, el propio, que recoge tópicamente las actitudes de sus padres, hasta el punto de mantenerlas en oposición, o en separación, respecto de los grupos catalanes de edades semejantes.

Conforme a dichos condicionamientos, la homogeneidad étnica relativa de los barrios de residencia es un factor de gran influencia en los procesos de urbanización y de aculturación de los inmigrados. En gran medida los barrios tienden a reforzar la solidaridad étnica en términos de contraste y disminuyen, por lo tanto, las oportunidades de catalizar mestizajes. Incluso estorban el proceso de integración de las segundas generaciones, puesto que esta situación, por especializada, determina cierta continuidad en materia de conciencia social y de etnicidad de los inmigrados. O sea, los lleva a comportamientos refractarios hacia todo cuanto no sea lo que les resulta cultural y socialmente propio. Según eso, si el barrio de inmigrados representa una *estación de refugio* con la que tiende a asegurar la identidad del ego, al mismo tiempo efectúa una clase de integración social y étnica que mientras especializa ecológicamente a millares de individuos, también los aísla culturalmente de lo catalán. En cierto modo, mientras protege relativamente su anhelo de seguridad o integridad de su ego básico, retarda su pase a la condición de una consciencia urbana. Así, pues, el barrio de inmigrados constituye una reducción ecológica que empobrece las posibilidades de riqueza y variedad que son propias en las zonas de más amplio espectro socio-cultural, todo lo cual contribuye a una especie de endogamia local cuyo significado más profundo consiste en el hecho de erigirse como una barrera que obstaculiza, por una parte, la comunicación social entre grupos étnicos inmigrados y catalanes y, por otra, la realización de mezclas culturales dinámicas y los mestizajes por vía matrimonial.

En términos del contexto de estas relaciones, no hay duda de que los intercambios interétnicos representan formas de comportamiento y de actitudes de varios tipos: *a*) de grupos de inmigrados entre sí en tanto que miembros de diferentes etnias; *b*) de inmigrados de etnias específicas en confrontación con catalanes, y *c*) de individuos a individuos étnicamente identificados como diferentes.

Cuando el catalán no hace concesiones en el sentido de hablar en castellano con el inmigrado, uno se da cuenta de que el idioma actúa como un factor de cierre o de apertura, según sea la actitud y la capacidad respectivas de uno y otro al comienzo de la relación. Mientras el primero puede usar indistintamente ambos idiomas, el inmigrado sólo puede usar el castellano. Esto hace que sea mayor la capacidad de maniobra, en materia de comunicación social, del catalán que la del inmigrado, lo cual significa que éste es lingüísticamente menos flexible que el primero. A pesar de esta capacidad bilingüe, el catalán en sus relaciones con inmigrados adopta, comúnmente, la conciencia de que toda comunicación en castellano supone una clase de concesión que disminuye o pone en duda su virtualidad étnica; esto es, la hace discutible en la medida en que no la afirma mediante su más definido elemento de etnicidad: el de su idioma. Por otra parte, el hecho de que se dé grandemente la frecuencia de un mejor *status* socio-económico del catalán, en relación con el inmigrado común, es también un factor de gran importancia en el desarrollo de las actitudes relativas al instrumento lingüístico de comunicación que va a ser usado en el curso de estas relaciones interétnicas.

El *status* ejerce condicionamiento significativo sobre el carácter de estos usos lingüísticos en tanto que los criterios adaptativos se basan más en la idea de que el inmigrado debe aprender a hablar en catalán, si quiere verse bien acogido, que en la idea de que sea éste quien tenga que hacer el esfuerzo adaptativo. En tales casos, cada etnia desarrolla una clase de identificación en la que toma en cuenta un modelo cultural de contraste que se opone, cuando está en conflicto con otros, al modelo cultural de los demás. Las diferencias sociales o de clase entre uno y otro grupo étnicos pueden incluso ser pocas, pero las actitudes pueden ser agresivas dentro de lo que designamos como *consciencia étnica militante*.

Las expectativas de amistad con el inmigrado se racionalizan en función de varios intereses: *a*) del grado de asociación que pueda existir en una relación social, particularmente la que se da en los centros de trabajo y en las relaciones de vecindad; *b*) del grado de dependencia mutua que se produzca en el curso de las relaciones entre individuos de una y otra etnia, y *c*) del desarrollo relativo de redes sociales conducentes a una interacción estable entre familias como son, por ejemplo, las derivadas de matrimonios mixtos o las relacionadas con intercambios estables informales, como los constituidos en el curso de la participación en clubs deportivos, sociedades recreativas, asociaciones de vecinos y otras entidades públicas y privadas asequibles a los individuos de cada etnia en particular, pero condicionadas grandemente por el *status* inicial de la relación. Si ésta se presenta estableciendo desde el comienzo la superioridad de *status* de un individuo respecto del otro, se produce una actitud de distanciamiento interpersonal que dificulta la formación de la red social. Esto es válido tanto para los inmigrados que tratan de integrarse en las instituciones deportivas o recreativas de los catalanes como para los catalanes que intentan hacer lo mismo en las de los inmigrados.[2] En cada uno de estos casos, la identidad que se establece es culturalmente extraña, sobre todo para el catalán, cuya expectativa no es la de ser como un inmigrado, y ni siquiera la de castellanizarse, mientras la posición del inmigrado puede ser, en cambio, más favorable en la medida en que, de prolongarse definitivamente su residencia en Barcelona, sus expectativas a largo plazo son las de integrarse al medio barcelonés. Esta integración, con ser más o menos rápida, según la intensidad y extensión relativas de sus redes de intereses con los catalanes, y según el grado de presión social que ejerza sobre él la realidad social, se hace paulatinamente consciente conforme se adquieren formas de vida barcelonesas.

La mayor parte del carácter conflictivo que adoptan las relaciones interétnicas entre catalanes e inmigrados tiene lugar en los ambientes laborales, más que en el ambiente de los barrios de inmigrados. Es así por cuanto los verdaderos intercambios interpersonales de carácter estable entre unos y otros suelen darse en los centros de trabajo, más que en las comunidades de residencia. Esto es: fuera de las rela-

2. Esto último es menos frecuente.

187

ciones de producción, la relación interpersonal es más bien parca porque, en general, el catalán no tiende a desear la amistad con el inmigrado, a menos que entre ambos no se dé una asociación de intereses prácticos. De este modo, no existen grandes oportunidades de intercambio social íntimo entre catalanes e inmigrados, con lo cual el aislamiento o separación étnicas evitan el conflicto que, en cambio, se da en los centros laborales.

En muchos casos de convivencia de catalanes e inmigrados dentro de un mismo edificio de viviendas, lo más común es que la relación interpersonal sea lacónica y se limite a saludos convencionales como un «buenos días» o un «buenas tardes». Así, con ocasión de encontrarse en un ascensor personas de etnia catalana con otras inmigradas, estos saludos pueden ampliarse a una conversación también convencional, que tendrá como tema central el estado del tiempo o alguna cuestión de interés común, como puede serlo el caso de edificios constituidos en copropiedad, donde hay pendientes de resolución gestiones de mejora y reparación de instalaciones que afectan a todos. Empero, y sobre todo en el caso de los hombres, que son quienes trabajan habitualmente fuera del hogar y están la casi totalidad del día fuera del mismo, el laconismo se manifiesta al máximo porque son más escasas todavía las oportunidades de intercambiar ambos grupos étnicos.

Son las mujeres quienes intercambian más en este sentido, a pesar de lo cual es muy bajo su grado de interacción, reduciéndose éste a relaciones muy formalizadas, aunque más profusas que las mantenidas por los hombres. Dadas estas relaciones, muchos individuos de etnias diferenciadas son una incógnita para los otros, y en ellos se acentúa la actitud de considerarse como mutuamente extraños dentro de tales contextos comunitarios. La actitud prevaleciente en estas relaciones es de extrañeidad y de vida independiente, aunque el conjunto de la interacción social en estas comunidades de viviendas destaca por su tendencia a constituir relaciones interpersonales en las que se sigue el principio de la proximidad étnica en las adaptaciones mutuas. De ahí se sigue que lo más frecuente es que las mujeres adopten la iniciativa de una comunicación con las demás del edificio en función de la etnicidad, y a medida que aumenta la frecuencia de sus encuentros, en esta medida se amplían las relaciones, al mismo tiempo que se convierten en coordinadoras de una simpatía mutua que alcanza a sus respectivos esposos en forma de reuniones que tratan de ser estables. En este sentido, son las mujeres quienes desarrollan el sistema de comunicación más amplio, y lo hacen generalmente en función de preferencias en las que el desenvolvimiento de la amistad y de las reuniones familiares parte del principio de que es más fácil comunicarse con una persona de la misma etnia que de otra diferente.

Hay ocasiones en que esta relación se da también entre individuos catalanes con otros no catalanes, no obstante lo cual es común que en tal caso ejerza de intermediario uno de los esposos, generalmente la mujer, que es la que tiene las iniciativas en esta clase de relaciones a nivel de comunidad. En tal contexto, ser intermediario puede significar también que uno de los esposos sea catalán y que el otro no lo sea, pero en tal situación la relación se facilita más precisamente porque el intermediario se convierte en factor de contacto y de presión.

El inmigrado es consciente de las actitudes refractarias del catalán y define a éste como poco predispuesto a mantener una relación de amistad con el primero. Así, suele acusar a aquél de una pobre cordialidad y de mantener con éste un trato de rechazo. En contrapartida, el inmigrado se reconoce a sí mismo como propenso a una cordialidad que entiende que el catalán le niega de entrada. De este modo, el proceso de intercambio interétnico es estorbado, en ese caso y según las estimaciones del inmigrado, más por el catalán que por el inmigrado. Lo más frecuente en estas relaciones interétnicas es que sean muy escasos el contacto profundo y la amistad entre los catalanes y la primera generación de inmigrados. La integración socio-cultural del inmigrado se manifiesta más en el plano del trabajo que en el del barrio o vecindad de residencia. Esto sería debido tanto a que el trabajo absorbe la mayor parte del tiempo de sociabilidad interétnica posible, como a que esta clase de sociabilidad resulta difícil realizarla por falta de deseo de una de las partes, la catalana, sobre todo en los barrios o contextos situacionales de residencia.

Es en las clases medias donde se da mayormente el desfase entre la igualdad de *status* económico y la igualdad cultural o de las actitudes y orientaciones del ego que hacen sentirse incómodos a unos y a otros, incomodidad que contribuye, por lo tanto, a que las tentativas de asociación y de amistad sean muy precarias en los primeros tiempos. Indudablemente, estas tentativas responden a los condicionamientos del *status* social y a modos culturales distintivos, pero lo que importa subrayar es el hecho de que un mismo *status* o igualdad socio-económica no es necesariamente suficiente para establecer una asociación estable de amistad. Es indispensable la existencia o desarrollo de una red de intercambios sociales basados en intereses comunes y, sobre todo, en concesiones mutuas —hablar en castellano el catalán y admitir y hasta entender el inmigrado el catalán— para que se pueda determinar una relación interpersonal en la que cada individuo no se sienta extraño con el otro.

El grado de esta extrañeidad es relativo, pues, a un ajuste mutuo en el que la expectativa final se forma en torno a concesiones de tipo cultural que favorecen más la idea de identificarse con lo catalán que de identificarse con lo castellano. El proceso que se sigue es el de un desarrollo de la etnicidad catalana cuya rapidez está en función de la relava capacidad del catalán para asociarse con el inmigrado. Esta capacidad es obviamente una cuestión de *status*, pero es también una cuestión de actitud y de conciencia étnicas relativas. La actitud se refiere al grado en que un catalán y un inmigrado se obligan a la reciprocidad, y asimismo la conciencia se refiere a una clase de comportamiento en el que cada individuo puede sentirse tan diferente del otro que esto le impida desear la asociación y, por lo mismo, que no se esfuerce en desarrollar una amistad con el otro. El catalán en particular desenvuelve este comportamiento más que el inmigrado.

Constituidas estas situaciones, el catalán viene a ser como una especie de persona incógnita para el inmigrado, y éste puede serlo para aquél. Por otras razones, es también cierto que las relaciones interétnicas de carácter problemático no suelen darse en todos los niveles étnicos, ya que, por ejemplo, podemos excluir a los vascos, en tanto que no constituyen una población inmigrada importante y porque, asimismo, como grupo étnico el vasco no emigra a Barcelona en las mismas condiciones de inferioridad social relativa que lo hacen individuos de otras etnias, precisamente porque su mayor cualificación profesional y una diferente motivación migratoria que, generalmente, alude a una colocación como agente de alguna empresa industrial, le sitúa en un *status* ventajoso desde el comienzo. Desde el punto de vista de un sistema de clases, resulta ser más bien un *status* relativamente elevado, o medio en gran parte de los casos. Esto y el hecho de que los puntos culturales de identificación del vasco tienden a reforzarse fuera de sus fronteras geográficas, determinan que las relaciones interétnicas entre vascos y catalanes en Barcelona, aparte de ser cordiales, se mantengan dentro de un comportamiento desprovisto de fricción étnica.

MOVILIDAD SOCIAL EN INMIGRADOS

El grado de movilidad social que desarrollan los inmigrados en Barcelona está relacionado con los cambios de ocupación económica, entendidos de dos maneras: en el de empleos iguales o diferentes, pero situados dentro del mismo *status*, como pueden ser todos los que se ejercen como peonaje y con carácter manual; y los que constituyen cambios en el sentido vertical, como pueden ser los que permiten pasar al individuo de una categoría social baja a otra superior. Estos cambios se pueden considerar como desarrollos de la personalidad o *status* del inmigrado, mientras que los primeros representan ser cambios en sentido horizontal, esto es, efectuados dentro de la misma categoría social. Aunque la misma experiencia urbana es por sí un modo de enriquecer la personalidad del inmigrado, sin embargo, no es suficiente a los efectos de su promoción de clase, si tenemos en cuenta que en el seno de la ciudad puede que permanezca dentro del mismo grupo bajo o de *status* económico funcional. En cada caso, se trata de variables significativas en la medida en que son exponentes de grados relativos de urbanización del inmigrado. Asimismo, son un marcador de su movilidad dentro de la estructura social.

Dicha movilidad depende de varios factores, entre otros el grado de cualificación técnica del inmigrado, su crédito moral como persona, red de recomendaciones que puede usar para su promoción personal, esto es, las asociaciones relativas que haya establecido con individuos relacionados con dirigentes de empresas y que asumen una cierta responsabilidad sobre la conducta de sus recomendados, al mismo tiempo que cualidades de carácter establecidas como adscritas a los empleos de confianza.

Éstos son valores y condiciones que sirven de enmarque a la movilidad social, vía ocupacional, del inmigrado. En este sentido, las frecuencias relativas de movilidad dependen de la intensidad específica del sistema de mercado en su dinámica de oferta y demanda, pero excepto el caso de los inmigrados que llegan a Barcelona con algún oficio industrial o con alguna profesión cualificada, que son, en realidad, una minoría, los inmigrados suelen ocuparse en empleos de peonaje industrial o en actividades que no requieren habilidades técnicas, como son mozos de almacén, repartidores, guardas, vigilantes, porteros y otros puestos de trabajo que sólo exigen capacidad física para manejar materiales o para cuidar de ellos. El peonaje es, sin embargo, el puesto de trabajo más comúnmente ofrecido por los empleadores a los inmigrados.

Parece notorio, por otra parte, que las proporciones de inmigrados respecto de nativos en los centros de trabajo son relativas al tamaño de población de las empresas. Por ejemplo, una encuesta de Pinilla de las Heras (1973, p. 50) sobre movilidad en Cataluña destaca un fenómeno que nos parece significativo: cuanto mayor es el tamaño demográfico de la empresa, mayor es también la proporción de inmigrados que ocupan puestos de dirección y que, asimismo, están colocados en posiciones medias de *status*.

En nuestra opinión éste es un hecho que resulta de la influencia de la empresa nacional en el contexto de la estructura económica regional, esto es, un contexto en el que la presencia de grandes empresas, en los sectores secundario y terciario, cuya matriz o centro financiero reside en Madrid, o de expansión y juego capitalista de ámbito suprarregional, privado y público, ha supuesto el trasiego de fuerza de trabajo, directiva y tecnificada, contratada fuera de la misma Cataluña y al margen de las corrientes tradicionales del mercado propiamente catalán de directivos, al mismo tiempo que este tipo de empresa representa una atracción mucho menor para el catalán que para el no catalán, especialmente en la medida en que, dentro de la sociedad catalana, goza ya de un *status* dirigente en los negocios y mantiene una ideología burguesa conservadora y escasamente agresiva a partir de los roles de clase media y superiores.

Esta falta de agresividad, así como el pobre sentido del riesgo de las clases económicas dirigentes catalanas, se expresa tanto a través del dominio de los negocios medios como, en contrapartida, por la mayor fluidez de los grupos no catalanes en el seno del sistema de *status* de las grandes empresas. En éstas, la fluidez relativa de *status* a que nos referimos viene dada, esencialmente, por la movilidad geográfica de los grupos tecnificados y universitarios enrolados, ya en origen, sobre todo en Madrid y en el País Vasco, en las grandes empresas que efectúan parte de su desarrollo en la misma Cataluña, particularmente en Barcelona. Y asimismo, y dados los sistemas de formación profesional de la mano de obra no cualificada, mayormente constituida por inmigrados, la movilidad de ésta es, además de fluida dentro de los mismos estratos, también relativamente fluida hacia arriba a partir de su promoción técnica. La expresión más notable de este segundo fenómeno se observa, sobre todo, en las grandes empresas porque son éstas las que usan la fuerza de trabajo más agresiva e inquieta, si atendemos a que la gran empresa es la que, por su diversidad ocupacional, produce también un pensamiento laboral menos conservador y más dinámico.

En este sentido, los contingentes de participación de fuerza de trabajo empleada en las grandes empresas muestran porcentajes relativamente elevados de movilidad ocupacional. En términos de nativos y de inmigrados, mejoran la posición de éstos en la medida en que se adaptan a los requerimientos del sistema productivo, pero también en la medida en que los catalanes pugnan menos por dichos empleos y tienden, asimismo, a buscar cierta independencia económica acogiéndose al desarrollo de sus propios negocios, en términos de gestión personal y directa sobre éstos, lo cual en este caso equivale a una ideología tradicional o conservadora que asume los riesgos económicos a partir de la convicción de que cuanto mayor es el volumen de una empresa, menor es el control personal que puede ejercerse sobre el mismo. En esta ideología es evidente que las aspiraciones de los cuadros medios catalanes, en la industria y en el comercio, son las de fundar negocios autónomos, y en este caso las disponibilidades de los puestos que ocupaban antes en las grandes empresas, así como el mismo desarrollo del mercado de trabajo, suelen quedar libres para muchos inmigrados que reúnen las condiciones técnicas exigidas por el sistema económico moderno. De ahí la aparente movilidad estadística de las poblaciones inmigradas en el contexto de los sectores secundario y terciario.

Aunque no se trata propiamente de un estudio de movilidad social, puesto que para serlo debiera establecer los cambios de ocupación y de *status* verticalmente considerados en muestras de individuos, lo cierto es que siendo una distribución estadística de los volúmenes de nativos y de inmigrados ocupados en los sectores secundario y terciario, dicha distribución muestra cuál puede ser el *status* actual de cada grupo étnico en el conjunto de la estratificación social. De este modo, lo que son posiciones de *status* vistas en la distribución ocupacional, sirve para reforzar la idea que dábamos (Esteva, 1973, p. 141), y que se confirma en el trabajo de Pinilla de las Heras, en el sentido de que los inmigrados en particular suelen ocupar un *status* inferior al de los nativos.

En cualquier caso, mientras el mayor porcentaje de puestos de trabajo no cualificados está ocupado por las poblaciones de inmigrados económicamente activos, a medida que aumenta la exigencia profesional, aumenta también la proporción de nativos que ocupan mejores posiciones en las escalas del *status*. Además, mientras la frecuencia modal [3] de ocupación entre los catalanes se sitúa en la clase media (33 %), la modal entre los inmigrados se sitúa en lo que Pinilla designa con el nombre, de uso común, de clase «humilde» (*cf. op. cit.*, p. 47), y cuyo volumen representa ser de un 60,3 %, con lo que esta clase ocupa la base misma de la pirámide de la estratificación social. Desde un punto de vista técnico, dicha clase está clasificada como dedicada a ocupaciones semimanuales y manuales.

Así, por ejemplo, en los sectores secundarios en general y de las industrias de la construcción y obras públicas, y en el terciario, la distribución ocupacional, según el criterio de nativos y no nativos, correspondería a los datos presentados en el cuadro 1, de la página siguiente.

Aquí convendría añadir que las llamadas poblaciones nativas, así consideradas en función de su lugar de nacimiento, que ocupan las posiciones de *status* menos cualificados en el cuadro, son, desde el punto de vista de la etnicidad relativa, en número menor del que aquí aparece, si entendemos que el lugar de nacimiento no describe suficientemente el concepto de identidad referido a etnia catalana o no catalana, pues como ya señalamos, el idioma y la adscripción étnica del individuo serían los atributos que mejor definen las diferencias que marcan, en nuestro caso, la significación del *status* entre unos y otros.

3. Estas frecuencias modales son ponderaciones nuestras a partir de los cuadros estadísticos aportados por Pinilla de las Heras, sobre la base de sumar las distribuciones de nativos y de no nativos ocupados en los sectores secundario y terciario.

CUADRO 1. *Distribución de la población laboral en Cataluña en empresas de 5 a 500 y más individuos. 1970-1971* * (Clase o status sociales)

Sector de empresa	Tipo de población	Dirigentes	%	Técnicos	%	Clase media	%	Clase modesta	%	Clase humilde	%	Total
Secundario	Nativos	336	5,7	649	11,0	1.847	31,3	1.682	28,5	1.387	23,5	5.901
	No nativos	118	1,1	237	2,2	1.344	12,5	2.516	23,4	6.538	60,8	10.753
Terciario	Nativos	182	12,4	235	16,0	597	40,7	261	17,8	193	13,1	1.468
	No nativos	67	3,7	97	5,3	369	20,2	241	13,2	1.051	57,6	1.825
												19.947
Secundario y Terciario **	Nativos	518	7,0	884	12,0	2.444	33,0	1.943	26,0	1.580	22,0	7.369
	No nativos	185	1,5	334	2,7	1.713	13,6	2.757	21,9	7.589	60,3	12.578

* Adaptación nuestra de los cuadros 21 bis y 22 de Pinilla (*ibid.*, pp. 66-67). Hemos hecho estimaciones basadas en las cifras de este autor.

** Ésta es una estimación que hacemos basándonos en la suma y ponderación de los resultados de Pinilla.

Por lo demás, resulta notorio que dichas diferencias definen el carácter de esta movilidad por lo menos en un sentido, en el de que la gran mayoría de los inmigrados, en comparación con los catalanes, tienen un *status* económico menos desarrollado. Las diferencias son realmente notables y resultan serlo más cuando detraemos de los totales de «nativos» un grupo de los que habiendo nacido en Cataluña son, sin embargo, de etnicidad y de lenguaje no catalanes. Entonces, la frecuencia modal y el número de catalanes en las posiciones superiores del *status* aumenta mientras disminuye la de los inmigrados. Los incrementos y decrementos a que hacemos referencia, aplicados a esta distribución ocupacional, no ocultan, empero, el hecho de que la movilidad o colocación de no nativos en posiciones de dirección y de técnicos superiores es relativamente creciente, si consideramos el factor, para nosotros importante, de la influencia y condicionamientos que ejercen los sistemas financieros nacionales, emanados de una dirección que planifica las inversiones, sobre todo desde sus sedes madrileñas, y que, además, selecciona parte de su fuerza de trabajo dirigente atendiendo a conceptos de administración y desarrollo empresariales con mayor ámbito y agresividad económicos que los de aquellos otros que figurarían como empresarios de signo catalán.

Dentro de un tal entendimiento de la estratificación y de la movilidad sociales relativas, es evidente que en éstas intervienen dinámicamente los tres factores aludidos, como serían la formación profesional creciente de inmigrados, la demanda y exigencia educacionales del mercado de trabajo, las inversiones estatales y privadas introduciendo en Cataluña grupos dirigentes no catalanes poseedores, sobremanera, de un fuerte espíritu financiero y políticamente orientado, a la vez que disponiendo de un mercado de producción y de consumo altamente protegidos por el Estado.

Mientras no existe progreso en sus habilidades profesionales, el inmigrado tiende a cambiar de empresa, pero difícilmente se mueve de su *status* social bajo. Hay casos en que es promovido a puestos de confianza en una empresa, como pueden ser los de vigilante o de repartidor, pero esta promoción sigue más el criterio de las cualidades morales que el de las calidades técnicas. Comúnmente, pues, la mayoría de quienes realizan una cierta movilidad social desarrollan ésta dentro de los mismos estratos, esto es, se limitan a cambiar de empresa y se adaptan a empleos igualmente manuales o que requieren escasa técnica o profesionalidad. Se trata, entonces, de movilidad horizontal. Por añadidura, la promoción sigue otros criterios no menos significativos, como son el grado de escolaridad y la misma calidad de la presentación o aspecto personales del inmigrado. Así, el formato de la movilidad vertical es bastante estrecho, precisamente porque para ascender de *status* es imprescindible poseer cualidades de urbanización y ciertos grados de eficiencia profesional de los que carecen habitualmente la mayoría de los inmigrados.

Por lo demás, las particularidades del *status* del inmigrado en origen tienen también gran importancia. Entre otras, las diferencias en origen pueden referirse a si el inmigrado era trabajador o jornalero por cuenta ajena, o pequeño propietario agrícola. El *status* social del primero es generalmente inferior al del segundo en origen. Aun siendo bajos los rendimientos económicos de las explotaciones que atienden los pequeños propietarios rurales, sin embargo, todavía el prestigio de la propiedad constituye un elemento importante de *status* en la sociedad rural española. En la mayor parte de los casos, esta propiedad representa un valor simbólico que se cotiza favorablemente en el crédito de la personalidad campesina. Aun cuando los pequeños propietarios que han emigrado a las ciudades inicien su vida en éstas con un *status* bajo, sin embargo, en ellos se da una estructura de personalidad de base comparativamente más poderosa que la de los jornaleros, y por lo mismo han desarrollado un ego más agresivo que les hace ser relativamente más despiertos y seguros en el contexto de la maniobra social urbana con vistas al logro de *status*.

Esta particularidad, psicológicamente considerada, actúa, pues, como una ventaja inicial sobre el jornalero, aunque, en todo caso, son también importantes otros factores, como el de la edad, la salud física y la movilidad geográfica anterior que haya tenido el individuo. En este sentido, muchos jornaleros tienen una estructura de personalidad abierta en la medida en que son individuos cuya emigración a Barcelona es la culminación de un proceso en el que figuran otras migraciones, cada una de las cuales habrá servido para abrir en ellos el apetito del urbanismo y con éste la ambición del *status* y una más amplia realización de personalidad. En esta experiencia es fácil advertir que el *status* de origen actúa más como una condición que como un determinismo. De este modo, basta con que no se dé una de las variables para que se haga patente la mayor capacidad de maniobra social de un inmigrado sobre el otro.

Por añadidura, y en el caso de las mujeres, su maniobra social en la ciudad es inmediatamente más fácil, aunque su *status* sea inferior, precisamente porque se adaptan a trabajos domésticos y a variedades de empleo que son económicamente menos exigentes, al mismo tiempo que suelen tener un mercado de trabajo más eventual, con lo cual los empleados tienen menos conflictos y al mismo tiempo disponen de un personal más barato.

La variable sexo es para tener en cuenta, más que dentro del concepto de movilidad, en el de los valores adscritos al sexo, pues en general la mujer, dadas las limitaciones impuestas a su *status* por la ideología social, realiza menos movilidad que el hombre, y en la mayor parte de los casos, por medio del matrimonio asimila el *status* del marido más que el suyo propio, especialmente en la medida en que abandona su empleo de soltera para dedicarse, a partir del matrimonio, a los trabajos domésticos o relativos al cuidado de la casa y de los hijos. La eventualidad de la mujer en el mercado del trabajo es una característica que podríamos considerar como permanente y que está, pues, dada por las cualidades adscritas al *status* sexual. Éste condiciona, en la mayoría de los casos, su posición dentro del mercado de trabajo. Además, las mujeres de origen rural que vienen casadas a Barcelona suelen hacerlo con sus esposos, y si al comienzo y durante algún tiempo se emplean, sobre todo, en el servicio doméstico (asistenta, cuidadora de niños, planchadora, cosedora, cocinera, y hasta en actividades industriales como obrera manual), cuando el esposo y los hijos consiguen estabilidad en el empleo e ingresos suficientes, suelen volver al hogar y en éste es donde desarrollan su «vocación» social.

En general, las mujeres campesinas casadas emigradas a Barcelona representan una clase de ideología caracterizada por el hecho de que todo empleo fuera del hogar se considera por ellas como una frustración de su personalidad social. En tales casos, se desarrolla en la mujer un sentimiento de inseguridad y de falta de protección para su persona por parte del esposo. Un buen esposo es, así, el que tiene en casa a su esposa y demuestra ser capaz de rodearla de comodidades y de proveerla de medios económicos y de aparatos electrodomésticos conducentes a producir un ambiente material bien equipado. La idea predominante es que el esposo debe proveer a la seguridad de la esposa, mientras que ésta debe proporcionar a aquél un ambiente «familiar» agradable en el que el hombre se sienta reflejado en su propia dimensión de proveedor y donde, asimismo, pueda ver testimoniada en la admiración e identificación de la esposa para con él la realización misma de su rol social y de su ego. En este sentido, «la mujer en casa y el hombre a ganar el dinero», me decía un informante.

Cuando no es así, las mujeres suelen achacar esta frustración a la incapacidad del esposo para librarlas de su empleo fuera del hogar, con lo cual se establece en la consciencia de estas mujeres y de sus esposos respectivos una noción de fracaso que llega a ser considerada causa de reproches y de conflictos conyugales que, en su esencia, derivan de lo que se considera una subversión de roles, y en materia de *status* una desorganización del sistema de personalidad, con sus correspondientes efectos sobre el prestigio del hombre y sobre la identificación de personalidad social de la mujer.

En realidad, si en el hombre predominan los empleos de peón, en la mujer predominan los referidos al servicio doméstico y a ocupaciones manuales en fábricas. A tenor de sus habilidades funcionales en el contexto de la división sexual del trabajo en origen, la mujer inmigrada adquiere ciertas ventajas iniciales sobre el varón, sobre todo si tenemos en cuenta que posee habilidades técnicas como saber coser, lavar ropa, planchar, cocinar y ocuparse de la casa en general. Esto significa que llega a Barcelona más cualificada que el hombre para colocarse. En algunas familias es frecuente que tenga más facilidades para encontrar trabajo la mujer que el hombre, si bien como dijimos es cierto que algunas de sus ventajas resultan del hecho de que sus empleos están comparativamente menos remunerados que los del hombre. Aparte de este hecho, es también más notorio en ella un mayor grado de estabilidad emocional que en el hombre. Sin embargo, el hombre es económicamente más exigente y se muestra más inquieto en orden a procurarse un nivel superior de *status*.

Dentro de tales criterios, y en función de expectativas de personalidad, es mayor la movilidad social del grupo de inmigrados que en origen ocupaba la posición de trabajador campesino autónomo que la de aquellos que lo hacían como jornaleros o trabajadores por cuenta ajena. Un recuento provisional[4] de nuestros datos revela que la movilidad vertical de los que en origen fueron jornaleros, entendiendo por dicha movilidad el paso de un empleo manual, peonil y eventual a otro de mayor estabilidad y responsabilidad, y en cierto modo semimanual, ha sido escasa, ya que un 90 % aproximado de esta clase de inmigrados no se ha movido de su condición de peonaje en el curso de su residencia en Barcelona. En cambio, el grupo que en origen pertenecía al *status* de trabajadores autónomos, se ha movido, en calidad de empleos, en una proporción mucho mayor, esto es, un 22 % de ellos han escalado empleos superiores y estables, aun cuando pocos han logrado la especialización industrial o la dirección como cuadros medios en empresas comerciales, excepto los que llegaron en edades juveniles y pudieron, por lo mismo, acudir a centros de formación profesional, o como aprendices en la misma empresa obtuvieron empleos de rango técnico más evolucionado.

Los inmigrados que llegan jóvenes a Barcelona tienen una movilidad vertical mayor que la de sus padres, sobre todo porque su preparación técnica o profesional está especialmente adecuada a labores que requieren manipulación cuidadosa de mercancías, pero sobre todo capacidad para entender el proceso de transformación de las mismas. Por ejemplo, y en una muestra mayor, encontramos 218 casos en los que mientras el padre es peón, el hijo, también inmigrado, es especialista industrial. Y hay 54 casos en la misma circunstancia que los anteriores: mientras los padres eran jornaleros agrarios o trabajadores autónomos, sus hijos ocupan empleos de dependientes de comercio y hasta ejercen como administrativos. Otro hecho también significativo es que mientras los peones, por ejemplo de la construcción, suelen mantener cierta inestabilidad en sus empleos y propenden a cambiar de empresa, en cambio, los que se emplean como porteros o como vigilantes no suelen tener, o casi no tienen, movilidad ocupacional ni de empresa, porque en la mayoría de los casos tienden a considerarse satisfechos con su empleo.

También a medida que se amplía el mercado de trabajo, y conforme escasean las poblaciones profesionalmente cualificadas, al principio se exige menos a la mano de obra y son las mismas empresas quienes realizan sobre la marcha la

---

4. Se trata de una muestra de 100 cuestionarios a los que finalmente pensamos añadir unos 500 más, que es cuando tendrán un carácter definitivo nuestras conclusiones en este particular.

preparación específica de muchos de estos inmigrados. Eso es particularmente cierto en los talleres o industrias de tamaño e importancia económica medios y de técnica tradicional como carpintería, ebanistería, imprenta y otros considerados en su ejecución como oficios, y se aplica, sobre todo, a operarios jóvenes.

En su conjunto, esta perspectiva de la movilidad social pone en evidencia una diferente capacidad situacional del inmigrado para urbanizarse y para ser absorbido por los valores del carácter social catalán. En lo fundamental, la alimentación de cultura urbana es más rápida en los inmigrados que se mueven verticalmente que en los que lo hacen horizontalmente. Estos últimos avanzan relativamente despacio en su urbanización y tienden a reproducir más que los primeros sus formas de vida de origen. Además, como su intercambio es de amplitud y variedad menores, también resulta más difícil su cambio de etnicidad, aunque, en contrapartida, y por identificación de prestigio, su actitud hacia la etnicidad catalana se manifiesta como menos hostil que la de los que llegan como inmigrados con mejor *status*, en los casos en que la regionalidad se orienta políticamente.

FUSIÓN ÉTNICA E INCREMENTO ÉTNICO

En cuanto a la etnicidad y al modo en que se incrementa el volumen de miembros de la etnia catalana, y en cuanto a cómo se disuelve paulatinamente la resistencia de los grupos no catalanes a la adopción de dicha etnicidad, ésta constituye un proceso en el que, aparte de producirse una constante influencia de la cultura y del idioma catalanes sobre el comportamiento de los inmigrados, en el curso de sus contactos sociales se desarrollan lo que podemos designar con el nombre de fusiones étnicas, específicamente fundadas en los intercambios matrimoniales entre catalanes e inmigrados, a partir de la aproximación y del incremento de sus relaciones sociales. Éste es un fenómeno que se desarrolla en el curso de interacciones estables en el trabajo y en el marco de las propias comunidades de convivencia. En todo caso sirve para disminuir la agresividad mutua y acorta las distancias que al comienzo separan social y culturalmente a unos y a otros.

Cuando los matrimonios se realizan dentro de los grupos étnicos de inmigrados, la etnificación catalana en términos de consciencia de identidad se retarda hasta muy avanzada la segunda generación, y normalmente en la tercera, mientras que en el caso de matrimonios mixtos entre catalanes e inmigrados, lo más común es que la identidad se produzca desde temprano en la segunda generación, aun cuando la forma en que se combinan los factores ya aludidos actuando como variables, como son el grado de castellanidad, la capacidad relativa del ego, la edad, el *status* y el sexo, así como el grado de dependencia económica, constituye gradaciones en la consciencia y en la adscripción étnica de los hijos.

En la realización de muchos de estos matrimonios mixtos influyen grandemente los factores de prestigio cultural del cónyuge, particularmente en el sentido de la superioridad de *status* reconocida, y como sea que éste suele darlo el esposo, es en términos de esta relación como se efectúa la identificación étnica filial. A pesar de ello, en tales casos el idioma de la madre juega un papel considerable en las primeras identificaciones lingüísticas de los hijos, ya que éstos suelen adoptar el de ésta, y paulatinamente, a medida que aumentan sus intercambios con la cultura externa, refuerzan el ambiente de la madre o adquieren la que es propia del ambiente o cultura global, en este caso, la catalana. La adquisición última del catalán no es necesariamente dependiente del ambiente familiar. Aquél constituye una influencia permanente que es más o menos resistida por la cultura familiar del grupo inmigrado, pero que se impone en el conjunto de la adaptación de los individuos que desenvuelven su socialización en Barcelona. El problema está en el tiempo que tardan en adoptar la consciencia étnica catalana. Como ya señalamos, este tiempo depende de la cultura familiar en sus grados de homogeneidad cultural regional y en sus grados de resistencia a la catalanidad. Y también en sus grados relativos de autosuficiencia vista como una capacidad condicionada por el contexto situacional en cuanto a la continuidad y mantenimiento de sus formas de vida de origen.

Son frecuentes las resistencias a casarse entre sí personas de etnias inmigradas con otras de etnia catalana, y a la inversa. Las razones que se aducen son variadas, pero concuerdan en una manifestación: tienden a rechazar los valores de comportamiento del otro grupo étnico. Por ejemplo, muchos inmigrados de segunda generación rechazan la idea de casarse con una catalana porque consideran que ésta es usualmente una mujer independiente que no garantiza suficientemente ciertas condiciones previas, como pueden ser la virginidad en el momento de establecer las relaciones del compromiso o del noviazgo, además de la idea de que estas mujeres no se adaptan a los sistemas de *status* domésticos tradicionales en la organización rural española, basados en el dominio del hombre sobre la mujer. Además, y actuando como un subconsciente de valor resistente, parte de la oposición del hombre inmigrado hacia la mujer catalana radica en la idea de que la europeidad relativa de ésta establece un factor de prestigio que, en muchos casos, contribuirá a disminuir el ego del esposo, hasta constituir un factor profundo de conflicto.

En algunas relaciones matrimoniales entre inmigrados y catalanes hemos podido detectar fricciones de esta clase, y en ellas es frecuente el reproche del marido que increpaba a su esposa diciéndole: «¡Te crees superior, ¡eh! porque no soy catalán!» o simplemente: «¡Te crees mejor porque mis padres no eran catalanes como los tuyos!» En cada caso, la tensión conyugal remitía a la interferencia constante del modo diferente de considerar, el marido y la esposa, la afirmación respectiva de su personalidad en el contexto de sus relaciones mutuas. Y era también obvio en estas fricciones la existencia de un resentimiento difuso de cada uno de ellos contra el otro, un resentimiento que ponía en evidencia, por una parte, la resistencia de uno y otro a adaptarse a los valores específicos que rigen el *status* conyugal en el seno de sus respectivos contextos regionales de cultura, tanto más diferentes si, además, se añade a ellos la oposición formada por una dicotomía de identificación diferente con los valores urbanos *versus* los valores rurales.

Algunos de los tópicos empleados comúnmente por el inmigrado cuando se trata de rechazar la idea de casarse con una catalana se extienden a la idea de que ésta cuida, comparada con la inmigrada, poco de la vida del hogar, y atiende menos a la persona del esposo. En este sentido, el inmigrado de segunda generación es a menudo influido por el ambiente familiar propio en este sentido. Ésta es una actitud que se da mayormente entre las segundas generaciones de inmigrados que se han mantenido aisladas de los catalanes y que, por lo mismo, han desarrollado una cierta continuidad en términos de los valores de sus padres y que, al propio tiempo, se han socializado con compañeros de juego hijos de inmigrados.

El concepto qué estas generaciones de valores de origen rural tienen de la mujer y del matrimonio actúa como un factor de disuasión en orden a unirse matrimonialmente con mujeres catalanas, aun cuando su *status* económico sea semejante al de los catalanes. A esta ideología se añaden otros valores de personalidad referidos al juicio que les merece el carácter de las catalanas, comparado con el de las inmigradas. Así, el de las primeras es racionalizado como «seco» o adusto, mientras que el de la segundas se considera identificado con el de mujeres que, en frases de algunos inmigrados, «tienen gracia y sal». Dicen otros que las catalanas son buenas como compañeras de diversión durante su época de solteros, pero para casarse prefieren a las «paisanas», precisamente porque «son más de su casa». En la mayoría de los casos, aun cuando estas racionalizaciones pueden llegar a generalizarse, no obstante, la adaptación ideológica del inmigrado a la catalana será relativa a su grado de urbanización y, por lo menos, dependerá mucho de cuán intensa haya sido la influencia de su grupo familiar y, por añadidura, de cuál haya sido la distancia social en que éste se haya mantenido en relación con los catalanes.

Es evidente que unos grupos de jóvenes se identifican más que otros con los valores urbanos de cultura moderna, y en tales casos sus intereses sociales les llevan a grados mayores de aceptación mutua, interétnicamente orientada, y son éstos los grupos que suelen matrimoniarse. Cuando eso ocurre, suelen darse dos alternativas de comportamiento: una en que el joven participa de un medio familiar o social favorable a los catalanes y más urbanizado en sus valores, y otra en que sus relaciones sociales habituales se desenvuelven con catalanes y actúan sobre él bajo la forma de cambios ideológicos que incluyen progresos en la consciencia del *status* de la mujer y en la aceptación de un cierto grado de independencia o de igualdad en los comportamientos sexuales.

Por lo que respecta a las jóvenes inmigradas, las racionalizaciones varían en el sentido de que muchas de ellas consideran preferente el matrimonio con un catalán, básicamente porque en éste buscan seguridad, prestigio y estabilidad económica, pero en muchos casos afirman que el carácter catalán promociona más a la mujer y la trata en un plano de igualdad mayor que la brindada por sus paisanos. Esta preferencia se extiende a la aceptación del modo de vida catalán y a la idea de que éste mejora o satisface los anhelos de realización personal en un mayor grado del que se consigue habitualmente entre los paisanos. En otro extremo, la frecuencia relativa de matrimonios interétnicos es también una supuesto del grado de urbanización, de manera que lo que se afirma en ellos es un contexto cultural más homogeneizado o menos discrepante.

Con arreglo al hecho de que estas relaciones interétnicas, vistas en el contexto de las uniones matrimoniales, enmarcan un proceso de unificación étnica, y en función del supuesto de que su realización está condicionada por los grados relativos de urbanización alcanzados por cada grupo, es obvio, entonces, que las mismas dependen de cuán homogéneas sean las identificaciones socio-culturales de cada etnia. Esto es, dependen de si cada una en particular se mantiene dentro de sus identificaciones sociales de origen (cultura rural, barrios de inmigrados y grupos de trabajo del mismo *status*) o de si, en cambio, desarrolla intercambios abiertos con los individuos de etnia catalana. Y además, dependen del grado en que los inmigrados se identifican con valores que, en lo sexual y en materias de relaciones de *status* en el matrimonio, corresponden a las mismas expectativas y racionalizaciones que tienen los grupos catalanes que actúan dentro de las mismas clases de interacción.

Al establecer los inmigrados sus preferencias relativas a casarse con un catalán o con una catalana, la mayor parte de los comentarios destacan la idea de que en principio no existen obstáculos basados en las diferencias de etnicidad como motivo preferente en uno o en otro sentido. Sin embargo, y dadas las condiciones frecuentes de continuidad cultural y de intereses sociales homogéneos, las racionalizaciones que hacen los inmigrados a este respecto suelen centrarse en la frase: «¡Uno tiene más confianza en una chica de la tierra!»

Aquí entonces la relación que hace más frecuente un tipo de matrimonio que otro debemos resumirla como un fenómeno derivado del hecho de que la interacción social a escala intraétnica es más fácil que la planteada a escala interétnica. Este intercambio es más fácil cuando se considera a nivel de la misma clase social, que entre individuos de diferentes clases sociales. En tal caso, la mayor frecuencia de matrimonios entre individuos de clase social diferente se da en términos de hombre con *status* de soltero más elevado que el de la mujer, y en tal sentido es también cierto que es más frecuente el matrimonio de un catalán con una inmigrada que el de un inmigrado con una catalana. Es una cuestión de valores de prestigio: se piensa que el hombre es quien define mayormente el *status* de su cónyuge, sobre todo si consideramos que con el matrimonio la mujer pierde afirmación y se sumerge en el *status* y, en cierto modo, en la personalidad del esposo, por lo menos actuando éste como punto de referencia de sus posibles expansiones sociales y de personalidad. Por estas razones, en el matrimonio de una catalana con un inmigrado, en la etnovisión catalana éste gana prestigio y aquélla lo pierde. De ahí el que en el seno de las familias catalanas existan presiones destinadas a impedir este tipo de matrimonios.

En las clases altas este factor puede obviarse, aunque se manifiesta una resistencia semejante sobre la base de expectativas que actúan como compensaciones a la idea de que se pierde *status*. Éstas pueden consistir en la condición de que el inmigrado tenga un título universitario y que lo ejerza en una realización de prestigio personal reconocido en el contexto social. Este tipo de matrimonio suele darse entre hombre y mujer universitarios, pues en el caso de que lo sea sólo uno de ellos las oportunidades de establecer una relación social suficiente son escasas y se debilitan, por lo tanto, las probabilidades de esta clase de uniones. En general, pues, el ambiente social donde se desarrolla la cultura de orientación y de convivencia es el que mayormente influye en la decisión de matrimoniarse dentro o fuera del grupo propio. Sin embargo, las mezclas interétnicas tienen muy en cuenta las expectativas de prestigio que puedan derivarse del *status* relativo de uno de los posible cónyuges.

Existe, pues, cierta ambivalencia en las actitudes de los grupos inmigrados en lo referente a unirse en matrimonio con personas catalanas. Por una parte, se prefiere la continuidad del ambiente cultural propio porque proporciona un mayor grado de integración consigo mismo. En cierta manera, esta integración personal tiene que ver con la idea de que si uno sale de su grupo étnico regional para casarse fuera del mismo, para unirse al de un catalán, necesita realizar un esfuerzo adaptativo que, respecto del que a su vez realizará el catalán, será superior en tanto que se verá obligado a renunciar a partes de su carácter social para adoptar, en cambio, las del otro. Y en cierto modo, muchos inmigrados, al contemplar esta expectativa, dudan de sí mismos en el sentido de que no están seguros de poder remontar la duda de si realmente están en condiciones de sentirse bien y de ser aceptados permanentemente en el seno de los grupos catalanes.

En gran manera, la ambivalencia se desarrolla como una forma de conflicto profundo en la que mientras se intenta llegar a ser como los catalanes, por otra se les rechaza, precisamente porque no son como uno es en estructura de carácter. Y en este contexto se produce una frustración de signo fluctuante caracterizada por la imprecisión de los efectos y por la incapacidad psicológica de resolverlos definitivamente. Este problema no se le presenta al catalán en la medida en que no tiene la expectativa de castellanizarse y en la medida, por lo tanto, en que no se plantea su propia desetnificación.

Bajo el signo de estas ambivalencias fundamentales, el inmigrado ve frustradas con frecuencia sus tendencias a integrarse con lo catalán, a pesar de lo cual opta por pasar sus deseos profundos a su descendencia, y en este caso sus hijos se convierten en las imágenes que realizan sus aspiraciones frustradas. Vienen a ser transferencias mediante las cuales los padres se realizan de algún modo en sus hijos. Para ello desarrollan en éstos actitudes que en su fuero profundo van dirigidas a lograr una identificación de personalidad que ellos mismos no consiguieron producir por falta de flexibilidad adaptativa y porque su mismo *status* de inmigrados y su carácter social en origen constituían por sí mismos impedimentos para su integración cultural como catalanes.

Algunos inmigrados se plantean el cambio étnico, esto es, el pase de su regionalidad de origen a la etnicidad catalana, bajo la forma de la adopción de una consciencia consistente en sentirse catalanes. A pesar de ello, lo cierto es que dicha conciencia no constituye un acto suficiente cuando tenemos en cuenta que no basta con sentirse catalán, sino que también es indispensable serlo. Y para eso resulta indispensable el consenso externo, de acuerdo con el cual uno se verifica empíricamente con los demás, especialmente a través de un dominio del idioma y por medio de una clase de identificaciones refrendada por los demás catalanes. El impedimento de completar un sentimiento, como es el de sentirse catalán un inmigrado, con el ser reconocido socialmente en esta identidad, no consiste sólo en no estar integrado con los catalanes, sino que aun cuando se desarrollen actitudes favorables hacia lo catalán y aun cuando se viva a la catalana, el impedimento consistirá en la misma incapacidad del carácter de origen, que constituido en proceso de socialización instituye en el individuo una configuración de personalidad o ego básico que le hace ser diferente a como son los individuos socializados en otros contextos culturales.[5]

En estas condiciones, los inmigrados de primera generación asumen el obstáculo de su identidad étnica regional de origen no como una actitud consciente refractaria a ser catalanes, sino más bien como una estructura de carácter que carece de la oportunidad de modificar un proceso que ya ha sido dado: el proceso de cultura que en el tiempo infantil y juvenil ha constituido su ego, su estructura de personalidad, en definitiva, una forma de orientación social que se remata en los sentidos o semántica subyacentes en el lenguaje. El inmigrado tiene consciencia de sus particularidades lingüísticas y asume, por lo mismo, que éstas son parte de su personalidad, y en el transcurso de su comportamiento es reconocido generalmente en su identidad étnica por sus interlocutores, sobre todo si éstos mantienen con él cierta relación social.

El reconocimiento de estas particularidades y la consciencia de que actúan como obstáculos para un cambio de identidad, se hace patente en el curso de las reflexiones que muchos inmigrados hacen respecto de sus intentos de ser como los catalanes. En muchos de ellos aparecen como condiciones conscientes para ser catalanes, dos factores: haber nacido en Cataluña y hablar bien el catalán. El esquema es sencillo pero constituye un refrendo de lo que se establece como mayormente necesario. Refiriéndose a una hija, de tres años de edad, una mujer inmigrada decía: «¡Ésta es catalana, es de aquí! ¡Ésta ya sabe catalán! ¡Así le irán mejor las cosas!» Una mujer, también inmigrada, evoca un deseo semejante y comenta: «¡Quiero que mis hijos aprendan el catalán, porque es muy bonito! ¡Que puedan hablar y entenderse con los catalanes!»

Estos ejemplos se dan, sobre todo, en los ya señalados niveles de inmigrados que, por identificación de prestigio, tratan de escalar *status* y se interesan por hablar catalán, y en contrapartida se manifiesta en muchos catalanes un deseo de integrarlos por aprecio personal hacia alguno en particular, a pesar de lo cual dicha integración aparece condicionada

5. Para una definición y desarrollo de estos conceptos, véase Esteva, 1973a. Consultar bibliografía.

por lo que podríamos considerar el rito de pasaje indispensable: el esfuerzo de hablar catalán, o por lo menos de entenderlo y demostrar aceptación de la etnicidad catalana. Asimismo, los ejemplos de distensión se acumulan en los inmigrados que llegaron jóvenes y que, tras muchos años de residencia en Barcelona, han adoptado la forma de vida urbana, incluida una identificación con los catalanes.

Los resultados derivados de la distensión consisten en que tienden a disolver los estereotipos tópicos relativos a las etnovisiones mutuas, esto es, las imágenes que cada una de las etnias se ha formado de las demás, y además tiene otro efecto: desplaza el problema de la conciencia étnica al problema de la conciencia de clase. Mientras las primeras generaciones, la catalana y la inmigrada, adoptan actitudes tópicas que describen modos de considerarse y definirse las etnias, entre las segundas generaciones de inmigrados y los catalanes en general la distensión es manifiesta, sobre todo, porque dichas segundas generaciones tienden a integrarse, por la vía de la familiaridad, con la cultura catalana. Así se reduce la distanciación inicial y se amplían los contextos del intercambio étnico matrimonial.

Los matrimonios mixtos se revelan como una clase de intercambio social cuyo atributo más significativo lo constituye el hecho de que aceleran el proceso de catalanidad de los hijos, más que lo aceleran los matrimonios entre inmigrados. Conforme a eso, las variables etnia de la madre, grado de castellanidad y de resistencia a la catalanidad por parte de uno de los cónyuges, así como *status* de prestigio y autoridad relativa del esposo, influyen grandemente en los resultados de la combinación en tanto que aceleran o retardan, según los casos, el proceso de etnificación catalana, a pesar de lo cual este proceso es generalmente más rápido en las generaciones nacidas de matrimonios mixtos que en las nacidas de homogéneos entre inmigrados. Desde esta perspectiva, y en términos de consciencia de etnicidad, los valores numéricos del incremento catalán relativo en las segundas generaciones de inmigrados se dan más en función de matrimonios mixtos que de inmigrados entre sí.

En la realización de los primeros se implicitan no sólo correspondencias afectivas y de intereses mutuos, sino también alternativas de identificación cultural que son simultáneas con el mismo método de transformación de la cultura catalana. En este sentido, si la cultura global de la sociedad

14.

barcelonesa está constituida por una cuádruple dimensión cultural, a) la catalana, b) la urbana, c) la estatal, y d) la regional de origen, el grado relativo de influencia que ejerce cada una de ellas sobre el individuo está en función del volumen y peso de su incidencia en la socialización personal, pero también de su prestigio específico y de la continuidad con que cada dimensión actúa sobre el individuo. Por ello, las dimensiones más estables son, directamente, las que actúan a modo del vivir cotidiano, como son la catalana y la urbana y por la estatal a través de su formidable organización expansiva, de sus instituciones educativas formales, del sistema legal y, por añadidura, de las comunicaciones de masas en su actuación sistemática sobre la ideología social. La dimensión regional propia traída por los inmigrantes se disuelve, como dijimos, en la segunda generación, y en algunos casos en la primera por falta de sustentación social con sus fuentes de origen. Los matrimonios tienden a precipitar esta disolución por catálisis, aunque la velocidad de adopción de la etnicidad catalana dependerá del modo en que se presentan los *status* étnicos de los cónyuges y en que se plantean sus adscripciones étnicas.

Si aplicamos las estadísticas lingüísticas al concepto de catalanidad relativa de las segundas generaciones en función de la composición étnica de sus padres, entonces podríamos establecer una estimación del grado de incremento del grupo étnico catalán a partir de dichas segundas generaciones. Para ello tendremos en cuenta, en primer lugar, la distribución estadística referida a la etnia de los padres o de los cónyuges matrimoniales. Y en segundo lugar utilizaremos las cifras censales referidas a la etnia de los padres en los matrimonios efectuados en Barcelona en el curso de los 10 años (1962-1971) de que nos ocupamos. Sobre dicha base, y combinando a la vez los datos de Badia y los del censo comentado, podemos obtener una relación en la que las características relativas al grado en que se produce la asimilación de cultura catalana y de etnicidad por parte de la segunda generación, puede interpretarse diferentemente según el idioma de cada cónyuge. En la encuesta de Badia a que hago referencia, los datos lingüísticos son indicadores de una tendencia asimiladora relativa que se da a partir del contexto matrimonial o que, por lo menos, se expresa en los términos de cómo la constitución de matrimonios biétnicos tiende a desarrollar el habla en catalán.

Considerándolo así, el grado de catalanidad lingüística de la segunda generación nacida de matrimonios mixtos se revela, en forma estadística, como grandemente positiva en el sentido de que prevalece sobre cualquier otra influencia, y además es obvio que alcanza incluso a los descendientes de matrimonios lingüísticos castellanos. Al tomar en consideración los resultados de Badia (*ibid.*, pp. 257-259) y aplicar sus porcentajes de catalanidad lingüística a las cifras del censo referidas a los nacidos de matrimonios cuya composición étnica se indica, obtenemos un cuadro de características ciertamente significativas en tanto que pone de relieve el grado de influencia específica ejercida por el medio cultural sobre la forma lingüística habitual, pero, además, y como correspondencia, sobre la forma de vida del individuo. (*Cf.* cuadro 2.)

Al referirnos al idioma habitual tenemos en cuenta que, en cada caso, los hijos de padres catalanes serán monolingües de catalán los de familia de cultura catalana, mientras que serán monolingües de castellano los de familia y cultura castellana. Al mismo tiempo, los de habla catalana de matrimonios mixtos se habrán iniciado en el idioma de la madre hasta ser finalmente éste compensado por el idioma del padre. Sin embargo, en cada uno de estos ejemplos la influencia de la cultura externa o global se inclina por el catalán [6] en una medida considerable, entendiendo que dicha medida se refiere al uso relativo del idioma en función de la etnicidad o identidad que se sugiere, más que de la capacidad de ser bilingüe (catalán-castellano-catalán) que tiene cada barcelonés catalán, y por lo mismo, cada barcelonés inmigrado. En este sentido, lo que aquí estamos considerando es el monolingüismo en términos de la identidad étnica del individuo adulto. Y también en este sentido hablamos de la expectativa de porcentajes de incremento étnico de dichos 388.961 individuos en edades adultas, aunque es también cierto que parte del porcentaje que no aparece como catalán en esta segunda generación lo será en función del hecho, ya señalado, de que habiendo nacido en Barcelona, aunque su habla infantil sea castellana, en el proceso de socialización mayor la mayoría de éstos adquirirán el catalán, si bien, por otra parte, éste será un idioma adquirido en la sociedad catalana, no adscrito por lo tanto al propio de su sociedad regional de origen,

---

6. Esta conclusión ha sido expuesta por Badia (*op. cit.*, pp. 251 y ss.).

CUADRO 2. *Idioma habitual de la segunda generación adulta según lugar de nacimiento de los padres*

	Tipo de matrimonio C-NoCa		Tipo de matrimonio NoC-Ca		Tipo de matrimonio NoC-NoCa		Tipo de matrimonio C-Ca		Totales
	Número	%	Número	%	Número	%	Número	%	Totales
Hablan catalán	42.870	84,4	35.685	80,4	56.386	32,6 *	110.186	91,2	245.127
Hablan castellano	7.467	14,7	8.122	18,3	114.156	66,0 *	9.061	7,5	138.806
Totales censados	50.337		43.807		172.964		120.818		388.961

* Es cierto que del grupo correspondiente a la tercera columna o de matrimonios entre no catalanes habría que detraer un 3,67 %, o sea el porcentaje que corresponde a valencianos y baleares (*cf.* Esteva, 1973, p. 152), mientras que del grupo censado como catalán debiéramos también restar una cantidad equivalente al 6 %, entendiendo que en el mismo existen individuos que son de habla y cultura no catalanas, aun cuando aparezcan como catalanes por haber nacido en Cataluña. Sin embargo, en el caso presente nos interesa la catalanidad lingüística, y ésta es mayormente expresada por los porcentajes de Badia. O lo que es igual: se trata de evitar que aparezcan en las estimaciones datos heterogéneos. Por eso, preferimos remitirnos a una explotación estadística que sea coherente en sus datos y en sus posibilidades estadísticas lógicas.

la de sus padres, en este caso, no catalanes. Nuestra estimación relativa al incremento étnico representado por la segunda generación es, pues, conservadora, precisamente porque la tendencia principal de los adultos castellanos de la misma se inclinará más que la de sus padres a sentirse y a ser, con el tiempo, catalanes.

Por otra parte, los que se citan (32,6 %) como nacidos fuera de Cataluña, Valencia y Baleares, y que hablan catalán, son, en la mayor parte de los casos, individuos que llegaron a Barcelona en edades infantiles o juveniles y que, por lo mismo, adquirieron el idioma catalán y en gran manera la cultura catalana. Algunos de ellos, incluso, puede que se afirmen como étnicamente catalanes. Por añadidura, los designados por Badia (*ibid.*, pp. 252-253) nacidos en Cataluña, Valencia y Baleares que hablan castellano y que son un 7,5 %, es probable que, en su mayoría, deban considerarse como individuos de padres y de cultura castellanos, o por lo menos de influencia ambiental no catalana. Serían, por eso, individuos que en el censo figuran como catalanes por el hecho de haber nacido en Cataluña.

En el contexto estadístico que presentamos aparece que de cada 5 individuos nacidos de matrimonios mixtos, 4 de ellos, por lo menos, hablarán en catalán, lo cual indica que la segunda generación constituye un punto de referencia importante en cuanto a determinar cuál va a ser la tendencia de las poblaciones inmigradas en orden al incremento numérico relativo de cada etnia. Dicho incremento parece evidente que se va a producir, por otra parte, en favor del grupo étnicamente catalán. Si calculamos una población inmigrada en la ciudad de Barcelona, de habla castellana, de alrededor de un 35 % (*cf.* Esteva, 1973, p. 152), y si durante el período de 10 años (1962-1971) los matrimonios mixtos celebrados fueron un total de 35.295 (31,9 %), y si aplicamos a este porcentaje los resultados obtenidos por Badia en su encuesta, tendremos que aproximadamente el 82 % de la primera generación descendiente de dichos matrimonios sería lingüísticamente catalana, mientras, en cambio, aparecería que el 18 % restante de dicha generación, más un elevado porcentaje de los de primera generación descendiente de matrimonios homogéneos entre inmigrados no catalanes sería, en tales circunstancias, lingüísticamente catalán una generación más tarde. (*Cf.* cuadro 3.)

CUADRO 3. *Composición matrimonial según etnia censada de los padres y volumen de natalidad* *

**	Matrimonio C-NoCa	Hijos	Promedio	Matrimonio NoC-Ca	Hijos	Promedio	Matrimonio C-Ca	Hijos	Promedio	Matrimonio NoC-NoCa	Hijos	Promedio	Totales
Número	16.861	50.794	3,0	18.434	44.385	2,4	35.105	120.818	3,4	40.250	172.964	4,3	388.961
Porcentaje	15,24	13,05		16,66	11,41		31,73	31,06		36,37	44,46		99,98

* En el censo oficial o «Estadística Municipal» se establece el concepto de etnicidad en función del lugar de nacimiento de los cónyuges y de los padres, no en función lingüística o cultural.

** Las claves matrimoniales serían las siguientes: C = Catalán. NoCa = No catalana. NoC = No catalán. Ca = = Catalana.

El mayor número de hijos habidos en matrimonios de inmigrados se debería no sólo al hecho de poseer una ideología todavía grandemente ruralizada de la reproducción sexual (*cf.* Esteva, 1973, p. 167), sino también a que se trata de un grupo de población relativamente más joven en su conjunto que la catalana, si tenemos en cuenta que un 56,5 % del saldo migratorio neto durante el periodo 1961-1970 estaba constituido por individuos menores de 25 años (*cf.* Banca Catalana, 1972, p. 84). Por lo mismo, se trata de un grupo formado por personas proclives a producir números más elevados de nupcialidad y de natalidad relativas que los nativos.

Según las cifras expuestas, de la población de 388.961 individuos o segundas generaciones de padres inmigrados y de padres catalanes, un total de 245.127 individuos, o sea el 63,02 %, serían de lengua catalana, mientras que 138.806, el 35,68 %, lo serán de lengua castellana. Tales datos hacen suponer que las poblaciones de habla catalana se incrementan, al mismo tiempo que decrecen las de habla castellana. Estas últimas tienen una pérdida interna de etnicidad global, en las segundas generaciones descendientes de alrededor de un 17 %, el cual pasa a incrementar la de la catalanidad en un porcentaje equivalente. De este modo, la proporción de catalanes, considerados lingüísticamente al final de su ciclo de vida, se incrementa con la adición de individuos inmigrados de habla castellana. Aunque nacidos en Barcelona pero de padres de habla castellana, habrán sido aculturados por la sociedad catalana en un 17 %, aproximadamente, lo cual significa que nuestro cálculo de castellanidad, estimado en un 41 % de la población barcelonesa (cf. Esteva, 1973, p. 152), es válido para un momento determinado, pero no se establece como una expectativa real de lo que constituye la capacidad relativa de etnificación que ejerce el sistema cultural catalán.

Al respecto, la inmigración permanente de poblaciones de habla castellana es un fenómeno que altera la tasa de reproducción interna de la catalanidad hasta disminuirla relativamente en la primera generación, pero al mismo tiempo la incrementa en la segunda generación sobre la base estimada de los porcentajes aludidos. Conforme a eso, mientras con el aumento de la población total aumenta el volumen de catalanidad, con el aumento de la inmigración se aumenta también la expectativa de que gran parte de la segunda generación de este último grupo se añada a la etnicidad catalana.

Por lo que acabamos de considerar, el incremento étnico, calculado en términos de los porcentajes de conversión ya definidos, consistiría en que por cada individuo que nace, y que en la expectativa étnica de origen no sería catalán, lo serán, en cambio, 1,8 individuos a partir del conjunto de la segunda generación. Es obvia, pues, la potencialidad aculturadora de la sociedad catalana. En cualquier caso, la continuidad relativa de los aportes inmigratorios permite mantener ciertamente constante un índice de castellanidad que está en función de la primera generación y que, por lo mismo, supone un volumen de expansión étnica no catalana constante, pero precario, cuando contemplamos ésta dentro de la expectativa de su continuidad cultural relativa en el contexto de la sociedad barcelonesa y por ende catalana.

El problema de este incremento étnico es, básicamente, social y radica en la forma en que es absorbida étnicamente esta segunda generación a partir del contexto de las relaciones interétnicas entre las generaciones de sus progenitores, y consiste, por lo mismo, en determinar cuáles son las condiciones que impiden o facilitan, según los casos, la entrada de las generaciones descendientes de inmigrados a la etnicidad catalana. No tenemos duda de que el valor de las variedades expuestas no es uniforme, y por lo mismo tampoco lo son sus resultados. Pero la tendencia global de los procesos de aculturación se inclina por la forma de vida catalana, y ello ocurre dentro del curso de socializaciones y de adaptaciones a que son sometidos los jóvenes, mientras que también es obvio que la cultura cotidiana es la fuente básica de alimentación que refuerza la continuidad de lo catalán, al propio tiempo que debilita la continuidad de las culturas regionales hasta disolverlas en el crisol de la cultura social más fuerte, en este caso la nativa.

La perspectiva con que actúan las relaciones interétnicas se resume, pues, como un fenómeno social, o sea como un aspecto del sistema estratificado o de clase del campo español, y como parte, además, de un sistema económico que por su organización social y tecnológica obliga a producir reajustes demográficos continuos. En tanto la sociedad mayor, nacional e internacional, absorbe los excedentes demográficos, éstos constituyen descargas que alivian la presión interna de las sociedades campesinas y pasan ésta a las sociedades urbanas, en este caso a la de Barcelona. Si en origen lo que enfrentaba socialmente a los hombres era el sistema de clases, aquí en Barcelona, por contraste cultural e idiomático, se añade otro elemento, el de la consciencia étnica, a cuyo tenor las reclamaciones se tornan más complejas. En realidad, reúnen un modo de vida, el urbano-industrial, y otro, el de la tradición cultural catalana, con su idioma y su conciencia política e histórica que, en definitiva, contribuyen a la definición de su identidad étnica.

Siendo esto así, el complejo formado por la clase y la etnia resultan ser adaptativamente desconcertantes y sólo se resuelve en su contradicción cuando el inmigrado deja de sentirse étnicamente diferente del catalán, cuando por lo mismo el complejo etnia-clase se solventa en la forma de un simplejo: el de clase. El ciclo adaptativo del inmigrado termina en el punto donde el concepto de etnia como conflicto que enfrenta a dos grupos culturales se disuelve en el concepto de clase que enfrenta a dos grupos sociales diferenciados por las relaciones de producción, más que por las relaciones históricas centradas en la tradición lingüística y en el ego cultural de la sociedad barcelonesa y catalana.

Bibliografía

I. Etnia, etnicidad y relaciones interétnicas

ESTEVA FABREGAT, Claudio: *El mestizaje en Iberoamérica*, «Revista de Indias», 95-96, pp. 279-354, Madrid, 1974.
—: *Cultura, sociedad y personalidad*, Promoción Cultural, S.A., Anthropos, Barcelona, 1978.
LEROI-GOURHAN, André: *Le geste et la parole*. Editions Albin Michel, París, 1964.
SPICER, Edward H.: *Persistent cultural systems*, «Science», volumen 174, pp. 795-800, 1971.
STEWARD, Julian H.: *Levels of sociocultural integration. An operational concept*, «Southwestern journal of antropology», 7, pp. 374-390, Alburquerque, 1951.

II. Subcultura, clase cultural y clase social

ESTEVA FABREGAT, Claudio: *Sobre el método y los problemas de la antropología estructural*, «Convivium», 30, núm. 2, pp. 3-54, Barcelona, 1969.
—: *Aculturación y urbanización de inmigrados en Barcelona. ¿Cuestión de etnia o cuestión de clase?*, «Ethnica», núm. 5, pp. 137-189, Barcelona, 1973.
—: *Inmigración y confirmación étnica en Barcelona*, en *In memoriam Jorge Dias*, II, pp. 135-162, Lisboa, 1974.
—: *Aculturación lingüística de inmigrados en Barcelona*, en «Ethnica», núm. 8, pp. 73-120, Barcelona, 1974a.
—: *La antropología aplicada y su problemática*, en *I Reunión de antropólogos españoles*, pp. 253-321, Universidad de Sevilla, Sevilla, 1975.
—: *Ethnicity, social class and acculturation of immigrants in Barcelona*, en «Ethnologia Europaea», vol. VIII, núm. 1, pp. 23-43, Gotinga, 1975b.
—: *Sistema cultural*, en *Diccionario de Ciencias Sociales*, tomo II, pp. 872-874, Instituto de Estudios Políticos, Madrid, 1976.
—: *Antropología industrial*, Anthropos, Editorial del Hombre, Barcelona, 1984.
LINTON, Ralph: *Estudio del hombre*, Fondo de Cultura Económica, México, 1944.

219

REDFIELD, Robert: *Yucatán. Una cultura de transición,* Fondo de Cultura Económica, México, 1944.

—: *The little community. Peasant society and culture,* I, p. 177, II, p. 88, The University Press, Chicago, 1960.

TÖNNIES, Ferdinand: *Comunidad y sociedad,* Editorial Losada, Buenos Aires, 1947.

III. *Segmentación étnica, clase social, conciencia étnica y conciencia de clase*

DESPRES, Leo, A., ed.: *Ethnicity and resource competition in plural societies,* Mouton Publishers, La Haya, 1975.

ESTEVA FABREGAT, Claudio: *El indigenismo en la política hispanoamericana,* «Revista de política internacional», 56-57, pp. 49-63, Madrid, 1961.

—: *El mestizaje en Iberoamérica,* «Revista de Indias», 95-96, pp. 279-354, Madrid, 1964.

—: *Aculturación y mestizaje en Iberoamérica. Algunos problemas metodológicos,* «Revista de Indias», 97-98, pp. 445-472, Madrid, 1965.

—: *Cultura, sociedad y personalidad,* Promoción Cultural, S.A., Anthropos, Barcelona, 1978.

—: *Aculturación y urbanización de inmigrados en Barcelona. ¿Cuestión de etnia o cuestión de clase?,* «Ethnica», 5, pp. 137-189, Barcelona, 1973a.

—: *Inmigración, etnicidad y relaciones interétnicas en Barcelona,* «Ethnica», 6, pp. 73-129, Barcelona, 1973b.

—: *Inmigración y confirmación étnica en Barcelona,* en *In memoriam Antonio Jorge Dias,* II, pp. 135-162, Lisboa, 1974.

—: *Aculturación lingüística de inmigrados en Barcelona,* «Ethnica», 8, pp. 73-120, Barcelona, 1974a.

—: *Razas humanas y racismo,* Salvat Editores, Barcelona, 1975.

—: *Etnia, etnicidad y relaciones interétnicas,* «Revista de la Universidad Complutense de Madrid», XXIV, 97, pp. 37-77, Madrid, 1975a.

HOETINK, Harmannus: *Resource competition, monopoly, and socioracial diversity,* en DESPRES (ed.), pp. 9-25, 1975.

LUKÁCS, Georg: *Historia y conciencia de clase,* Grijalbo, México, 1969.

MALINOWSKI, Bronislaw: *Una teoría científica de la cultura,* Editorial Sudamericana, Buenos Aires, 1948.

MARX, Carlos: *El 18 Brumario de Luis Bonaparte,* Ariel, Barcelona, 1968.

— y ENGELS, F.: *La ideología alemana,* Ediciones Pueblos Unidos-Ediciones Grijalbo, Montevideo-Barcelona, 1970.

PARSONS, Talcott: *The social system,* Free Press, Nueva York, 1965.

PINILLA DE LAS HERAS, E., *Immigració i mobilitat social a Catalunya,* fascicle I, Institut Catòlic d'Estudis Socials de Barcelona, Barcelona, 1973.

REICH, Wilhelm: *Materialismo dialéctico y psicoanálisis*, Siglo XXI, Madrid, 1974.

VAN DEN BERGHE, Pierre L: *Ethnicity and class in Highland Peru*, en DESPRES (ed.), pp. 71-85, 1975.

WEBER, Max: *Economía y sociedad*, 4 vols., Fondo de Cultura Económica, México, 1944.

WHITE, Leslie A.: *The science of culture*, Grove Press, Inc., Nueva York, 1949.

IV. *El Estado, la etnicidad y el biculturalismo*

AKZIN, Benjamín: *Estado y nación*, México, 1968.

AMIN, Samir: *El desarrollo desigual*, Barcelona, 1974.

ESTEVA FABREGAT, Claudio: *El indio como problema*, «Revista de Estudios Políticos», núm. 95, pp. 211-239, 1957.

—: *El indigenismo en la política hispanoamericana*, «Revista de política internacional», núm. 56-57, pp. 49-63, 1961.

—: *El mestizaje en Iberoamérica*, «Revista de Indias», núms. 95-96, pp. 279-354, 1964.

—: *Aculturación y mestizaje en Iberoamérica. Algunos problemas metodológicos*, «Revista de Indias», núms. 97-98, pp. 445-472, 1965.

—: *Antropología industrial*, Anthropos, Editorial del Hombre, Barcelona, 1984.

—: *Aculturación y urbanización de inmigrados en Barcelona. ¿Cuestión de etnia o cuestión de clase?*, «Ethnica», núm. 5, pp. 137-189, 1973a.

—: *Inmigración y confirmación étnica en Barcelona*, en *In memoriam A. J. Dias*, vol. II, pp. 135-162, Lisboa, 1974.

—: *Ethnicity, social class and acculturation of immigrants in Barcelona*, «Ethnologia Europaea», vol. VIII, núm. 1. pp. 23-43, 1975a.

—: *Sistema cultural*, en *Diccionario de Ciencias Sociales*, vol. II, Madrid, 1976.

KRADER, Lawrence: *La formación del Estado*, Barcelona, 1972.

VARIOS: *In memoriam A. J. Dias*, vol. II, Lisboa, 1974.

ZNANIECKI, Florian: *Las sociedades de cultura nacional y sus relaciones*, México, 1944.

V. *Inmigración, etnicidad y relaciones interétnicas en Barcelona*

BADIA MARGARIT, A. M.: *La llengua dels barcelonins*, Edicions 62, Barcelona, 1969.

BANCA CATALANA: *Evolució econòmica 1971*, Servei d'Estudis de Banca Catalana, Barcelona, 1972.

ESTADÍSTICA MUNICIPAL: *Tablas referentes a las características de la población barcelonesa deducida del padrón municipal de habitantes de 1970*, vol. I, Ayuntamiento de Barcelona, Subdepartamento de Estadística, Barcelona, 1972.

ESTEVA FABREGAT, C.: *Inmigración y aculturación de inmigrados en Barcelona. ¿Cuestión de etnia o cuestión de clase?*, «Ethnica», 5, pp. 137-189, Barcelona, 1973.

—: *Cultura, sociedad y personalidad*, Promoción Cultural, S.A., Anthropos, Barcelona, 1978.

—: *Antropología industrial*, Anthropos, Editorial del Hombre, Barcelona, 1984.

LINZ, Juan J.; DE MIGUEL, Amando: *Within-Nation Differences and Comparisons: The Eight Spains*, en MERRIT y ROKKAN (eds.), pp. 267-319, 1966.

MERRIT, *Richard* L.; ROKKAN, Stein (eds.), *Comparing Nations*, Yale University Press, New Haven y Londres, 1966.

PINILLA DE LAS HERAS, E.: *Immigració y mobilitat social a Catalunya*, fascículo I, Institut Catòlic d'Estudis Socials de Barcelona, Barcelona, 1973.

Índice analítico

229

— de clase obrera, 136.
— de cultura campesina, 176.
— de origen rural, 153, 176.
— dependencia del, 160.
— de primera generación, 208, 215.
— endogamia entre, 184, 202.
— *status* de, 191, 194, 207.
— generación, 184.
— generaciones descendientes de, 216.
— grupos, 152, 175.
— hijos de, 168, 202, 203.
— hombre, 203.
— identificación social del, 179.
— ideología de, 173.
— instituciones de, 187.
— integración del, 118, 159, 181, 189.
— jóvenes, 200, 204, 208.
— marginación de, 103.
— matrimonio entre, 202.
— movilidad de, 191, 197, 199.
— obrero, 105.
— personalidad del, 191.
— presión cultural, 177.
— proporciones de, 192.
— resistencias del, 155, 179.
— ruralismo de, 175.
— segunda generación de, 209, 210, 213, 215.
— trabajo del, 192.
— urbanización de, 201.
— y etnicidad, 177.

Integración
— crisis de, 132.
— cultural, 118, 129, 152, 159, 207.
— de etnias, 32.
— valor de, 34.
— de personalidad, 47, 152, 173.
— del ego, 104.
— del inmigraro, 118, 159, 160, 189.
— dinámica, 87.
— étnica, 154, 159.
— etnográfica, 20.
— fuente de, 48.
— grado de, 206.
— individual, 138.
— localizada, 62.
— pérdida de, 108.
— política, 143.
— proceso de, 117, 185.
— profunda, 37.
— social, 25, 174, 181, 185.
— y etnicidad, 152.

L

Lenguaje
— como diferenciados, 100.
— como marcador, 89.
— como símbolo étnico, 134.
— de clase, 68.
— de trabajo, 181.
— de identidad, 136.
— oficial, 146.
— sentidos en él, 208.
— valor del, 158.
— y consciencia, 103, 113.
— y folklore, 130, 150.

Ley
— cultural, 14.

Lingüística(s)
— adaptaciones, 163.
— adaptaciones, 163.
— área, 151.
— comunicación, 186.
— continuidad, 155.
— diferencia(s), 6, 175.
— estructura, 177.
— flexibilidad, 186.
— forma, 211.
— identificación, 202.
— oficialidad, 133.
— particularidad, 208.
— presión, 164.
— relaciones, 163.
— tradición, 217.

Lucha
— de clases, 49, 50, 84, 98, 117.
— económica, 106.
— interétnica, 15, 74.
— política, 133.
— por los recursos, 38.

M

Mestizaje
— biológico, 12.
— cultural, 12.
— de crecimiento, 15.
— étnico, 177, 178.
— interétnico, 206.
— matrimonial, 185.
— y proceso político, 82.

Método
— de transformación, 209.

232

233

Sumario